와인,
예술,
철학

—

**WINE,
ART,
PHILOSOPHY**

—

와인,
예술,
철학

—

WINE,
ART,
PHILOSOPHY

문성준 지음

—

새잎

서문

와인, 예술, 철학,
그 참을 수 없는 무거움

1부.
전통의 시작과
전통의 와인들

2부
새로운 시도,
새로운 질서,
새로운 와인

서
문

프랑스 음식과 와인의 관계를 보통 마리아주, 즉 결혼이라고 부릅니다.

이 둘 사이를 유독 결혼이라고 부르는 이유는, 와인과 요리가 서로의 단점을 보완해 주기 위해 만나는 것이 아니라 서로의 맛을 더욱 풍부하게 만들기 위해 만나는 것이기 때문입니다. 혼자서는 살 수 없기 때문에 결혼을 하는 것이 아니라, 둘이라면 더 잘 살 수 있기 때문에 결혼을 하는 것처럼 말이죠.

와인과 예술과 철학의 관계도 이와 비슷합니다. 이 셋은 따로 있어도 훌륭하지만, 같이 할 때 더욱 빛이 납니다. 예술은 철학이 있어 가치가 드러나고, 철학은 예술이 있어 아름다워집니다. 또한 이 둘은 와인을 만나 더욱 풍부해지죠.

그래서 이 책에서도 이 셋을 와인과 요리의 마리아주에 맞게 독자 여러분께 제공하고자 합니다. 즉 프랑스 요리가 제공되는 순서에 맞춰 그 음식에 어울리는 와인과 예술과 철학의 이야기를 풀어보려는 것이죠. .

물론, 이 얄팍한 책으로는 셋 중 한 가지도 제대로 다루지 못할 만큼 와인과 예술과 철학은 깊고 방대한 것들입니다. 사실 이 중 하나라도 제대로 다루려면 책으로 몇 권이나 써야 하는 것들이죠. 그런데도 와인과 예술과 철학을 한 권에 다루겠다니, 게다가 프랑스 요리와의 만남까지 한 권에 넣겠다니, 어쩌면 시작부터 지나친 과욕을 부리는 것인지도 모르겠습니다.

그래서 이곳에서는 서문이 해야 하는 역할에 충실하게, 독자분들을 위한 안내와 함께 제 작업에 대한 설명을 조금, 아주 조금 해 보도록 하겠습니다.

앞서 언급했던 것처럼, 와인과 예술과 철학은 인류의 역사만큼이나 오래된 것이기 때문에 수십 권의 책을 써도 다 이야기할 수 없을 겁니다. 그러니까 이 책은 먼저 그것을 인정하고 들어가고자 합니다. 애당초 안 되는 목적을 쫓지 않고, 가장 합리적이라고 생각되는 방식으로 글을 써 보았다는 말이죠.

사실, 우리가 일상 속에서 철학적으로 생각하고, 예술을 감각하고, 와인을 즐기는 데에는 그다지 많은 지식이 필요하지 않을지도 모릅니다. 내 앞에 당면한 삶을 진솔하게 고민하고, 걸려 있는 그림을 순수하게 감상하고, 식탁 위에서 반짝이는 와인을 그저 즐기고 받아들이면 되죠. 여기에는 거창한 형식이나 지식이 필요한 게 아닙니다.

예술을 감상하기 위해 예술가가 되어야 하는 것이 아닌 것처럼, 와인을 마시기 위해 소믈리에가 될 필요는 없습니다. 오히려 그걸 가로막고 있는 무거움과 편견을 걷어내는 것이 첫 번째 시작이죠. 그러므로 이 책에서는 철학과 예술과 와인에 관한 지식을 전달하기보다는 오히려 우리를 가로막고 있는 것들을 걷어내려 노력할 것입니다. 예술의 분야에서는 예술가가 보는 세상을 같이 볼 수 있도록 돕고, 와인의 영역에서는 소비자의 관점에서 내 입맛에 가장 잘 맞는 와인을 고를 수 있도록 라벨을 보는 법, 음식에 어울리는 와인을 선택하는 법 등을 설명했습니다. 아, 물론 와인에 대한 기본적인 설명은 당연히 같이 쓰여 있고요.

또한, 이런 목적을 위해 이 책을 프랑스 요리, 그중에서도 코스요리라고 부를 수 있는 테이블 도트Table d'hote 순서로 구성하였습니다. 다른 나라, 특히 프랑스에서는 와인을 (술이라고 생각하는 우리나라와는 다르게) 기본적으로 음식에 곁들여 마시는 음료로 생각합니다. 그러다 보니 어떤 음식에는 어떤 와인이 어울리는지 권장되는 마리아주가 있죠. 그래서 각 와인에 어울리는 요리도 함께 소개하기 위해 코스요리의 순서대로 구성하였습니다. 물론, 이건 그저 일반적으로 통용되는 '권장사항'일 뿐입니다. 치킨에는 맥주, 삼겹살에는 소주라는 권장사항 같은 것일 뿐이죠. 취향이 맞기만 한다면 우리가 피자를 먹을 때 콜라를 먹든 사이다를 먹든 주스를 먹든 별로 상관 하지 않는 것처럼 말입니다. 가장 중요한 것은 '나'에게 맞는가? 하는 점이죠.

그리고 이런 코스에 따라 와인과 예술과 철학을 공통된 주제로 엮어 소개하였습니다. 와인도, 철학도, 예술도 인류가 지성을 갖기 시작하면서부터 발전해 왔으며, 역사 속에서 주된 문화를 형성하였기 때문에 일관된 주제를 공통점으로 갖는 경우가 많습니다. 예를 들면, 철학자 임마누엘 칸트의 인식론적 전회는 쿠르베의 사실주의와 보르도 와인, 그리고 프랑스대혁명과 관련되어 있죠. 이러한 공통점과 역사적 배경으로 와인에 숨은 이야기와 철학과 예술이 발전하는 과정들을 챕터별로 묶었습니다.

마지막으로, 그런 과정을 통해 예술사, 철학사, 그리고 대륙별 와인을 알아가며 와인과 예술과 철학을 '즐길 수 있게' 최대한 쉽게 써 보았습니다. 본문에도 여러 번 언급하지만, 이 셋의 공통점이라면 아무래도 '어려워 보임', '있어 보임'이죠. 하지만, 철학도 예술도 도구만 다를 뿐 결국에는 우리가 어떻게 세상을 보는지에 관한 문제이며, 와인 역시 그와 비슷합니다. 단지 그것들이 어떻게 달라지는가 하는 문제일 뿐이죠. 이 책에서는 그런 어렵고 있어 보이는 이미지를 최대한 벗겨보려 노력하였습니다. 그럼으로써 와인도, 예술도, 철학도 일상에서 편하게 즐길 수 있도록 말이죠.

다만, 이 책을 읽으시는 독자분들께 주의를 부탁드리는 부분은, 책의 차례가 아페르티프(L'aperitif, 식전주)부터 디제스티프Digestif 까지 총 여덟 가지의 프랑스 요리 순서로 구성되었지만, 이 순서가 프랑스 요리의 절대적인 순서는 아니라는 점입니다. 최대한 전통적인 순서를 추구하려 노력하였지만, 우리나라도 지역에 따라 음식 문화가 다른 것처럼, 프랑스 역시 마찬가지입니다. 어떤 곳에서는 살라드가 푸아송 앞에 등장하는 경우도 있고, 혹은 그 반대의 경우도 있죠. 식사 중 매너나 절차 역시 마찬가지이고요. 더구나 현대에 와서는 이 책에서 언급되는 길고 긴 코스를 전부 지키지 않는 경우가 더 많죠. 이 책에 나온 순서는 다만, 와인을 곁들여 철학의 역사와 예술의 역사를 설명하는데 가장 적합하고, 그러면서도 일반적인 순서에 어긋나지 않은 방식으로 구성하였을 뿐이니 오해가 없으시길 바랍니다.

와인, 예술, 철학, 그 참을 수 없는 무거움

첫 번째 만남이니, 가볍게 시작해 보겠습니다. 여러분이 펼친 책장을 덮지 않게 만드는 것을 목표로 첫 장을 열어봐야겠네요. 가볍게 시작하려면 아무래도 우리의 일상에서부터 시작하는 것이 좋겠죠.

일상이란 사실 누구나 가질 수 있는 닉네임 같은 것입니다. 저에게는 지금 이렇게 와인을 홀짝이며 글을 쓰고 있는 오늘이 일상이고, 여러분에게는 글을 읽는 바로 지금 이 순간, 시선이 활자를 띄엄띄엄 건너가는 바로 이 순간이 어쩌면 일상일 수도 있습니다. 하지만 제 일상과 여러분의 일상에는 가늠할 수 없을 만큼 커다란 차이가 있죠. 제가 지금 처한 상황과, 그 상황 속에서의 생각과, 생각 속에서의 느낌은 아마도 여러분이 느끼는 그것들과는 너무나 다를 겁니다.

'일상'이라는 말을 가운데 둔 저와 여러분 사이의 '차이'이죠.

우리에게 있어 말이란 그런 것입니다. '일상'이라는 말은 하나이지만, 사용하고 받아들이는 사람들 사이에는 불가항력적인 거리가 있죠. 그래서 우리는 필연적으로 오해를 합니다. 그 말과 해석의 차이 때문에 사랑하는 사람을 오해하고, 그 오해 때문에 실망하고 상처를 받습니다. '말'과 말에 담긴 '의미'가 사람마다 다르기 때문이죠. 이런 '말'과 '의미'를 합쳐 보통은 기호sign라고 부릅니다. 무언가를 가리키고 있는 표시라는 뜻이죠. 물론 이런 기호는 말뿐만이 아닙니다. 화장실을 의미하는 기호도 있고, 금연을 의미하는 기호도 있습니다.

하지만, 그 기호라는 것이 사실은 상당히 애매한 것입니다. 화장실 기호나 금연 기호 같은 거야 별로 오해가 없지만, 사람이 하는 말이나 몸짓 등은 받아들이는 사람에 따라 다르기도 하고, 같은 사람이라도 그것을 표시하는 순간마다 다르기도 합니다. 사랑하는 이의 같은 기호라도 때때로 전혀 다르게 받아들여 오해하곤, 기뻐하기도 하고 슬퍼하기도 하는 것이죠.

그래서 사랑에 빠진 사람은 언제나 탐정이 되고, 고고학자가 되고, 해석가가 됩니다. 상대가 내비치는 기호를 해석하기 위해 끊임없이 노력하죠. 더 나아가 해석할 뿐만 아니라 존재하지도 않는 기호를 만들어내기도 합니다. 그래서 혼자 김칫국을 마시고 설레발치다 매몰차게 거부를 당하기도 하는 것이죠. 그래서 사랑이란, 나에게 없는 것을 주는 것이기도 합니다. 누군가가 여러분을 사랑한다면 그것은 여러분 자체를 사랑하는 것이라기보다, 여러분이 내뿜는 기호를 마음대로 해석하여 상상한 어떤 것을 사랑하는 것이기 때문입니다. 나와 너 사이의 '거리'가 만들어낸 웃지 못 할 해프닝이죠.

　예술과 와인을 말할 때 가장 먼저 맞닥뜨리게 되는 벽도 이런 불가항력적인 거리입니다. 예술가가 감각을 통해 세상을 보고, 그것을 다시 감각으로 표현한 예술은 언제나 자신을 알아봐 달라고 아우성입니다. 그러나 그림이든 조각이든 시든, 예술이라는 기호는 보통 작가의 의도와 전혀 다른 방향으로 읽히게 되는 경우가 많죠. 그래서 예술가는 자신이 감각적으로 경험한 세상을 전달하는데 많은 시행착오를 거치고, 때론 그 때문에 좌절하기도 합니다.

　와인 역시 마찬가지입니다. 와인 속에는 끝없이 풍부한 맛과 향과 색과 느낌이 잠들어 있지만, 우리는 그것을 충분히 즐기지 못합니다. 심지어 같은 시간과 같은 공간에 있는 사람들끼리도 서로 다르게, 너무나 다르게 받아들이죠. 마치 같은 그림을 보고도 전혀 다른 경험을 하는 사람들처럼 말입니다. 그래서 언제나 예술과 와인은 우리에게서 멀어 보입니다.

　하지만 아이러니하게도 바로 그 이유 때문에 흥미롭기도 합니다. 예술도, 와인도 끊임없이 다른 모습으로 해석되며 언제까지나 생명을 간직해 나가기 때문이죠. 또한, 그래서 예술과 와인은 잘 어울립니다. 언어로 표현하는 순간 사라져버리는 풍부한 감각을, 언어를 넘어선 것으로 표현하기 때문이죠. 어떤 와인의 맛과 향을 표현하는 데 있어 백 마디 말보다 한 장의 그림이 더 적확하게 느껴지는 것은 그런 연유에서입니다. 와인과 예술은 알고 보면 무척 친한 사이이죠.

그렇다면 여기에서 철학은 어떤 역할을 하는 걸까요?

철학은 시가 그런 것처럼, 소설이 그런 것처럼, 말로 표현할 수 없는 것을 표현하려는 인간의 노력입니다. 말로 표현할 수 없는 것, 바로 예술과 와인에 잠들어있는 풍부하고 격렬한 감각들 말이죠. 말로 소통하고 이해할 수밖에 없는 인간이 인간답게 노력하는 것이 바로 철학, 즉 우리의 이성과 언어입니다.

하지만 언어와 철학의 태생이 그렇듯이, 그럴싸하게 짐작하는 것 같지만, 완벽하게 소통하는 데에는 실패하죠. 이건 마치 연인 사이의 말다툼과도 비슷합니다. "너는 내가 왜 화났는지 몰라?"라는 연인의 말에 정확한 대답을 할 수 있는 사람은 거의 없습니다. 아마 인류의 영원한 숙제로 남을지도 모르죠.

예술과 우리의 관계도, 와인과 우리의 관계도 이와 비슷합니다. 예술작품과 와인은 항상 그 자리에서 우리에게 끊임없이 말을 겁니다. 기호를 내보내는 것이죠. 자신을 알아봐 달라고 순진한 얼굴을 들이밉니다. 하지만 그와 동시에 끊임없는 변화와 창조를 거듭하며 우리가 자신에 대해 해석한 모든 것이 틀렸다고, 그러니 다시 해석해보라고 천진난만한 얼굴을 보이죠.

그런데 이런 관계는 아이러니하게도 와인과 예술과 우리의 사이를 더욱 긴밀하게 만들어주기도 합니다. 마치 싸우면서 정들어 가는 연인들처럼 말이죠. 아무 일 없이 평탄하게 '오냐오냐 네 말도 맞고 내 말도 맞다 좋은 게 좋은 거지'라며 무던하게 흘러가는 연인들보다 뭔가 격렬한 화학반응을 일으키는 연인들이 더 감정적 교류가 깊어지는 것과 비슷하죠. 물론, 격렬하다 못해 완전히 제 갈 길 가는 사람들도 있지만, 철학, 즉 우리의 언어와 예술과 와인은 그런 과정을 이겨내고 사이가 점점 깊어 갈 것입니다.

그러나 이런 것에도 역효과는 있죠. 너무 어려워진다는 겁니다. 철학은 뭔가 예술적으로 변해 버리고, 예술과 와인은 너무 철학적으로 변해 버려서 평범한 사람들은 감히 접근하기 힘든 것들이 되어 버리기도 하죠. 물론, 그것도 그것 나름대로의 가치가 있습니다. 철학과 예술 양쪽 모두에게 말이죠. 하지만 아쉽게도 저 같은 보통 사람들에게서는 점점 멀어져 버렸다는 것도 사실이죠. 와인과 예술과 철학은 모두 우리의 삶을 풍요롭게 만들어 주기 위한 것임이 분명할 텐데 언젠가부터 특별한 사람들의 삶만을 풍요롭게 만들어 주고 있는 것 같아졌습니다. 그러다 보니 세 가지 모두 약점이랄까요? 우리와 멀어지게 된 또 다른 공통 수식어가 붙게 되었습니다.

바로 "있어 보인다", "무거워 보인다", "어렵다"라는 수식어죠.

예를 들어 은은한 조명(너무 밝으면 안 됩니다)이 깔린 고급 레스토랑에서 새빨간(화이트 와인도 안 됩니다) 와인을 마시는 일련의 사람들을 상상해 보세요. 약간은 진지한 표정으로 심각하게 대화를 나누고 있는 것처럼 보입니다. 그런데 조금 가까이 가 보니 그 사람들이 나누는 이야기가 어렴풋이 들려오네요. 다 알아듣지는 못하겠지만, 맙소사! 바슐라르니 벤야민이니 아도르노니 하는 철학자 이름이 마구 튀어나옵니다. 그들의 입에서 나오는 이름이나 단어들은 하나같이 '들어는 보았지만 알지는 못하는, 그러므로 어려워 보이는' 것들입니다. 게다가 이들이 나누는 대화의 대상이 심지어 마크 로스코의 그림이에요. 아마도 얼마 전에 폐관한 마크 로스코 전을 다녀오곤 그의 작품에 관해 이야기를 하고 있었나 봅니다. 이쯤 되면 여기가 서울 한복판의 레스토랑인지 센 강 위를 떠다니는 디너 크루즈인지 분간이 안 가기 시작합니다.

한마디로 '무지하게 있어 보이는' 조합이라는 거죠.

물론, 제가 지금 '와인'과 '예술'과 '철학'을 같이 하면 당신도 있어 보일 수 있다며, "비즈니스 자리에서 있어 보이는 법 12가지"라든가 "소개팅에서 있어 보이는 24가지 법칙" 따위의 책을 쓰기 위해 이런 글을 쓰는 건 아닙니다. 오히려 그 반대죠. 이런 '있어 보임'이 우리를 와인도, 예술도, 철학도 즐기지 못하게 만든다는 것을 말하기 위해 이런 글을 쓰는 겁니다.

벽화는 벽의 더러움을 감추고, 말끔한 호텔 유니폼은 매이드들의 고단함과 가난함을 감추는 것처럼, 와인과 예술과 철학의 '있어 보임'은 그 아름답고 풍부한 것들을 감추고 있습니다. 그 두꺼운 허위 속에 말이죠.

사실 알고 보면 와인도 예술도 철학도 두꺼운 가면 뒤에 뽀얗고 친근한 얼굴을 하고 있는데도 그놈에 '있어 보임' 때문에 어쩐지 어렵고, 껄끄럽고, 무거워 보이게 만든 것입니다.

이 책은 그런 무거움과 껄끄러움과 어려움을 내려놓고 편하게 좋은 그림을 감상하고 가까운 사람들과 와인을 마시며 대화를 즐길 수 있기를 바라는 마음에서 쓰는 것입니다. 그러한 즐거움 속에서 나누는 대화가 철학이 되고, 감상하는 그림이 예술이 되며, 마시는 와인이 여러분의 삶을 풍부하게 만들어 줄 수 있도록 말이죠.

1부.
전통의 시작과
전통의 와인들

01

아페리티프
Apéritif.

식전주

신에게서 인간으로, 완벽함에서 아름다움으로

그리스 미술,
오뒷세이아,
샴페인

Dom Perignon

제품명 : **돔 페리뇽**
제조사 : **모엣&샹동**Moët & Chandon
품　종 : **샤도네이**Chardonnay, **피노 누아**Pinot Noir
지　역 : **프랑스**France, **샹파뉴**Champagne
알　콜 : **12.5%**
종　류 : **화이트**white

프랑스 북동부 샹파뉴아르덴
Champagne-Ardenne 주Region 에페
르네Epernay에 위치한 모엣&샹
동Moët & Chandon은 1743년 끌로
드 모엣Claude Moët이 처음 세운
이후 지금까지 줄곧 최고의 샴
페인을 만들고 있는 와이너리이
다. 모엣&샹동은 1832년에 폐
허가 된 오빌레르Hautvillers 수도
원을 인수하여 복원하면서 피에
르 페리뇽에 대한 찬사의 의미
로 그의 이름을 따 샴페인 최고
의 명품인 '돔 페리뇽'을 탄생시
켰다.

수입원Importer :
엠에이치 샴페인즈&와인즈
코리아MH Champagnes
& Wines KOREA

그림1. 돔 페리뇽

"샴페인은 마시고 난 후에도
여인을 아름다워 보이게 하는
유일한 술이다."

마담 드 퐁파두르Madame de Pompadour

그림2. 마담 드 퐁파두르Madame de Pompadour

시작을 위한 식전주, 돔 페리뇽

얼마 전, 아는 분이 홍대 근처에 갤러리를 열어 그곳 개관전에 참석했던 적이 있었습니다. 갤러리 담당자도 아는 사이였고, 개관 기념으로 초대된 작가와도 개인적인 친분이 있어 참석하게 되었던 것이죠. 하는 일이 그런 쪽과 관련되다 보니 간혹 이런 종류의 오프닝에 초대를 받는 편인데, 어떤 오프닝이든 거기에는 몇 가지 공통점이 있습니다.

우선, 아직 단 한 번도 공개되지 않았던 작품들이 최초로 세상에 공개되는 자리이니만큼 묘한 긴장감이 있다는 점입니다. '예술은 예술가가 감각적인 충격으로 본 세계'라는 르네 마그리트의 말처럼, 전시회 오프닝은 예술가가 보았던 세계가 처음으로 열리는 순간이기 때문일지도 모르겠습니다. 이제 곧 만나게 될 세계가 어쩌면 조르주 브라크나 마티스가 '아비뇽의 처녀들Les Demoiselles d'Avignon'을 통해 만난 피카소의 세계일 수도 있고, 혹은 1863년 살롱전으로 태어난 인상파들의 세계일 수도 있죠. 그래서 전시회의 오프닝 뒤에는 묘한 긴장감이 숨어 있습니다.

그리고 두 번째는 바로 그 긴장감을 숨기고 있는 화려함입니다. 개인전이든 기획전이든 전시회를 준비한다는 것은 여간 큰 일이 아닙니다. 전시 콘셉트에 맞는 작품이 충분히 준비돼야 함은 물론이고, 그 작품을 선보이기 위해 갤러리와의 일정 조율도 필요하죠. 그뿐만이 아닙니다. 디스플레이도 구상하고 전시회를 알리기 위한 안내서와 팸플릿을 준비하는 등 해야 할 일은 끝이 없습니다. 그래서 전시가 시작되기 얼마 전부터는 밤을 새워서

작업하는 날이 비일비재합니다. 여간 지난한 일이 아닐 수 없죠. 그래서 길고 험난한 고생의 끝, 그리고 새로운 전시의 시작인 오프닝은 그 힘들고 지친 날들에 대한 보상이라도 받으려는 듯, 언제나 화려합니다. 작가와 갤러리의 중요한 인맥들이 초대되고, 화려한 축하를 위해 특별한 음식과 술도 준비되어야 합니다.

특별한 시작을 위한 특별한 술, 바로 샴페인이죠.

언제나 시작과 축하의 자리에는 샴페인이 있습니다. 우리나라뿐만 아니라 세계적으로도 시작의 자리에는 습관처럼 샴페인이 함께 하죠. 맹렬하게 터져 나오는 화려한 거품과 입안에서 터지는 탄산의 찬란함이 축하와 시작의 자리에 무척 잘 어울리기 때문입니다. 게다가 샴페인의 화려한 맛과 향이 사람들의 기분까지 달콤하게 만들어주기 때문에 이런 자리에는 더할 나위 없는 와인입니다. 그래서 우리는 "샴페인" 하면 시작과 축하를 떠올리게 마련입니다.

　그런데 우리는 보통 샴페인을 화려한 이벤트를 위한 술로 알고 있지만, 기본적으로는 식사에 곁들여 마실 때 그 진가가 더욱 발휘되는 와인입니다. 샴페인의 가벼운 산도가 상쾌함을 부여해서 식사를 시작하기 전에 미각을 돋워 주기 때문이죠. 그래서 샴페인은 식전주食前酒, 즉 이 챕터의 제목이기도 한 아페리티프로 많이 즐깁니다.

그러니 저희의 첫 시작, 이 책의 첫 챕터 아페리티프에는 역시 샴페인만 한 게 없겠죠. 그래서 첫 챕터를 샴페인, 그중에서도 최초의 샴페인인 돔 페리뇽Dom Pérignon을 중심으로 준비했습니다. 역시 마찬가지로 철학의 시작 『오뒷세이아Odysseia』[1]와 미술의 시작 그리스 미술과 함께 말이죠.

아페리티프

앞에서도 썼지만, 이 책은 와인과 예술과 철학을 어떻게 하면 더 잘 즐길 수 있을 것인가에 대한 고민에서 출발했습니다. 그러니 와인과 함께 곁들여 제공되는 철학도 예술도 '향유'의 관점으로 설명이 되어야겠죠.

우선, 예술 작품을 향유하는 방법부터 설명해 보겠습니다. 사실 이에 관해 말하자면 먼저 예술이 무엇인지에 대한 정의부터 하고 가는 것이 순서에 맞겠지만, 그러려면 또 한세월이 흐를테니 이 책에서는 예술을 우리가 흔히 알고 있는 범주(공인된 작품)에 한해서 생각해 보는 것으로 먼저 약속하고 들어가 보겠습니다.

그런 약속 속에서 예술 작품을 이해하고 즐기는데 가장 빠르고 정확한 방법은 무엇보다 그 작품을 창조한 예술가의 세계를

---

1. 외래어표기법상으로는 오디세이아가 맞는 표현이나, 본 책에서는 숲 출판사의 천병희 번역본을 기준으로 하기 때문에 오뒷세이아로 표기한다.

이해하는 것입니다. 예술가란 결국 자신이 경험한 세계를, 그리고 그중에서도 정말 중요하고 소중하기 때문에 다른 사람에게도 말하고 싶은 세계를 감각적으로 표현한 사람이기 때문입니다. 화가는 자신이 경험한 그 세계를 이미지라는 감각으로 표현한 사람이고, 음악가는 그것을 소리라는 감각으로 표현한 사람이죠. 사람이란, 세계 속에 존재하기 때문에 자신의 세계를 벗어날 수 없습니다. 어쩌면 벗어나려 하면 할수록 더욱 그 세계를 증명할 뿐입니다. 그리고 그런 증명의 과정이 작품으로 나타난 것이 예술가들의 작품이죠.

그래서 그들이 왜 그런 그림을 그리고, 그런 음악을 했고, 그런 영화를 찍었는지를 이해하는 가장 빠른 방법은 그들의 세계, 그리고 세계관을 이해하는 것입니다.

그런데 그 세계관을 가장 잘 설명해 주는 것이 바로 철학이죠. 철학은 당대의 사람들과 그 사람들이 모인 사회가 어떤 시각으로 세상을 바라보았는지, 즉 어떤 세계관을 가졌는지 가장 명확하고 친절하게 가르쳐 주는 도구입니다. 예술가는 감각으로 표현하다 보니 그 방식이 약간 난해하고 불친절한 데 반해, 철학자들은 끊임없이 조탁(彫琢)한 언어를 통해 세계관을 설명하려다 보니 비교적 자세하고 친절하죠. 물론, 간혹 철학자들의 언어가 더 어려워 보이기도 하지만, 기본적으로 철학자들의 언어는 적어도 '알아들을 수는' 있습니다. 그래서 철학과 예술은 끊임없이 대화를 시도하죠.

이번 장에서는 아페리티프라는 '시작'에 맞는 예술과 철학, 그리고 거기에 더불어 시작의 와인이 어떤 이야기를 주고받는지 한 번 들여다보도록 하겠습니다.

앞서도 잠시 언급되었지만, 아페리티프란 식사 시작 전에 마시는 식전주를 뜻합니다. 간소화된 현대의 프랑스 요리에서는 식사의 시작을 오르되브르Hors d'oeuvre, 즉 애피타이저를 떠올리는 경우가 많지만, 전통적인 프랑스 요리의 시작은 식전주를 통해 시작되죠. 애당초 아페리티프라는 단어가 프랑스어로 "식욕을 돋우는"이라는 뜻이기도 한 만큼, 길고 긴 식사의 시작을 알리는 정도라고 생각하면 될 것 같습니다. 아페리티프를 통해 마음을 다잡고 오르되브르와 포타쥬로 준비운동, 즉 위밍업을 하고 본격적인 식사에 들어가는 것이 일반적인 전통 프랑스 테이블 도트(Table d'hote, 정식요리)의 순서이죠. 그렇기 때문에 아페리티프로는 알코올 도수가 너무 높지 않고, 상쾌한 산미가 있으며 달지 않은 샴페인을 택하는 것이 좋습니다. 반면 식후주는 식사의 마지막을 마무리하며 소화를 돕는 목적이 있기 때문에 식전주와는 반대로 알코올 성분이 강하거나 달콤한 것을 선택하죠.[2]

이런 아페리티프에 가장 잘 어울리는 예술과 철학과 와인은 앞서 언급했던 것처럼 호메로스의 『오뒷세이아』와 그리스 미

---

2. 『와인 교본』, 코지마 하야토 CWE 지음, (주)교문사, 2011년, 304쪽.

술, 그리고 샴페인입니다. 샴페인은 특히 최초의 샴페인인 돔 페리뇽이 좋겠죠. 하나는 와인에서, 다른 하나는 미술에서, 그리고 다른 하나는 철학, 특히 이성에서 처음을 담당하는 것들이죠. 그러니 이 책의 실질적인 첫 챕터이자 식사의 첫 시작인 아페리티프에는 더 없이 어울리는 것들입니다.

첫 번째 시작: 신을 극복한 인간, 오뒷세이아

그럼 먼저 우리가 가장 많이 알고 있을 『오뒷세이아』에 관한 이야기부터 하도록 하죠.

『오뒷세이아』는 사실 따로 설명할 필요가 없을 만큼 유명한 이야기입니다. '무슨 무슨 고전 100선', '어디 어디에서 추천한 인류 최고의 고전 200선' 같은 목록을 보면 언제나 1, 2위를 다투는 작품이 『오뒷세이아』와 『일리아스』죠. 둘 다 호메로스의 작품입니다. 이건 말하자면, 가요순위 프로그램에서 3000년에 가까운 시간 동안 1위와 2위 자리를 한 사람의 가수가 독차지하는 꼴이죠. 여기에는 이럴 수밖에 없는 이유가 있습니다. 앞서 말한 선정 그런 목록이 기본적으로 서구 중심적으로 작성된 것이고, 서구 문화의 뿌리라 할만한 작품이 바로 이 작품이기 때문입니다. 서양에 한해서이긴 하지만, 인류 역사에 있어서 인간적 사유의 시작은 언제나 호메로스의 『일리아스』와 『오뒷세이아』에서부터 시작되거든요.

이 두 작품을 읽어보신 분은 아시겠지만, 그다지 재미는 없습니다. 특히『일리아스』는 기본적인 배경 지식을 알지 못해서는 읽기도 힘든 책이죠. 그런데도 시도 때도 없이, 학교에서든 책에서든 다들 좋다고 읽으라고 강요하다시피 권합니다. 심지어 이걸 읽지 않으면 교양인이 아니라고 말하죠. 그러니까 한 마디로 '교양인이라면 이 정도는 읽어 줘야 한다'는 말입니다.

그런데 솔직히 아무리 읽어 봐도 도대체 이게 왜 그렇게까지 찬양받아야 하는지 도무지 알 수가 없습니다. 다들 좋대서 읽기는 하는데 읽고 나서 기억에 남는 거라곤 아킬레우스인지 뭔지 이름도 어려운 사람들끼리 치고받는 내용이거나 오뒷세우스가 표류하며 만났던 괴물들 정도입니다. 그러니 읽고 나서 조금 솔직한 사람들은 짜증을 내고, 그래도 뭔가 순응적인 사람들은 자신을 합리화하기 위해 어떤 핑계라도 만들어 냅니다. '아, 상상력이 무척 뛰어나구나'라는 식으로 말이죠. 하지만 솔직히 말하자면 요즘에는『오뒷세이아』보다 더 휘황찬란하고 기묘한 상상력의 산물들이 넘쳐납니다. 그런 괴물이나 모험 내용을 통해 상상력을 키울 거라면 차라리 만화책을 보거나『해리포터』나『반지의 제왕』을 읽는 것이 더 효율적일지도 모릅니다.

그런데도『오뒷세이아』가 인류의 첫 번째 가는 고전이 된 이유는 그것이 그저 최초의 그리스 서사시이거나 상상력이 뛰어나기 때문만은 아닙니다. 인간이 자연, 즉 신을 극복하기 위해 자신의 이성을 사용하는 최초의 이야기이기 때문이죠.

그림2. 오뒷세우스가 귀향하여 구혼자들을 물리치기 위해 도끼 구멍으로 화살을 쏘는 모습이 새겨진 그리스 적색상.

그림3. 엘레시우스의 암포라. 윗부분에는 오뒷세우스가 폴리페무스를 무찌르는 이야기가, 아랫부분에는 머리카락 대신 뱀이 달려 있는 괴물 고르곤이 새겨져 있다.

그림4.
엘레시우스의 암포라의 세부.
폴리페무스의 눈에 창을 찌르는
오뒷세우스.

오뒷세우스의 노래,『오뒷세이아』

저도 책을 쓰지만, 책을 쓸 때 가장 고민하는 것 중 하나가 제목입니다. 제목은 그 책을 함축적으로 나타내야 하기 때문입니다. 그래서 어떤 책을 이해하려 할 때면 가장 먼저 그 제목을 이해하는 것이 좋죠.

『오뒷세이아』라는 제목이 의미하는 바는 뭔가 거창하거나 그런 것이 아닙니다. 그저 '오뒷세우스의 노래'라는 뜻이죠. 그러니 이를 이해하기 위해선 당연히 오뒷세우스라는 사람에 대해 이해를 해야겠죠? 그리고 오뒷세우스의 의미를 정확히 알기 위해서는 책을 읽을 때 그런 것처럼 오뒷세우스라는 사람의 이름을 알아야 합니다.[3]

3.『오뒷세이아』의 본문 곳곳에는 이름의 중요성에 관한 대목이 등장한다.

오뒷세우스는 '오디움(odium: 미움, 싫음, 상극)을 받은 자'라는 뜻입니다. 즉 미움을 받은 자, 분노 받은 자라는 의미이죠. 도대체 어떤 부모가 자식의 이름을 이런 식으로 지을까 싶긴 하겠지만, 가끔 그리스로마 신화를 보면 지금의 상식으로는 전혀 이해할 수 없는 행동을 하는 경우가 있는데 이 또한 마찬가지입니다. 한편으로는 우리나라도 불과 백 년 전까지만 하더라도 개똥이니 말똥이니 하는 이름이 많았었죠. 뭐 그와 비슷한 맥락일 수도 있지 않을까 싶기도 합니다.

아무튼 이 오뒷세우스라는 이름은 그의 외할아버지인 아우톨리코스Autolycos가 자신의 손자를 위해 손수 지어준 이름입니다. 그런데 아우톨리코스라는 사람은 왜 자신의 손자 이름을 이런 식으로 지은 걸까요?

아우톨리코스는 당시에 헤르메스의 아들이라는 별명을 가지고 있었습니다. 언제나 그렇듯이 고대 그리스의 사람들은 신들을 자신의 가문에 끌어들이길 좋아했었는데 이 사람도 마찬가지였습니다. 사람이란 자신의 이름값, 별명값을 해야겠죠? 도둑의 수호신인 헤르메스의 아들이라는 위치에 걸맞게 아우톨리코스 역시 무척 유명한 도둑이었습니다. 그리고 도둑이 어디 가서 사랑받을 일은 없겠죠. 아우톨리코스도 사람들에게 많은 미움을 받는 처지였습니다. 그래서 그는 자기 손자의 이름을 '미움 받는 자'라는 의미의 오뒷세우스라고 지은 것입니다. 뭐랄까, 무척 성의 없는 작명이었죠.

그럼 '미움 받는 자'인 오뒷세우스를 미워한 존재는 누구일까요? 트로이와의 전쟁에서 승리할 수 있도록 결정적인 역할을 했던 오뒷세우스를 싫어한 사람이 있었을까요? 어찌 보면 영웅인데 말이죠. 하지만 아이러니하게도 바로 그 이유 때문에 그리스 사람들은 오뒷세우스를 미워했습니다. 정정당당하지 않다거나 아킬레우스처럼 용감하지 않다는 이유 때문이었죠. 그런데 그보다 더 중요한 미움의 주체는 바로 신이었습니다. 그의 인생사를 보면 신에게 받은 미움을 어떻게든 극복해 가는 여정이라고 해도 과언이 아니죠.

그런데 그리스의 신은 곧 자연[4]이었습니다. 더욱 정확히는 의인화된 자연이죠. 거의 모든 문명권에서 자연을 의인화하여 신을 만들었던 것처럼 그리스도 자연을 신으로 만들었죠. 자연의 거대한 힘 앞에 한없이 작아지고 초라해지는 인간의 입장에서 신에게 순종하는 것은 자연을 경외하며 순종하는 것을 의미했습니다. 그러므로 신에게 미움 받은 자, 분노 받은 자라는 오뒷세우스는 자연에게 미움을 받는 인간, 즉 자연 앞에 홀로선 인간을 상징하죠. 그러니 그는 험난한 여정 속에서 미움과 분노를 극복해야 하는데, 그 미움과 분노가 바로 자연인 것입니다. 그래서 오뒷세우스의 여정은 줄곧 자연을 대상으로 진행되고 이것을 상징화한 것이 바로 『오뒷세이아』라는 이야기이죠. 예를 들어 바

---

4. 많은 버전의 이야기가 있지만, 기본적으로 통용되는 신들의 계보는 공간을 의미하는 우라노스Uranus와 시간을 의미하는 크로노스Kronos로 구성된 1세대와 하늘과 땅과 바다, 즉 자연을 의미하는 제우스Zeus와 하데스Hades와 포세이돈Poseidon 등의 2세대로 구성되어있다. 그리고 그 이후에야 비로소 인간의 사회문화적 개념을 상징하는 아테네지혜, 아레스전쟁, 아폴론음악, 의술, 디오니소스포도주 등이 등장한다.

닷물을 들이켰다가 뱉어내면서, 하루 세 번 산처럼 거대한 소용
돌이를 일으켜 배를 난파시킨다는 괴물 카리브디스^{Charybdis}와 반
대편 벼랑의 괴물 스퀼라^{Scylla}는 메시나 해협의 위험성을 상징하
는 존재죠. 요컨대 오뒷세우스의 고난은 곧 자연이며 그의 여정
은 그것을 극복하는 과정입니다.

　　여기에서 중요한 것은 오뒷세우스가 무엇으로 자연을 극복하

그림6. 트로이 전쟁이 새겨진 그리스 항아리. 오뒷세우스의 지혜를 가장 상징적으
로 보여주는 이야기가 트로이의 목마이다.

는가 하는 점입니다. 앞서 말했던 것처럼 오뒷세우스는 그리스 인들에게 그다지 사랑을 받지 못한 영웅이었습니다. 그리스 3대 비극작가 중 한 명인 에우리피데스Euripides는 '가장 교활하고 구역질 나는 사내'라고 그를 묘사하기도 했고, 일반적인 그리스인들도 항상 아킬레우스와 비교하며 교활하다고 비난했습니다.

그런데 이런 비난은 안 좋은 소리 같기도 하지만, 반대로 생각해 보면 그가 머리가 좋은 인물이었다는 것을 반증하기도 하죠. 머리가 좋은 오뒷세우스이니 그가 신의 분노를 극복하기 위한 방법은 무엇이었을까요? 네. 당연히 머리입니다. 그는 신의 분노, 즉 자연을 극복하는 데 있어 힘을 사용하지 않고, 이성을 사용합니다. 외눈박이 거인 폴리페모스Polyphemus에게서 탈출할 때도 자신을 "아무도 아니"라는 이름으로 부르게 하여 탈출구를 찾았죠. 그런데다가 호기심도 강렬하여 세이렌의 노랫소리를 듣기 위해 자신을 배의 기둥에 묶어 두기도 합니다. 이러한 지적인

그림7.
기둥에 묶인 채로
세이렌의 노래를
듣는 오뒷세이아.

능력과 호기심으로 자연을 극복하는 여정인 『오뒷세이아』는, 곧 자연을 극복하기 위해 지적인 능력을 사용하기 시작한 인간의 여정을 상징하는 것이죠. 그리고 이렇게 자연을 극복하기 위해, 미지의 대상을 극복하기 위해 이성을 사용하는 것은, 다름 아닌 철학의 시작을 의미합니다. 철학이란 곧 세상에 대한 의심이고 호기심이며, 그것을 이성으로 해석하는 것과 다르지 않으니까요. 요컨대 『오뒷세이아』는 인간이 세상을 신으로 보던 뮈토스적mythos 세계관에서 인간의 이성으로 보는 로고스적 세계관으로의 전환입니다.

그리고 이런 세계관은 그리스 미술 작품들에도 반영이 되었죠.

두 번째 시작: 그리스 미술

그리스 시대의 미술과 신화는 서로가 서로에게 영향을 주었습니다. 보통은 『일리아스』나 『오뒷세이아』나 혹은 다른 신화 속의 신이나 영웅들을 그리스의 예술가들이 구현하는 방식으로 진행되었죠. 신화 속의 한 장면을 도자기나 조각, 혹은 그림으로 묘사하는 것이 대부분의 그리스 미술이 택한 작업 방식이었습니다. 그래서 그리스 미술의 주된 소재는 대부분 신이나 영웅이었죠.

이런 그리스 미술의 특징을 한눈에 알아볼 수 있는 방법은 고대이집트의 미술 작품들과 비교해 보는 것입니다. 오른쪽 그림8과 그림9를 보면 알겠지만, 둘 사이의 차이는 너무나 명확합니다.

그림8.「신에게 제물을 받치는 람세스 3세」, 이집트 부조, 기원전 12세기경.

그림9.「도리포로스doryphoros」,
폴리콜레이토스의 원작을 모방한 로마
시대 복제품, 기원전 440년.

이런 두 작품을 비교해서 볼 때 일반적으로 우리가 느끼는 반응은 명백합니다. 아마 어떤 게 더 잘 만든 작품이냐고 묻는다면 열에 아홉은 그리스 미술의 손을 들어 주겠죠. 하나는 딱딱하게 굳어 부자연스럽고 모든 면에서 어색해 보이지만, 다른 하나는 상당히 역동적이고 사실적인 묘사로 이루어져 있기 때문입니다.

그런데 그런 대답을 하기 전에 먼저 고려해 봐야 할 것이 있습니다. 우리가 어떤 것이 더 잘 만들어진 작품이라고 대답하려고 한다면, 우선 '잘 만든 것'에 대한 기준이 있어야 한다는 점이죠. 이에 관해서는 다른 장에서 더 자세히 다루겠지만, 우리가 보통 '잘 만든 것'이라는 판단을 할 때의 기준은 '실물과 닮은 것'이라는 암묵적인 합의가 있습니다.

하지만 조금 더 생각해 보면 실물과 보다 닮은 것을 '잘 만든 것'이라고 한다면 문제가 되는 작품들이 많이 생깁니다. 게다가 이 둘 중 어느 쪽이 가치가 높은 예술작품이냐 하는 것은 더욱 대답하기 곤란해지죠. 가치라는 것은 너무나 상대적인 것이기 때문에 우리가 그에 대해 왈가왈부할 수는 없습니다. 수천 년의 예술사 속에서 아직도 끊이지 않는 가장 중요한 논쟁 중 하나도 바로 이 부분이죠. 그러므로 아무 생각 없이 그저 "그리스 미술이 더 잘 만든 작품이다", 혹은 "그리스 미술이 더 가치가 높은 작품이다"라는 대답을 하기가 곤란해집니다.

그래도 이들이 왜 이런 그림을 그리게 되었는지 정도는 우리도 이야기를 나눌 수 있습니다.

결론부터 말하자면, 이집트인들은 '있는 그대로 완전하게' 표

현하려 했고, 그리스인들은 '보이는 그대로 아름답게' 표현하려
했기 때문에 이러한 차이가 나타날 수밖에 없었습니다. 하지만
얼핏 생각하기에는 완전하게 표현하려는 시도가 어떻게 이집트
작품과 같은 결과가 되는지 이해가 잘 가지 않을 수도 있습니다.
우리 시각으로 보기에 이집트 미술은 전혀 완전해 보이지 않기
때문이죠. 이것은 그들이 생각하는 완전함과 우리가 생각하는
완전함이 말 그대로 완전히 다르기 때문입니다.

이집트인들의 작품과 그리스인들의 작품 사이에 이러한 결과
적 차이가 나는 이유는 이집트인들이 미술작품을 제작하는 목적
과 그들이 세상을 바라보는 시각에 있었습니다. 그들이 예술작
품을 만드는 데 있어서 가장 중요한 목적은 '있는 그대로 완전하
게' 표현하는 것이었습니다. 그런데 이때 '있는 그대로'라는 말
이 문제가 되죠. 이집트인들에게 있어 있는 그대로, 즉 실제real라
는 것은 우리가 지금 생각하는 실제가 아닙니다. 물리적인 이 세
상만이 아니라 죽음 이후의 세상을 포함하는 것이었죠. 지금의
관점으로는 허무맹랑한 소리일지 몰라도 그들에게 있어서는 사
후세계야말로 진짜 세상이었습니다. 그러다 보니 그들은 죽음
이후에 영혼이 다시 돌아와 몸 안에 들어가 부활하여 사는 세상
도 중요했던 것입니다. 육체는 죽고 나면 더는 쓸모없어지는 것
이 아니라 다시 재활용되어야 할 것이었죠. 그렇기 때문에 살아
생전에 쓰던 몸을 잘 보관해야 했습니다. 미라도 이런 이유로 만
들어졌던 것이죠.

그러다 보니 이들에게 중요한 것은 다시 살아났을 때 몸이 잘

'기능'하는 것이었습니다. 기능적으로 완전해야 했죠. 그래서 그들은 몸을 '있는 그대로', 즉 '기능적으로 완전하게' 그려 넣었던 겁니다.

하지만 그럼에도 우리가 생각하기에 있는 그대로라면 오히려 그리스미술처럼 그려야 할 것 같죠? 이건 사고체계가 완전히 다르기 때문에 나타난 현상입니다. 있는 그대로라는 기준이 문제였죠.

코의 특징은 어떤 걸까요? 우뚝 솟은 겁니다. 이집트인들은 코는 측면에서 봤을 때처럼 보여야 했습니다. 정면에서 보면 콧구멍 두 개만 달랑 뚫려 있어서 이게 코인지 뭐인지 잘 분간이 가지 않는다고 생각한 것이죠. 같은 의미로 어깨는 넓고 떡 벌어진 어깨여야 했습니다. 발은요? 정면에서 보는 것보다 측면에서 보는 발이 더 진짜 같다고 생각했습니다. 그림10처럼 정면을 보는 식으로 발을 그리면 이집트인들에게는 큰일 나는 겁니다. 발은 몸을 지탱할 수 있게 길고 넓어야 하는 건데 이 그림은 그렇

그림10. 「전사의 작별」, 적색 항아리 그림, 기원전 510~500년경.

게 보이지 않기 때문입니다.

　그래서 그들의 작품은 언제나 항상 얼굴은 옆을 보고 있는 모습이고, 어깨는 그 넓이를 알 수 있도록 정면을 보고 있죠. 그리고 발도 그 모양이 유지 될 수 있게 측면의 모습을 하고 있는 것입니다. 심지어 많은 이집트 작품들은 측면을 보고 있는 발이 두쪽 모두 같은 방향, 즉 엄지발가락이 보이는 방향으로 되어 있습니다. 이집트 사람들의 생각에는 그게 가장 '발다운 발'이거든요. 그래야만 내세에 가서도 그것이 온전히 보존되어 기능을 발휘할 수 있다고 보았기 때문입니다. 그들에게 '있는 그대로'라는

그림11. 「아누비스」, 이집트 부조.

것은 이런 걸 의미합니다. 바로 '기능', 즉 목적 중심주의였죠.

　그러다 보니 그림11과 같은 작품이 완성되는 건데 잘 생각해

보면 이런 방식의 작업은 사실 특별한 능력을 갖춘 예술가를 필
요로 하지 않습니다. 모든 것이 공식화되어 있기 때문이죠. 얼굴
은 옆모습에 눈은 정면을 보는 것으로 그려야 하고, 어깨는 정면
이되 발은 또 측면이어야 힙니다. 그리고 그림12를 보면 알겠지
만, 대부분의 작품이 다 비슷한 비율로 그려지거나 조각되어 있
습니다. 그들은 작업할 때 일정한 비례를 기준으로 작업했죠. 신
체의 길이는 어느 정도여야 하며, 그에 따른 얼굴의 크기는 어느
정도여야 하고, 어깨의 넓이나 발의 크기도 다 정해져 있었습니
다. 이렇게 작업하기 위해서 그들은 먼저 모눈을 그리고 그 위에

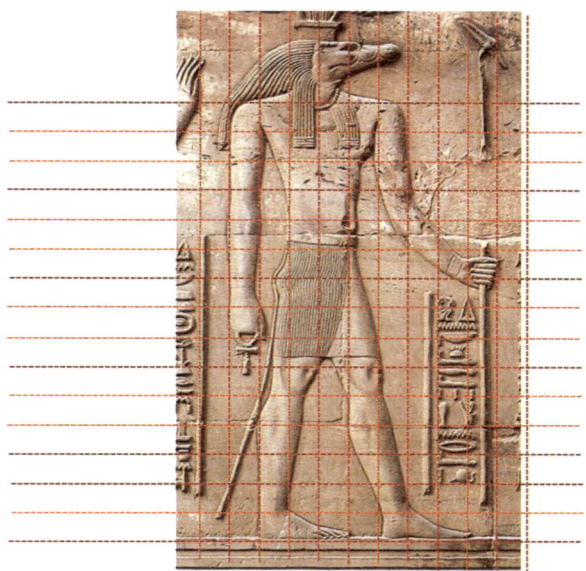

그림12. 이집트 카논.

신체의 부위를 나누어 그려 넣었죠.

그 모눈 속에서 정확한 비율에 맞춰 어깨나 머리가 위치하는 것을 그려야 했습니다. 심지어는 보폭의 크기도 정해져 있었습니다. 이런 걸 바로 카논^{Canon}이라고 부르죠. 이 카논에 맞춰 사람을 그려 넣기 때문에 이집트의 장인들은 그다지 특별한 능력이 필요하지 않았습니다. 아무리 잘 그릴 수 있는 능력이 있더라도 정해진 비례와 방식을 벗어날 수 없었죠. 그래서 멀리 떨어진 두 곳의 장인에게 각각 상반신과 하반신을 따로 제작하고 가져와 붙여 보았더니 정확히 맞아 떨어졌다는 이야기도 있습니다.

이런 환경 속에서 조각가나 화가 개인은 어떻게 될까요? 개인은 필요가 없게 됩니다. 그저 공식에 맞춰 만들기만 하면 되니까요. 그러니 사라지게 됩니다. 그런데 이것뿐만이 아니라, 더 나아가 개인뿐만 아니라 인간 자체가 사라집니다. 이런 예술에서 중요한 것은 다름 아닌 사후세계였고, 신이었기 때문입니다. 현실 세계에서의 몸보다 사후세계에서 기능할 수 있도록 보존 되는 것이 더 중요했습니다. 현실은 짧고 사후세계는 영원하기 때문이었죠. 그래서 이들은 예술가를 '계속 살아있게 하는 자'라고 부르기도 했죠.

이들의 미술작품은 오직 신과 왕과 나라를 위한 것뿐이었습니다. 그런데 왕은 신적인 존재로 여겨졌으며 세상을 떠날 때 다시 그가 본래 태어났던 신에게로 돌아간다고 믿었으니 사실은 신을 위한 것뿐이었죠. 예술가들은 그저 수백 년 동안 내려오는 공식에 따라 신과 왕을 위해 그리기만 하면 되는 것이었습니다. 영원한 세계, 즉 신의 세계를 유지하기 위해서 말입니다.

신의 나라에서 이루어진 신의 예술인 것이죠.

반면, 고대 그리스인들의 작품은 이와 좀 다릅니다. 그들의 작품은 우리 기준으로 볼 때 상당히 그럴싸합니다. 말 그대로 '작품'이라 할만한 그림과 조각들이죠. 그들의 작품은 진짜 사람 같은 데다가 굉장히 자연스럽습니다. 그림13은 그런 걸 아주 잘 보여주는 작품이죠. 이집트의 조각과는 완전히 다르죠.

그림 13. 「밀로의 비너스」, 루브르 박물관, 기원전2세기경.

이집트의 작품이 좌우대칭에 어색한 포즈와 굳은 어깨를 가지고 있었다면 밀로의 비너스는 그야말로 살아 움직일 것 같은 모습입니다. 어색한 솜씨로 만든 쿠키처럼 딱딱하게 굳은 이집트 작품에 비해 그리스 작품들은 삐딱하죠. 그런데 사열대의 군인이 아닌 이상 인간은 이렇게 어딘가 삐딱합니다. 이런 삐딱함을 보통 콘트라포스토Contraposto라고 하는데, 그 삐딱함이야말로 인간적임이죠. 우리가 지하철을 기다리기 위해 승강장에 서 있을 때도 항상 삐딱하게 서 있는 것처럼 말입니다. 그게 살아있는 유기체의 몸이죠.

카논에 의해 고정된 형태로 만들 수밖에 없었던 이집트에 비해 그리스는 그런 '삐딱할 수 있는 자유'를 가질 수 있었습니다. 물론, 그리스인들이라고 카논을 사용하지 않은 것은 아닙니다. 이들도 카논을 사용했죠. 팔은 다리에 비해 어느 정도여야 하고,

그림14. 아폴론과 비너스의 황금 비율.

얼굴 크기는 어느 정도여야 한다는 비례가 있었습니다. 우리가 흔히 말하는 황금의 비율, 황금비입니다. 하지만, 카논만으로 작업했던 이집트인들과는 다르게 그리스인들은 여기에 무언가를 추가합니다.

바로 아름다움이죠.

아름다움은 알고 보면 상당히 인간적인 것입니다. '완전함'과는 다르죠. 완전함은 누가 보아도, 언제 보아도, 그냥 완전함입니다. 사람 따위에는 전혀 상관하지 않는다는 듯 결코 변하지 않죠. 그러니 완전한 작품을 만들기 위해서는 그냥 객관적으로 정해진 대로만 작업해야 했습니다. 대신 이미 정해진 정답과 길이 있으니 여기에는 개인이라는 인간이 설 자리가 없다는 게 문제였지만요.

반면 아름다움은 대상에 '개인의 주관'이 개입하기 시작하는 것입니다. 정해진 틀에서 벗어나 '나는 이렇게 그리고 싶지 않은데?', '이렇게 그리는 게 더 좋은데?'라는 개인의 주관이 개입하는 게 바로 아름다움의 시작이죠. 쉽게 말해 '창조'가 시작되는 겁니다. 이러한 변화는 예술가 개인을 우리가 기억하게 하였습니다.

인간은 박제해 놓지 않는 이상 언제나 변하고 움직이고 꿈틀거리고 있는 존재죠. 구부리면 짧아지고, 피면 길어지는 게 사람입니다. 아무리 카논을 사용한다고 하더라도 시시각각 변하는 인간의 모습을 그 변화까지 다 담을 수는 없습니다. 그러니 이런 변화를 모두 담아내기 위해서는 예술가 각자의 역량이 필요했죠. 그래서 그리스 예술가들에게 있어 작품이 비례에 맞는 것^{카}$_{논}$은 기본이었고, 거기에 아름다움, 인간다움, 변화를 더 해야 했죠. 요컨대 이집트의 미술이 신을 중심으로 객관적 양식에 따라 기록한 것이었다면, 그리스의 예술은 신을 소재로 삼았으되 예술가 개인의 주관성에 따라 인간의 아름다움을 창조하는 예술작품이었습니다. 그렇게 개성적인 아름다움을 표현하려고 하다 보니 그냥 계산적인 카논만으로는 그릴 수가 없어 개인의 역량이 필요하게 되었고, 그렇기 때문에 이집트의 예술가들과는 다르게 그리스의 예술가들은 개인으로 기억됐습니다. 미론^{Myron}이나 페이디아스^{Pheidias}, 프락시텔레스^{Praxiteles}처럼 말이죠.

무엇 때문에 이런 변화가 생겼을까요? 여기에는 여러 가지 이유가 있겠지만, 세상을 보는 눈이 달라졌고, 그로 인해 무엇보다 세상이 달라졌기 때문입니다. 그리스 시대에는 이집트의 실제^{real}가 더 이상 실제가 아니게 된 것이죠. 그리스인들에게 있어서 실제, 즉 진짜로 있는 것은 죽고 난 다음 세상, 신들의 세상이 아니라 자신들이 살아 움직이고 숨 쉬며 생활하는 이 세상이었습니다. 인간들의 세상이 그들에게 있어서는 실제였죠. 그러니 그들은 당연히 신의 세상을 그리는 것이 아니라 자신들이 살아가는 세상, 그리고 자기 자신들, 즉 인간을 그려야 했습니다. 그런데 인간을 인간적으로 그리려니 이집트의 방식만으로는 아무래도 힘들었겠죠. 그래서 방법을 강구하던 끝에 단축법과 콘트라포스토 등 여러 가지 방법들을 고안해내 변화하는 자신들의 실제를

그릴 수 있게 된 것입니다.

오뒷세이아가 그랬던 것처럼, 이제 미술도 신에게서 인간으로 내려온 것이죠. 미술이 최초로 신의 세계에서 인간의 세계로 진입하는 과정입니다.

하지만 그렇다고 고대 그리스의 미술이 완전히 인간적인 것은 아니었습니다. 아직은 신적인 것이 남아있습니다.

이에 관해서는 다음 장에서 더 자세히 다루도록 하겠습니다.

세 번째 시작: 완벽함에서 우연으로, 최초의 샴페인 돔 페리뇽

와인에도 이러한 신적인 완전함에서 벗어나 우연으로, 그리고 인간의 노력으로 새로운 와인이 창조된 역사가 있습니다. 더구나 아이러니하게도 그 장소가 바로 수도원이었죠. 그 수도원으로 가기 위해 우선 프랑스 북동부에 있는 에페르네Epernay로 가보도록 하겠습니다. 샹파뉴아르덴Champagne-Ardenne 주Region에 위치한 이 마을에는 관광객들이 많이 찾는 곳이 있습니다. 특히 와인을 좋아하는 사람이라면 성지순례라도 하듯이 꼭 찾는 곳이죠. 바로 샴페인의 아이콘이라고 부를 수 있는 돔 페리뇽의 와이너리winery[5]인 모엣&샹동Moët & Chandon입니다.

1743년에 설립된 와이너리인 모엣&샹동은 설립자인 끌로드

---

5. 와인을 만드는 양조장.

그림15. 샹파뉴 지도.

모엣Claude Moët이 처음 세웠을 때까지만 해도 그냥 모엣가Maison Moët라고만 불렸습니다. 하지만 이후 창업자의 손자인 장 레미 모엣Jean-Remy Moët이 아들 빅토르 모엣Victor Moët과 사위 피에르 가브리엘 샹동Pierre-Gabriel Chandon에게 물려주면서 명칭이 모엣&샹동으로 바뀌게 되었지만 이런 건 우리가 별로 관여할 바도 아니고, 꼭 알아야 하는 것도 아니죠. 중요한 것은 이 모엣 샹동이 프랑스 대혁명 기간인 1832년에 폐허가 된 오빌레르Hautvillers 수도원을 인수하면서 샴페인의 전설이 살아날 수 있게 되었다는 점입니다.

바로 이곳, 오빌레르 수도원이 최초의 샴페인이 탄생한 곳이기 때문이죠.

샴페인이 탄생한 순간을 확인하려면 시간을 거슬러 올라가 17세기 중반 오빌레르의 생 피에르St. Pierre 수도원으로 되돌아가 보아야 합니다. 당시 생 피에르 수도원 가장 깊은 곳에 위치한 와인 저장고에는 신에게 미사를 드릴 때 쓰기 위한 와인이 가득 쌓여 있었습니다. 와인은 "예수의 피"라고 불리는 음료이니만큼 기독교에서는 절대 빠질 수 없는 존재였기 때문에 옛날에는 수도원마다 와인을 제조하거나 보관하는 공간이 있었습니다. 생 피에르 수도원도 마찬가지였죠.

이런 수도원에 쌓여 있는 와인은 미사를 위한 것이니만큼 완벽한 와인의 맛을 유지하기 위해 최고의 노력과 정성으로 관리되고 있었습니다. 물론 미사만을 위해서 다량의 와인을 이곳에 저장해 둔 것은 아니었습니다. 수도원의 수도사들도 어쨌든 먹고살아야 하는데 그 비용을 충당하기 위한 일환으로써 수도원에서는 와인을 제조하여 판매하였죠.

그런데 이런 생 피에르 수도원에 피에르 페리뇽이라는 젊은 수도사가 재정 담당 수도사로 부임하게 되면서 우연이 겹쳐 필연이 만들어지게 됩니다. 1668년의 어느 날이었죠.

당시 30세의 젊은 수도사였던 피에르 페리뇽은 생 피에르 수도원을 재건하는 데 필요한 재정을 마련하는 것이 그의 임무이기도 했지만, 동시에 미사를 위한 와인을 관리하는 역할도 맡게 되었습니다. 앞서 언급한 것처럼 수도원의 재건 수입을 위해서도 와인이 주된 역할을 하고 있었기 때문이죠.

그러던 어느 늦은 겨울날, 피에르 페리뇽은 여느 때와 같이 미사에 쓰일 와인을 찾으러 와인 저장고 가장 깊숙한 곳을 뒤적거리고 있었습니다. 와인이라는 것이 자판기에서 음료수 뽑듯 아무거나 마실 수는 없었기 때문에 이것저것 자세히 살펴 고르고 골라야 했죠. 더구나 미사에 쓰일 와인은 신에게 헌납하는 것이니만큼 더 중요했습니다. 그런데 와인 저장고를 두리번거리던 피에르 페리뇽은 갑자기 와인 한 병이 펑하는 소리와 함께 터지는 장면을 목격하게 됩니다.

겨울에서 봄으로 넘어가는 시점에 겨우내 혹독한 추위 탓에 발효를 멈췄던 와인이 날씨가 따뜻해지면서 2차 발효를 시작하다가 그 압력을 못 이긴 유리병이 깨져버린 것이었죠.

여기에서 잠시 와인 제조 과정에 대해 간략하게 짚고 넘어가

봐야겠습니다. 와인은 당연히 포도로 만들어집니다. 포도를 수확하고 으깨서 그것을 발효한 액체가 와인이죠. 그런데 이런 발효 과정은 크게 두 단계로 나뉩니다. 발효통에서 대량으로 발효되며 알코올이 형성되는 1차 발효와 소량의 오크통이나 스테인리스 스틸 통으로 나누어 다시 발효되는 2차 발효입니다. 2차 발효 후에는 병에 나눠 담아 다시 숙성을 시켜 우리가 만나는 와인이 되는 것이죠. 돔 페리뇽이 목격한 장면이 바로 이때 발효가 끝난 이후 병에 담긴 와인이 2차 발효를 하며 탄산가스를 발생시켜 병이 깨지는 장면이었던 것입니다. 당시에는 2차 발효 과정에서 발생하는 탄산가스 때문에 병이 터져버리는 일이 종종 있었는데, 보통 이렇게 실패한 와인은 버려지는 것이 일반적이었습니다.

하지만 호기심이 많았던 피에르 페리뇽은 이 실패한 와인을 맛보기 시작했습니다. 깨진 병 밑바닥에 고인 와인을 조심스럽게 입안에 머금었죠. 그리고 한 모금 마신 순간, 그는 자신의 입안에 별이 가득 차는 경이로움을 느낄 수 있었습니다. 2차 발효로 인해 생성된 탄산가스가 그의 입안에서 폭발하듯 산란한 것이었죠.

바로 최초의 샴페인이 탄생하는 순간이었습니다.

나중에 피에르 페리뇽은 동료 수사에게 샴페인을 마시는 경험을 빗대어 "형제님, 나는 지금 은하수를 마시고 있습니다"라고 편지를 남기기도 했었죠.

그 순간의 강렬함에 사로잡힌 피에르 페리뇽은 자신이 느낀

그림16. 모엣&샹동사에 있는 피에르페리뇽의 동상.

그 탄산의 맛에 영감을 얻어 세상에서 가장 훌륭한 와인을 만드는 것이야말로 신이 내린 소명이라 생각하게 되었습니다. 그리곤 와인 개발과 발효의 연구에 평생을 바쳤고, 결국 집요한 끈기와 열정으로 26년 만에 샴페인 제조 기법인 '샹파뉴Champagne'를 발견하게 되죠.

그리고 마침내 1694년 9월 피에르 페리뇽은 26병의 샴페인을 최초로 판매합니다. '세상에서 가장 완벽한 와인 26병'이라는 이름으로 말이죠.

이렇게 만들어진 피에르 페리뇽의 샴페인은 당시 가장 비싼 와인보다도 네 배에 가까운 가격에 거래가 되었습니다. 심지어는 베르사유 궁전Versailles까지 배달되어 루이 14세의 식탁에도 올랐고, 그 후에도 루이 15세Louis XV의 애인이자 후궁이었던 마담 퐁파두르Madame de Pompadour의 사랑을 받기도 했습니다. 상당한 샴페인 애호가이며 패션과 미술, 음악 등 문화 전반적인 것뿐만 아니라 인문학에도 뛰어난 식견을 가지고 있었던 마담 드 퐁파두르는 매해 샴페인을 200병씩 주문했다고 전해질 정도입니다. 그녀가 했던 "샴페인은 마시고 난 후에도 여인을 아름다워 보이게 하는 유일한 술이다"라는 말은 아직도 자주 인용이 되고 있죠.

또한, 피에르 페리뇽이 발명한 새로운 와인 코르크 방식은 기존의 번거로운 방식과는 다르게 철사만 풀어도 펑하는 소리와 함께 시원하게 열렸습니다. 그러다 보니 하인들이 일일이 음료를 대접해야 하는 당시의 테이블 매너를 귀찮게 여긴 프랑스 왕실과 귀족들의 마음을 더욱 사로잡게 되었죠. 그리고 또 다른 샴페인 회사 뵈브 클리코의 바브 니콜 클리코 퐁샤르댕Barbe Nicole Clicquot Pansardin의 노력도 더해져 샴페인은 화려한 귀족 파티의 아이콘으로 확고하게 자리를 잡게 되었습니다.

이러한 샴페인에 '돔 페리뇽'이라는 이름을 붙인 것이 바로 앞서 언급했던 것처럼 모엣&샹동이었습니다. 1832년 생 피에르 수도원을 복원하면서 피에르 페리뇽에 대한 찬사의 의미로 그의 이름을 따 샴페인 최고의 명품인 '돔 페리뇽'을 탄생시킨 것이죠. '돔Dom'은 성직자의 최고 등급인 '도미누스Dominus'를 줄여서 부른 호칭으로, 피에르 페리뇽은 수도원에 기여한 그의 업적을 인정받아 훗날 돔 페리뇽이라고 불리게 되었던 것을 모엣&샹동이 돔 페리뇽 브랜드의 시작으로 사용한 것입니다. 그 후 돔 페리뇽은 1952년 엘리자베스 영국 여왕의 대관식용 샴페인으로 쓰인 후 각국의 공식 만찬과 행사에서 최고의 예의를 표하는 샴 페인으로 사용되고 있죠.

그러므로 사실 '샴페인'이라는 이름의 와인은 프랑스 상파뉴champagne 지방에서 나는 탄산이 있는 와인만을 말합니다. 샴페인 이라는 이름은 샹파뉴를 영어식으로 발음한 것일 뿐이죠. 그래 서 국제적인 상표등록 상으로도 샴페인이라는 이름을 쓸 수 있 는 와인은 프랑스의 상파뉴 지역에서 상파뉴 공법으로 생산된 와인뿐입니다.

그렇다고 다른 곳에서는 상파뉴 공법으로 와인을 생산하지 말 라고 할 수는 없겠죠? 상파뉴 지역뿐만 아니라 프랑스의 다른 지 역이나 세계 각지에서도 상파뉴의 제조기법을 사용해 스파클링 와인을 제조합니다. 그리고 이렇게 생산된 와인 중에 상파뉴가 아닌 프랑스 타 지역의 상파뉴 공법 와인은 크레망(Cremant, 특히 알 자스 지방의 크레망은 알자스의 크레망, 즉 크레망 달자스Cremant d'Alsace)이라고 부릅 니다. 그리고 이탈리아의 것은 스푸만테spumante, 독일은 젝트sekt, 스페인은 카바cava라고 부르죠. 그리고 나머지 신흥 와인 제조국 인 미국과 호주, 칠레 등지의 탄산 와인은 스파클링 와인이라고 부 르는 것입니다.[6]

상파뉴라는 이유만으로 스파클링 와인 중 가장 뛰어나다고 말 할 수는 없겠지만, 기본적으로 상파뉴 지역은 기후와 토양, 그리고

---

6. 프랑스 지역에서 나지만 상파뉴 기법이 아닌, 일반 탄산가스 주입 공법으로 만들어진 스파클 링 와인은 뱅 무소Vin mousseaux라고 부른다.

그림17. 왼쪽에서부터 프랑스의 샴페인 뵈브 클리코와 이탈리아의 스푸만테 까디라오 엡실론 핑크, 그리고 스페인의 카바 폴 쉐노 가우디.

양조기술까지도 어느 정도 상향평준화되어 있어 샹파뉴라는 상표를 달고 있는 것들은 웬만하면 일정한 수준의 맛과 향을 유지하고 있습니다. 반면, 샹파뉴 지역이 아닌 곳의 스파클링 와인은 여러 지역에서 생산되는 만큼 품질에도 약간씩 차이가 있습니다.

　그만큼 샹파뉴 지역은 샴페인을 양조하기에 좋은 토양과 기후가 모두 갖추어져 있습니다. 1년 중 200일 동안 비가 오고 섭씨 10도 정도의 기온을 유지하는 샹파뉴 지역의 백악질 토양Chalky은 비가 많이 오더라도 배수가 잘되고 질소가 풍부해서 샹파뉴에 사용되는 주요 품종인 샤르도네Chardonnay가 재배되기에 최적화된 환경을 갖고 있죠.

　이런 샹파뉴에서 샹파뉴를 만들기 위해 사용하는 품종은 보통, 샤르도네, 피노 누아Pinot Noir, 피노 뫼니에Pinot Meunier 세 가지인데 이것을 어떻게 배합하느냐에 따라 이름도 달라집니다. 우선, 샤르도네 100%로 만들어진 샴페인은 블랑 드 블랑Blanc de Blancs이라고 부릅니다. 백포도 한 가지로만 만들었기 때문에 '화이트Blanc의 화이트'라는 의미의 이름이죠. 그리고 샹파뉴는 흑포도로도 만드는데, 이때는 피노 누아만을 사용해 만들기도 합니다. 이런 샹파뉴는 '블랙Noir의 화이트'라는 의미의 블랑 드 누아Blanc de noir라고 부르죠. 그리고 간혹 샴페인에도 거품이 없는 것이 있는데, 이건 코토 샹프누아Coteaux champenoir라고 부릅니다.

이렇게 여러 가지 포도를 사용하지만, 샹파뉴 지방은 워낙에 춥고 척박해 매년 수확되는 포도로만 샴페인을 만들기에는 약간 부족합니다. 그래서 여러 해에 수확한 포도를 블랜딩하여 샴페인을 만드는데 이 때문에 우리가 흔히 접하는 샴페인의 80% 이상은 빈티지vintage[7]가 표기되어 있지 않습니다. 바로 논 빈티지나 멀티플 빈티지 샴페인인 것이죠.

이런 빈티지의 종류에 따라 샴페인은 보통 세 종류로 나뉩니다.

두 해 이상의 수확물을 블랜딩하여 만든 논 빈티지non vintage, 혹은 멀티플 빈티지multiple vintage라고 부르는 것이 있고, 한 해의 수확물로만 만든 빈티지vintage 샴페인이 있죠. 그리고 마지막으로 한 해의 빈티지만으로 만들며 장기 숙성시켜야 하는 프레스티지 퀴베prestige cuvée가 있습니다. 당연히 가격은 뒤로 갈수록 높

---

7. 일정한 해에 생산된 와인의 생산연도.

아지죠. 프레스티지 퀴베는 같은 해에 나온 최상급 마을의 최상급 포도만을 골라 첫 압착과정에서 나온 포도즙만을 사용하여 만들기 때문에 무척 가격이 높습니다.

빈티지와 관련된 또 하나의 특징은, 샴페인은 레드 와인과 다르게 오래 묵혀둔다고 좋은 것은 아니라는 점입니다. 오히려 얼마 이상 보관하면 안 된다는 유통기한이 있죠. 논 빈티지 샴페인은 2~3년 이내에 마셔야 하며, 빈티지 샴페인이나 프레스티지 퀴베 샴페인은 10년에서 15년까지는 보관할 수 있습니다. 와인이라는 것이 언제나 그렇듯이 좋은 와인일수록 오랜 시간 동안 숙성이 가능하죠.

샴페인은 또한 맛에 따라 구분하기도 합니다. 샴페인은 양조과정 중에 찌꺼기를 제거한 후 첨가제dosage를 보충하게 되는데, 이때 첨가제를 어떻게 보충하느냐에 따라 맛이 달라집니다. 첨가제는 보통 사탕수수 설탕을 와인과 섞은 것인데 많이 넣을수록 당연히 스위트해지죠. 이것을 보통 드라이한 와인에서 스위트한 와인 순서로 엑스트라 브뤼extra brut, 브뤼brut, 엑스트라 드라이extra dry, 섹sec, 드미섹demi sec, 두doux로 구분합니다. 보통 브뤼나 엑스트라 드라이는 아페르티프나 식사 중에 마시기 적당하며 섹과 드미섹, 두는 디저트나 이벤트 축하주로 마시기 좋습니다.

이런 극적인 탄생과 상쾌한 소리와 함께 화려하게 뿜어져 나오는 하얀 거품의 비주얼 덕분에 샴페인은 보통 축제를 기념하는 술로 기억됩니다. 우리는 생일이든, 기념일이든, 아니면 어떤 상을 시상하는 자리든 기쁘거나 축하할 일이 있을 때 샴페인을 찾죠. 펑하고 코르크 뚜껑이 날아가는 소리와 뿜어져 나오는 거품이 화려해 축하하기에 제격인 술이기 때문입니다.

하지만 샴페인은 기본적으로 식사에 곁들여 마시는 와인의 한 종류로 더 많이 사용됩니다. 특유의 신맛과 탄산의 톡 쏘는 청량감 때문에 식사 전에 입맛을 돋우는 식전주로 쓰기에 매우 좋죠. 그리고 우리나라에서는 샴페인은 달콤하다는 고정관념이 있지만, 아페르티프용 샴페인은 드라이할수록 좋습니다. 입맛을 돋워 식전주로 사용하기 좋기 때문이죠.

지역별 구분
프랑스 : 샹파뉴, 크레망, 뱅무소(탄산가스 주입 공법)
이탈리아 : 스푸만테, 프로세코(베네토 지역의 샹파뉴)
독일 : 젝트
스페인 : 카바
기타 : 스파클링 와인

빈티지 구분
논 빈티지 or 멀티플 빈티지 / 빈티지 / 프레스티지 퀴베

맛 구분
엑스트라 브뤼 -〉 브뤼 -〉 엑스트라 드라이 -〉 섹 -〉 드미섹 -〉 두

와인의 시작,
잔을 고르는 법

와인을 마실 때 가장 난처한 부분 중 하나가 바로 와인 잔의 어디를 잡아야 하는가 하는 것입니다. 우리나라에서는 보통 잔의 다리, 즉 스탬stem을 잡고 마셔야 한다고 배웁니다. 혹은 잔의 받침foot을 잡고 마셔야 한다고 말하는 사람도 있습니다.

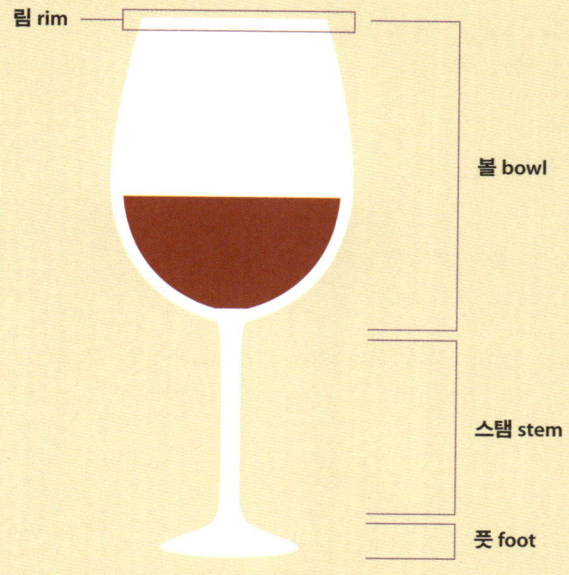

림 rim

볼 bowl

스탬 stem

풋 foot

그림18. 와인 잔의 부위별 명칭

여기에는 다들 나름의 이유가 있죠. 잔의 다리를 잡는 것은 손의 온도 때문에 와인의 맛이 변하지 않게 하기 위함이고, 받침을 잡는 것은 스탠딩 파티 때 편하기 위함입니다. 그리고 잔의 받침을 잡으면 접시를 ^(잔을 잡은 손의) 손가락 사이에 끼울 수 있어 유용하긴 하지만 익숙하지 않은 사람들에게는 그저 위태롭기만 합니다. 옆에 지나가던 사람이 잘못해서 툭 건드리기만 해도 쏟거나 떨어트리기 일쑤입니다. 그리고 손의 온도 때문에 맛이 변하니까 스템을 잡는다고 하지만, 과연 그 짧은 시간에 손의 온도가 와인에 얼마나 큰 영향을 주는지도 잘 모르겠습니다. 실제로 그 변화를 알아차릴 수 있는 사람은 프로 소믈리에 중에서도 극소수일 뿐이죠. 오히려 볼^{bowl}을 잡는 것이 안전하고 편하게 와인을 즐길 수 있는 방법입니다.

실제로 외국의 친구들을 만나서 와인을 마실 때나, 혹은 영화의 와인 파티나 언론을 통해 보는 세계 정상들의 와인 파티를 보더라도 외국인들이 스템을 잡는 경우는 거의 없습니다. 다들 자기들 편한 방식으로 잡죠. 유독 우리나라와 일본만이 종주국의 전문가들도 지키지 않는 격식을 따집니다.

하지만 생각해 보면 와인은 그저 술일 뿐입니다. 우리나라 사람들이 삼겹살에 소주를 마시는데 소주잔의 어떤 부분을 잡고 소주는 몇 번에 꺾어 마셔야 하며 소주병을 열 때는 팔꿈치로 몇 번 때리고 병목을 몇 번 쳐야 한다는 방식을 진지하게 생각하지 않는 것과 비슷합니다. 그냥 자기가 가장 편한 방식으로 마시면 되는 거죠.

외국인들이 소주를 마시는데 소주병을 열기 전에는 반드시 좌로 세 번 우로 네 번 돌리고, 병 밑바닥을 팔꿈치로 두 번 때려서 열어야 한다고, 안 그러면 큰일 난다고 하는 걸 보면 우리 입장에서는 무척 재미있는 모습일 겁니다. 모든 매너는 편의에 의해 만들어진 건데 유독 우리나라에서는 와인이라는 이미지가 '있어 보이는' 이미지를 쓰면서 마치 꼭 그래야 할 것처럼 되어버렸죠. 그냥 편하게 잡고 마시는 것이 가장 좋습니다.

다만, 와인 잔은 제대로 골라 마시는 것이 좋습니다. 와인은 다른 주류에 비해 특히나 향이 중요한 주류입니다. 향을 충분히 음미한 상태에서 혀가 맛을 느낄 수 있도록 설계된 잔이 필요합니다.

레드 와인은 특히 향이 중요하기 때문에 와인 잔이 향을 충분히 머금을 수 있어야 합니다. 즉 볼은 넓고 림rim은 좁은 것이 좋죠. 그러면 그림처럼 향이 단번에 빠져나가지 못하고 잔 안에 머물다가 마실 때 코로 오롯이 전달될 수 있습니다.

반면 화이트 와인 중 특히 이번 챕터에서 다루었던 스파클링 와인은 기포가 오래 지속되는 것이 관건입니다. 그러기 위해서는 그림과 같은 좁고 긴 잔이 필요하죠. 그래야 기포가 사라지지 않고 충분히 즐길 수 있기 때문입니다.

그 외에도 보르도 잔과 부르고뉴 잔, 로제 잔, 화이트 와인 잔 등 여러 가지가 있지만, 기본적으로 이 두 가지만 구비하고 있어

도 와인을 즐기기에 충분합니다. 혹시 한 가지 더 준비할 수 있
는 여유가 있다면, 화이트 와인잔을 준비하는 것도 좋겠죠.

Cabernet Sauvignon   Pinot Noir   White   Chardonnay

그림19. 레드 와인 잔.   그림20. 화이트 와인 잔.

Tulip   Flute

그림21. 스파클링 와인 잔.

TIP. 2

가격대별 추천
스파클링 와인

아쉽지만 현실적으로, 와인을 고르는 데 아주 크게 작용하는 요건은 '가격'입니다. 때에 따라서는 가장 크게 작용하는 사항일 수도 있죠. 그래서 각 장의 마지막 부분은 그 장에서 다룬 와인 중 추천할만할 와인을 가격대별로 소개하도록 하겠습니다.

1장에서는 샴페인을 설명하였기 때문에 샴페인을 가격대별로 구분하면 좋겠지만, 샴페인이 그렇게 다양한 가격대에 포진해 있진 않습니다. 대부분 비싸죠. 그래서 이번 장에서는 샴페인이나 스푸만테, 카바 등을 모두 포함한 스파클링 와인을 중심으로 분류해 보았습니다.

그런데 애석하게도 국내에 수입되는 와인에 있어서 소비자 가격이라는 것은 무척 애매합니다. 소비자 가격은 분명 20만원인데 5만원에 파는 경우도 허다하죠. 하지만 그런 경우의 수를 전부 설명할 수 없기 때문에, 여기에서는 각 수입사에서 정한 소비자 가격을 기준으로 분류하였습니다.

실제 와인 전문점이나 마트에서 구입할 때에는 지금의 가격보다 적게는 3분의 1, 많게는 80%까지 할인된 가격으로 살 수 있다고 보면 됩니다.

5만원 미만

싼테로, 테스코 모스카토 스푸만테
Santero, Tesco Moscato Spumante, 이탈리아

제이콥스 크릭 스파클링 로제
Jacob's Creek Sparkling, 호주

모란도 모스카토 다스티
Morando Moscato d'Asti, 이탈리아

도멘 생 미셸, 브뤼
Domaine Ste. Michelle Brut, 미국

자르데또, 프로세코 엑스트라 드라이
Zardetto, Prosecco Extra Dry, 이탈리아

간치아, 모스까또 로제
Gancia, Moscato Rose, 이탈리아

프레시넷, 꼬든 네그로 까바 브뤼
Freixenet, Cordon Negro Cava Brut, 스페인

반피 티아라 모스카토
Banfi Tiara Moscato, 이탈리아

5만원~10만원

뵈브 클리코 옐로 라벨
Veuve Clicquot Yellow Label, 프랑스

모엣&샹동 임페리얼
Moet & Chandon Imperial, 프랑스

페리에주에 그랑 브뤼
Perrier-Jouet Grand Brut, 프랑스

파이퍼 하이직 로제 브릇
Piper Heidsieck Rose Brut, 프랑스

멈, 꼬르동 루즈
G.H.Mumm, Cordon Rouge, 프랑스

반피 티아라 모스카토
Banfi Tiara Moscato, 이탈리아

그림22. 돔 페리뇽과 함께
가장 유명한 샴페인 중 하나인
뵈브 클리코 옐로 라벨.

10만원~20만원

샹파뉴 앙리오, 브륏 수버랭
Champagne Henriot, Brut Souverain, 프랑스

멈 로제
Mumm Rose, 프랑스

듀발 르루아 브뤼
Duval Leroy Brut, 프랑스

보히가스 까바 브륏 리제르바
Bohigas Cava Brut Reserva, 스페인

20만원 이상

고세, 그랑 로제 브뤼
Gosset, Grand Rose Brut, 프랑스

페리에주에 벨레포크
Perrier-Jouet Belle Epoque, 프랑스

볼랭저, 그랑 아네 로제
Bollinger, Grande Annee Rose, 프랑스

아르망 드 브리냑
Armand de Brignac, 프랑스

02

오르되브르
Hors d'oeuvre.
애피타이저

신에 대한 찬미

플라톤,
중세 미술,
샤블리

Pierre Andre Chablis Le Grands Pre

제품명 : **삐에르 앙드레 샤블리 르 그랑 쁘레**
제조사 : **삐에르 앙드레**Pierre Andre
품　종 : **샤도네이**Chardonnay **100%**
지　역 : **프랑스**France , **샤블리**Chablis
알　콜 : **12.5%**
종　류 : **화이트**white

―――

삐에르 앙드레Pierre Andre의 설립으로 1923
년부터 시작된 삐에르 앙드레 와이너리는
1927년에 샤또 드 꼬르똥Chateau de Corton을
매입하면서 부르고뉴 지역의 중심 와이너리
중 하나로 자리 잡았다. 약 15만평에 달하
는 대규모 포도밭을 소유하고 있는 피
에르 앙드레는 이 중 80% 이상이 프르미에
크뤼 및 그랑 크뤼이기도 하다.

특히 피에르 앙드레의 포도나무들은 지대가
높고 급한 경사면의 꼭대기에 위치하여 뿌
리를 깊게 내리고 있어 지질별로 다양한 미
네랄을 흡수하여 중후한 미네랄향을 간직한
다. 그로 인해 르 그랑 쁘레는 프리미에 크
뤼나 그랑 크뤼 샤블리와도 견주어질 정도
로 높은 평가를 받는다.

수입원Importer :
롯데아사히주류Lotte Asahi Liquor

그림23. 삐에르 앙드레 샤블리 르 그랑 쁘레.

최고급 재료로 빚는 오르되브르

"이제 아페리티프로 스타트를 했으니 본격적인 식사에 들어가 봅시다"였으면 좋겠지만, 아직도 메인 디시가 나오려면 멀었습니다. 이 동네는 좀 느리고 복잡하고 단계도 많죠. 그리고 갖가지 식사 매너도 많습니다. 손을 놓는 위치도, 냅킨을 놓는 위치도, 포크와 나이프도 제각각 의미와 순서가 있습니다. 하지만 이 책이 '프랑스 요리 대백과'나 '유럽식사 매너 대사전' 같은 게 아니니 이런 부분은 가뿐하게 생략하고 진행해 보도록 하겠습니다.

아페리티프로 분위기를 풀었다면 이제는 본격적인 요리에 들어가기 전에 오르되브르Hors d'oeuvre를 먹을 차례입니다. 오르되브르, 영어로 흔히 애피타이저appetizer라고 할 수 있는 순서죠.

본격적인 식사가 아닌 오르되브르라고 음식이 대충 나올 것이라고 생각하면 오산입니다. 오히려 본격적인 식사가 시작되기 전이므로 포만감을 느끼게 해서는 안 되기 때문에 소량이 나오는 만큼 엄격하게 선별된 최고급 재료들을 사용하여 만들어야 합니다. 고급 식재료인 생굴이나 캐비어, 송로버섯, 푸아그라 등을 사용하여 재료의 맛을 최대한 살린 요리를 제공하죠. 특히 굴에 캐비어를 얹어 제공하는 경우가 많은데, 이때도 굴을 아무거나 쓰지 않고 오솔레 굴Osole Oyster을 쓰는 경우가 많습니다. 우리에게는 이름도 생소한 재료죠.

오솔레 굴은 원래 프랑스 노르망디산 굴이지만, 우리나라에서도 씨를 들여와 충남 서천에서 많은 양을 양식을 하고 있습니다. 하지만 서천에서 양식되는 오솔레 굴은 대부분이 일본으로 수출

되기 때문에 국내에서 접하기는 쉽지 않죠. 더구나 다량으로 양식하는 국내 굴과는 다르게 프랑스식 수평망 방식으로 망에 따로 넣어 양식하기 때문에 생산량도 적고 번거롭습니다. 대신 겨울철에만 먹을 수 있는 국내산 굴에 비해 365일 언제나 즐길 수 있다는 장점이 있고, 국내산 굴보다 크기도 크고 유통기한도 무척 긴 편입니다. 한 마디로 고급이라는 소리죠. 그리고 캐비어야 따로 말할 것도 없는 고급 재료입니다. 그러니 이런 오솔레 굴에 고급 캐비어를 얹은 오르되브르는 양도 적은데 고가인 편입니다. 무척 엄선된 재료로 요리되기 때문이죠.

이런 오르되브르에는 아주 특별한 경우가 아니라면 화이트 와인이 제격입니다. 그중에서도 굴에는 특히 샤블리가 잘 어울리죠. "굴에는 샤블리"라는 관용어구가 있을 만큼 말입니다.

반면 푸아그라에는 드라이한 샤블리보다 달콤한 소테른이 더 좋은 조합입니다. 살찐 간foie gras이라는 이름처럼 기름기가 많은 푸아그라의 느끼함을 달콤한 소테른이 중화시켜주는 역할을 하기 때문이죠. 귀부 와인이라고도 불리는 소테른에 관한 이야기는 책의 마지막 장에 더욱 자세히 다루어보도록 하겠습니다.

이렇게 구구절절하게 오르되브르의 재료에 대해 설명하는 이유는 이번 장에서 다룰 주제가 바로 이런 재료에 관한 미학과 와인이기 때문입니다. 오르되브르가 재료에 무척 신경을 쓰는 것처럼, 미술사에서도 재료에 특히 신경을 많이 썼던 시기가 있었는데 그 시기가 2장의 주제가 될 중세 미술이죠. 그리고 그와 함께 "굴에는 샤블리"라는 말이 있을 만큼 굴에 잘 어울리는 와인, 샤블리도 함께 설명해 보도록 하겠습니다.

새로운 리얼: 보이지 않는 것을 그리는 중세 미술

그리스 미술로 인해 다시 인간을 중심으로 미술이 전개되는 것 같지만, 그건 그리 오래 가지 못합니다. 중세라는 시기가 도래하기 때문이죠. 그런데 먼저 짚고 넘어가야 할 것은 미술의 역사를 정의하는 데는 무척 다양한 방법이 있는데, 중세 미술이라고 말하는 것에도 여러 가지 정의가 있다는 점입니다. 보통은 로마가 멸망한 5세기부터 르네상스가 시작되는 15세기까지 1000년 정도를 중세라고 뭉뚱그려 말하기도 하지만, 콘스탄티누스 1세가 기독교를 국교화[311년]하고, 로마제국의 중심을 콘스탄티노플로 옮긴 시기[330년]부터 시작하는 비잔티움 미술을 중세 미술로 보기도 합니다. 이 책에서는 후자를 기준으로 삼아 이야기를 진행해 보도록 하겠습니다.

역사라는 것이, 특히 미술사나 철학사처럼 문화적 가치의 변화 과정이라는 것이 마치 땅에 줄을 그어 놓은 국경선마냥 몇 년부터 몇 년까지는 중세이고 몇 년부터 몇 년까지는 근대라고 깔끔하게 자를 수 있는 것은 아닙니다. 어떤 특정한 시점에서 급격히 변하는 순간이 있기는 하지만, 그런 급격한 변화의 순간도 꽤 긴 시간을 두고 점진적으로 변하죠.

중세가 오는 것도 마찬가지입니다. 중세는 어느 날 갑자기 오는 것이 아니라 수십 년간의 변화 끝에 자리 잡기 시작합니다. 마치 거대한 강줄기가 어떤 바위나 지형을 만나도 당장은 별다른 변화를 보이지 않는 것 같지만, 시간이 흐르고 나면 완전히 다른 강이 되어 버리는 것과도 비슷합니다. 중세라는 새로운 강줄기에도 그런 변곡점變曲點이 되는 계기가 몇 가지 있었는데, 이번에는 기독교라는 관점으로 보도록 하겠습니다.

그런데 그런 변화의 시작을 말하기 위해서는 그럼 그 전까지는 강물이 어떻게 흘러왔나 하는 점을 봐야 할 필요성이 있습니다. 1장에서도 언급하였지만, 미술은, 특히 서양의 미술은 이집트를 수용하여 발전시킨 그리스 미술을 그 시작의 기점으로 볼 수 있습니다. (물론, 그리스보다 먼저 이집트와 메소포타미아의 미술이 바탕에 깔려 있었지만요) 하지만 찬란했던 그리스도 영원할 수는 없었죠. 마케도니아의 알렉산드로스가 한바탕 휘젓고 다닌 후에는 오리엔트 문화를 수용한 헬레니즘 문화가 되었다가, 기원전 30년경에는 완전히 로마의 속령이 됩니다. 그 이후부터는 로마 문화가 지중해 세계를 지배하죠.

세계를 제패했던 로마인들에게는 독특한 성향이 있었는데, 자신들의 문화를 고집하지 않는다는 점입니다. 정복자들은 보통 자신들의 문화를 정복한 지역에 이식하려 하지만, 로마는 오히려 반대에 가까웠죠. 그들은 정복지의 문화 중 쓸 만한 것들을 받아들여 자신들의 문화로 만들어갔습니다. 사고가 상당히 유연한 편이었죠. 그러다 보니 로마의 신화는 로마만의 신화라기보다는 그리스+로마 신화가 되었고, 문화 양식도 그레코-로망, 즉 로마화 된 그리스, 혹은 그리스화 된 로마의 문화가 되었습니다. 물론 이건 비단 그리스와의 관계에서만이 아닙니다. 로마는 웬만한 정복지에서는 대부분 이런 방식이었습니다.

그래서 로마는 제국으로 발전하는 과정에서 헬레니즘 문화를 대거 수용합니다. 그 결과 헬레니즘의 영향을 받은 로마 문화권에 속했던 예술은 그리스의 사실적 표현을 바탕으로 하여 발전하죠. 그런데 그리스 예술이 사실적이면서도 이상화되어 있던 반면에 로마는 이러한 사실성을 더 극단으로 추구합니다. 그리스의 미술이 그림24처럼 얼굴이나 신체가 이상화 된 반면에 로마는 상당히 사실적으로 표현하였죠. 그래서 그림25처럼 누구인지 알아볼 수 있는 초상肖像이라는 개념이 로마에서 처음 만들어지게 됩니다. 또한 로마는 아무래도 제국이다 보니 예술작품을 만드는 데 있어서도 어떤 필요가 생기기 시작했습니다. 자신들의 이야기, 즉 서사와 업적을 알리고 기록해야 했던 것이죠. 사실적인 표현에 기능적인 요소가 추가되는 것입니다. 이집트 예술의 주된 목적인 기능성이 그리스를 거치며 다소 퇴색되었다가 헬레니즘을 거쳐 로마에 이르며 부활하게 되는 것입니다.

그리스
사실적 표현(이상화)

▶

로마
사실성 강조＋기능적 요소

그림24.「헤르메스와 아기 디오니소스」, 로마 시대 복제품, 기원전 375~330경.

그림25.「율리우스 카이사르」,
로마 시대.

물론 사실적 표현이라는 그리스의 성과도 잊지 않은 채로 말이죠. 그 대표적인 예술품이 트라야누스 황제의 기념비입니다.

트라야누스 황제의 기념비는 자신들의 승전을 선포하고 그 이야기를 널리 알리기를 원했던 목적에 부합하는 작품입니다. 이 기념비는 그가 다키아(Dacia, 지금의 루마니아) 지역의 전쟁과 승리를 연대기로 모두 보여주는 거대한 원형 기둥이었죠. 기둥에 새겨진 부조를 보면 우리는 매우 사실적으로 조각된 로마 군대의 모습을 볼 수 있습니다. 그리고 이런 사실적인 모습을 통해 당시 점령지의 피지배 인들은 로마 군대가 어떠했는지를 더 극적으로 알 수 있죠. 이집트의 미술과 비슷한 목적으로 만들어졌지만 무척 다른 방식입니다. 물론 이집트 미술에서도 이런 사실적 표현을 위한 시도가 없지는 않았습니다. 우리가 흔히 투탕카멘의 무덤으로 잘 알고 있는 이집트 제18왕조의 12대 왕 시기를 전후로 해서는 변화가 있었죠. 하지만 이런 변화는 그리 오래가지 못했고, 곧 다시 이집트의 전통적인 양식으로 돌아가게 됩니다.

아무튼 이런 로마의 미술은 수백 년에 걸쳐 그리스 미술이 일구어낸 업적을 로마가 받아들였기 때문에 가능한 것입니다. 로마인들은 자신들의 이야기를 효율적으로 전하고 그럼으로써 강한 인상을 남기기 위해 세부의 정확한 묘사와 서사의 설명을 중요시했죠. 그리스 미술의 '사실적 표현'이라는 목적에 자신들의 서사를 표현하기 위한 '기능적인 목적'이 덧대어지기 시작한 것입니다.

하지만 이러한 로마의 미술도 영원하지는 못합니다. 앞서 언

그림26. 「트라야누스 황제의 기념비」, 로마, 114년경.

그림27. 「트라야누스 황제의 기념비」 세부.

급했던 것처럼 중세가 도래하기 때문이죠. 중세, 비잔티움 미술의 가장 중요한 키워드는 유대교에서 기원한 기독교 정신입니다. 중세의 거의 모든 예술은 이러한 기독교 정신을 표현하기 위한 과정이었다고 해도 과언이 아닐 정도였죠. 그런데 기독교에서는 십계명에도 기록되어 있을 만큼 중요한 계율이 하나 있습니다. 바로 "우상을 숭배하지 마라"라는 계율이죠.

우상 숭배 금지

그리스 로마 문화가 우상을 숭배하지 말라는 계율이 포함된 유대기독교 교리를 받아들이며 구축된 비잔티움 문화에서는 몇 가지 문제점이 발생하기 시작합니다. 이집트와 그리스, 로마를 통해 비례적인 측면카논과 사실적인 측면, 그리고 기능적인 측면을 유전자에 새겨 넣었는데 이제 그것을 부정해야 할 때가 온 것이죠. 왜냐하면 사실적으로 표현된 영웅이나 자신들의 선조, 혹은 아폴론, 아프로디테 같은 신을 조각하고 그린다는 것은 우상 숭배가 되어 버리기 때문입니다. 아폴론이나 비너스 같은 신들은 말할 것도 없었고, 로마인들은 선조들의 데스마스크dead mask를 떠서 흉상을 만들고 그것을 대대로 간직하며 자신들의 선조를 기억했었는데 기독교적 관점에서 보자면 이것도 명백한 우상 숭배였습니다. 사실과 닮게 묘사를 하면 할수록 율법에서 더욱 멀어지게 되는 것이었죠. 그러니 이들은 이제까지의 모든 미술품을 인정할 수 없게 된 것입니다.

그 대표적인 예가 성상파괴주의(聖象破壞主義, iconoclasm)였죠.

성상파괴주의자들은 종교적인 이유에서 모든 이미지의 재현, 즉 어떤 대상을 조각하거나 그리는 행위를 반대했습니다. 그런 짓은 명백히 우상을 숭배하는 행위라는 것이었죠. 특히 비잔티움 이사우리아왕조의 황제 레오 3세(Leo III. 재위 717~741)는 726년에 로마와 이탈리아 일부를 포함한 제국 전역에서 성상 숭배를 금지, 파괴, 몰수를 명령하기도 했습니다.

물론 여기에는 종교적인 이유 외에도 교황과의 권력싸움이라는 숨겨진 목적도 있었지만, 어쨌든 성상파괴주의자들은 거의 모든 예술 작품을 인정하지 않았습니다. 그러나 교황 그레고리우스 2세(Gregorius Ⅱ. 재위 715~731)와 이탈리아의 비잔틴 속주민들이 이에 강하게 반발하면서 어느 정도 예술적 표현이 인정되게 됩니다. 글을 읽을 수 있는 사람에게 성경이 해주는 역할을 글을 읽을 줄 모르는 사람에게는 그림이 해줄 수 있다고 보았던 것이죠. 한마디로 그림이라면 글을 모르는 사람들에게도 기독교와 성경의 가르침을 더 효율적으로 가르칠 수 있다는 주장이었습니다.

이러한 논쟁은 백 년 이상 지속되었지만, 결과적으로 그레고리우스 2세의 주장이 설득력을 얻습니다. 미술은 괴사(壞死) 직전에 간신히 살아남죠. 다만, 조각상은 아무래도 대놓고 우상숭배를 하는 것처럼 보였는지 논쟁이 종결된 이후에도 한동안 금지됩니다. 회화만이 살아남은 것이죠. 하지만 회화라고 멀쩡할 수 있었던 것은 아닙니다. 상처뿐인 영광으로 남았달까요? 회화 역시 이러한 논쟁 속에서 성격이 많이 변하게 됩니다. 가장 두드러진 특징은 앞서 언급했던 '사실적 표현'이 사라지게 되는 것입니다. 회화의 표현 방식이 상당히 제한적으로 변하죠. 그레고리우스 2세의 주장대로 글을 못 읽는 사람들에게 성경 말씀을 대신하는 것이 회화라면, 가능한 한 명확하고 단순하게, 그러니까 쉽게 말해 '할 말만' 해야 했기 때문이었습니다.

요컨대, 미술은 완전히 목적 지향적이고 기능적인, '기예技藝'가 되어야 했습니다. 예술작품들은 의도되어 있는 목적에 부합

그림28. 「목동들에게 전해지는 강탄 소식」, 라이헤나우 화파, 1107~1012년경.

되도록 일정한 양식에 따라 그대로 만들어져야 했습니다. 마치 설계도면이 있는 제품을 만드는 것처럼 말이죠. 그러므로 중세 미술에서 목적, 즉 성경 말씀을 정확히 전달하지 못하는 것은 제대로 된 예술이 아니었습니다. 중세 하면 빼놓을 수 없는 철학자인 토마스 아퀴나스^(Thomas Aquinas, 1225~1274)는 이에 대해 아주 유명하고도 명확한 비유를 듭니다. 바로 '수정 망치'죠. 개인적인 취향에 따라 다르겠지만, 저를 비롯한 많은 사람들에게 수정으로 만들어진 망치는 아름답게 보입니다. 어쩌면 무척 싸구려 감성일지는 모르겠지만, 번쩍번쩍 빛나기도 하거니와 비싼 것 같기도 하니 아름다워 보이죠. 그러나 토마스 아퀴나스에게 이런 수정 망치는 전혀 아름답지 않은 것이었습니다. 이유는 간단합니다. 목적에 부합하지 않다는 것이죠. 망치의 목적은 무엇일까요? 당연히 못을 박는 거겠죠. 그런데 수정 망치로 못을 박으면 어떨까요? 잘 박히지도 않을뿐더러 망치 자체가 박살 나버리겠죠. 목적에 부합하지 않은 것입니다. 앞서 말한 '미술은 완전히 목적 지향적이고 기능적'이어야 한다는 전제에 들어맞지 않는 것이죠. 그러니 토마스 아퀴나스의 입장에서 이런 수정 망치는 아름답지 못한 것입니다.

이제 이야기는 좀 더 쉬워집니다. 미술은 목적에 부합해야 하는데, 그 목적이 성경 말씀의 전달입니다. 그러니 성경 말씀을 정확하게 전달하기 위해서 미술은 어떻게 되어야 할까요?

간단해져야 합니다. 명료하고 명확하게 할 말만 해야 하는 것이죠. 그래서 중세 시대의 미술은 전달할 것 외에는 과감하게 생략해 버립니다. 그림29처럼 말이죠.

　그림을 보시면 어떻죠? 일단 그리스 미술에 비해 조악해 보이

그림29. 「사도의 발을 씻기는 그리스도」,
뮌헨 바이에른 국립 도서관, 1000년경.

죠? 뭔가 사실적이지 않습니다. 사실성은 우상숭배에 관한 계율과 반대되는 것이므로 배제되었기 때문이죠. 그리고 배경을 보시면 알겠지만, 잡다한 설명이 없습니다. 그냥 금빛으로 덮어 버렸죠. 중요한 것은 "베드로가 이르되 내 발을 절대로 씻지 못하시니이다. 예수께서 대답하시되 내가 너를 씻어주지 아니하면 네가 나와 상관이 없느니라"[8](요한복음 13장 8절)라는 성경 말씀의 전달뿐입니다. 이 말을 전달하는데 세밀한 묘사나 원근법 같은 것들은 그저 쓸모없는 것, 즉 주의를 흩트리는 것일 뿐입니다.

하지만 중세 철학이 이전의 예술을 완전히 버린 것은 아닙니다. 이집트, 그리스, 로마를 거친 미술은 각각의 시대적 특성을 수용하며 발전했다고 앞서 말했죠. 이집트에서는 카논에 의한 '비례성'을, 그리고 그리스에서는 인간적인 예술, 즉 '사실성'을, 로마에서는 서사적 표현을 위한 '기능성'을 흡수하며 발전해 왔었죠. 그래서 비잔티움에 이를 때쯤 되니 미술은 비례적인 측면과 사실적인 측면, 그리고 기능적인 측면을 모두 가지고 있었습니다. 이 중에서 버려지는 것은 사실적 표현 방식뿐이었습니다. 대신 완전성과 명확성이 그 자리를 차지하죠. 그리고 기능성은 가장 중요한, 그리고 기본적인 전제가 됩니다. 모든 것이 '어떻게 하면 가장 효율적으로 성경 말씀을 전달할 수 있을까?'[기능]라는 전제 속에서 그 방법으로 이제 비례와 완전함과 명확함을 취

---

8. 『레노바레 성경』, 하용조 편찬, 두란노, 1,765쪽.

한 것입니다. 요컨대 이제 회화는 목적을 충실히 이행하기 위해서 기존과는 다른 노선을 가게 됩니다. 바로 '비례성, 완전성, 명확성'입니다.

그래서 중세 스콜라철학의 대표 철학자이자 『신학 대전』이라는 책을 쓴 토마스 아퀴나스는 말하죠.

"미는 세 가지 자질이 요구된다. 첫째는 사물의 완전성(혹은 완벽성)이다. 그래서 불완전한 것들은 추하다. 둘째는 적절한 비례 혹은 부분들 간의 조화다. 셋째는 명확성이다. 그러므로 빛나는 색채를 가진 대상을 아름답다고 말한다."[9]

이때 요구되었던 세 가지가 중세 미술의 기준이 됩니다. 간단하게 말했지만 여기에는 무척 많은 의미가 있습니다. 이것들을 하나하나 다 설명하고 싶지만, 허용된 페이지의 한계도 있고, 더구나 이 책이 미학 서적도 아닌 관계로 이 중 '명확성' 부분에 관해서만 설명해 보기로 하겠습니다. 그게 2장의 또 다른 주제인 오르되브르와 샤블리에 어울리기 때문입니다.

얼핏 생각하면 중세 미술 또는 철학의 명료함과 오르되브르, 그리고 샤블리가 무슨 관계가 있을까 싶지만, 이것들은 '재료'라는 측면에서 공통점을 가집니다. 2장의 서두에 썼던 것처럼 오르되브르는 재료를 무척 중요하게 다루어야 합니다. 샤블리와

---

9. 『신학 대전』, 토마스 아퀴나스, I q. 39 a. 8.

중세 미술 역시 마찬가지죠.

샤블리는 부르고뉴의 샤블리 지역에서 100% 샤르도네 품종만으로 만들어진 화이트 와인을 말합니다. 그리고 이러한 순수한 샤르도네 품종 중에서도 최고의 재료를 엄선하기 위해 무척 세밀하고 명확한 등급 구분을 하고 있죠. 부르고뉴의 와인들이 모두 그렇죠. 샤블리와 부르고뉴에 관해서는 중세 미술을 모두 설명한 후에 바로 이어 설명하도록 하겠지만, 중세 미술 역시 이와 마찬가지입니다. 중세 미술의 가장 중요한 특징은 명확함을 구현하기 위한 재료의 활용에 있습니다.

보이지 않는 것 그리기

명확성은 그저 단순하게 그리는 것 이상이었습니다. 이 점을 쉽게 이해하기 위해서는 우리가 아무것도 보이지 않는 깜깜한 방 안에 있다는 상황을 상상해보면 좋습니다. 앞이 전혀 보이지 않는 깜깜한 방 안에 있다는 말은 쉽게 말해 아무것도 분간하지 못한다는 말입니다. 앞에 있는 게 비싼 금인지 아니면 그저 쓸모없는 고철 덩어리인지 구분할 수 없다는 말이죠. 한마디로 명확하지 못하다는 말입니다. 이때 우리가 무언가를 분간하기 위해서는 어떤 것이 필요할까요? 네. 간단합니다. 빛이 필요합니다. 빛이 있음으로써 비로소 우리는 앞에 있는 물건이 무엇인지를 알아볼 수 있게 되는 거죠. 한 마디로, 세상이 '명확'해 지는 것입니다.

물론, 이것은 조악한 비유입니다. 하지만 동시에 무척 직관적이고 이해가 빠른 비유이기도 하죠. 토마스 아퀴나스가 『신학대전』에 언급했던 '명확성'이란 깔끔하고 간결하게 표현한다는 방법론적인 것보다 사실은 빛과 더욱 깊은 관련이 있습니다.

이러한 생각은 신과 빛을 거의 동일한 것으로 보는 신학적 바탕 때문입니다. 빛을 신으로 보는 사고방식은 고대로부터 거의 모든 문명권에서 있어 왔죠. 페르시아의 아후라 마즈다Ahura Mazdah[10]나 셈 족의 바알Baal[11], 바빌로니아의 벨Bel 혹은 Marduk[12], 이집트의 라Ra[13], 잉카의 비라코차Viracocha[14]는 모두 태양이나 빛을 상징하는 신들입니다. 신들은 빛을 의인화한 것이었죠. 이런 빛과 신에 대한 관념은 자연스럽게 신플라톤주의를 거친 플라톤의 이데아Idea와 서로 맞닿게 됩니다. 그리고 이것이 중세 신학의 한 가지 모티프가 되기도 하죠. 어째서 신플라톤주의를 거친 플라톤의 이데아와 빛이 맞닿게 되는지는 잠시 설명이 필요합니다.

이데아는 철학적 정의로 보자면, '모든 존재와 인식의 근거가 되는 항구적이며 초월적인 실재' 정도로 요약될 수 있습니다. 무슨 소린가 싶습니다. 좀 쉽게 풀어 보자면 한 마디로 '영원불변

---

10. 조로아스터교의 주신主神.
11. 기원전 3천 년경부터 기원전 1천 년경까지의 시리아 팔레스타인의 주신.
12. 바빌로니아의 최고신. 태양신이나 야르히볼Yarhibol, 아그리볼Aglibol 등 세 개의 신을 통틀어 말하기도 한다.
13. 고대 이집트 제5왕조부터 숭배된 태양신.
14. 잉카의 창조신이자 태양신.

그림30.
「딸을 안고 있는
아크나톤과 네르페티티」,
이집트 부조,
기원전 1345년경.

그림31. 「딸을 안고 있는 아크나톤과 네르페티티」 세부. 태양이 손을 뻗는 형태로
표현되어 있다.

하는 진리' 같은 것이죠. 그런데 이런 플라톤의 진리인 이데아는 신플라톤주의에서 "일자(一者, Hen)", 즉 완벽하고 무한하고 유일한 존재로 해석됩니다. 그리고 신플라톤주의자들에게 있어서 세상이란, 이런 일자에서 흘러넘친 누스nous[15]와 그리고 또 바로 그 누스에서 흘러넘친 프시케psyche,[16] 그리고 다시 또 프시케에서 흘러넘친 물질로 구성된 것이라고 보았습니다. 일자라는 게 너무 대단해서 막 흘러넘치다 보니 이 세상이 만들어졌다는 것이죠. 그래서 신플라톤주의의 사상을 유출된다는 의미에서 유출설이라고 부르기도 합니다.

그런데 이때 일자의 하나란, 우리가 생각하는 그냥 숫자 하나가 아닙니다. 최초에 있는존재 것이고, 시간에 따라 변하거나 해체되지 않는 '영원한 생명체ἀεὶ ζῷον'이며 동시에 그 자체로 부족함이 없는 '온전한 실체ὑποκείμενον'이죠. 온전한 실체라는 말은 다른 것의 도움 없어도 존재할 수 있는 존재라는 말입니다.

뭔가 엄청나게 거창해 보입니다. 이런 게 뭐가 있을까요? 살아 있는 생명체는 어쨌든 생존하기 위해서 무언가가 필요하고 시간에 따라 변할 수밖에 없습니다. 온 우주에 있는 모든 것들이 그렇죠. 하지만 유일하게 스스로 존재할 수 있고, 시간에 구애받지 않는 영원불멸하는 존재가 있습니다. 네. 바로 신이죠. 그래서 기독교를 대중화된 플라톤주의라고 부르기도 합니다.

---

15. 지성.
16. 영혼.

　물론, 신플라톤주의자들은 자신의 일자를 신이라고 생각한 것은 아닙니다. 결론적으로 말하자면 이들은 오히려 고전적인 그리스 철학의 마지막 주자로서 기독교를 비판하는 역할을 했죠. 하지만 기독교에서는 이런 플라톤과 신플라톤주의자들의 생각을 자신들의 관점에서 신학적으로 해석합니다. 이데아와 일자를 자신들의 신과 동일시하여 신학을 구성했죠. 딱 봐도 기독교의 신과 비슷하죠? 이용하기가 무척 편했던 것입니다.

　이제 빛과 신의 관계, 즉 빛=신이라는 등식이 성립되었으니 간단해집니다. 중세 미술의 목적, 즉 신의 뜻을 전달하기 위해서는 예수 그리스도나 성자들의 서사를 명확하게 설명하는 것 외에도 신 그 자체인 광휘光도 명확하게 표현할 수 있어야 했습니다.

　요컨대 이제는 보이지 않는 것도 명확하게 표현해야 한다는 과제가 중세의 예술가들에게 숙제로 주어진 겁니다.

　하지만 보이지 않는 것을 그려야 하는데, 우상숭배금지라는 조건 때문에 사실적인 묘사를 해서는 안 됩니다. 상당히 까다로운 요구죠. 중세의 사람들은 이런 요구를 어떤 방식으로 해결했을까요? 철학이나 신학이야 그저 말로 때우면 됐겠지만, 예술가

있는 그대로　→　보이는 그대로　→　보이지 않는 것도
(이집트)　　　　(그리스)　　　　(중세)

들은 그걸 어떻게든 보여 주어야 했습니다. 지금처럼 빛을 낼 수 있는 전구가 여타의 기술적 바탕이 되어 있다면 어떻게든 하겠지만, 그런 건 꿈도 못 꿀 일이었죠. 고심 끝에 중세의 장인들이 찾은 방법은 재료를 바꾸자는 것이었습니다. 금이나 상아, 보석 등 찬란한 색이나 광휘를 내뿜는 재료를 사용하여 작품을 만드는 것이었죠. 앞서 말했듯이 신플라톤주의에 따르면 세상은 일자에서 누출되고 누출되고 누출돼서 마지막 단계에 형성된 것인데 이러한 자연계의 재료 중 빛나는 것들은 일자의 빛이 반영된 것이라고 이해했기 때문입니다.

그래서 중세의 공예품이나 성경들을 보면 온갖 휘황찬란하고 값비싼 재료들로 뒤덮여 있습니다. 이건 단순히 보기 좋으라거나 비싼 재료로 재테크하기 위해 만든 것이 아니라 이제까지의 신학적 관점이 투영되었기 때문입니다.

이런 광휘의 표현이 잘 드러나는 것 중 또 하나 대표적인 것이 바로 모자이크와 중세 성당의 스테인드글라스죠.

중세에 사실적 묘사가 사라진 것은 인간의 형태에 대해서만이 아닙니다. 모든 자연에 대해서 그랬죠. 그러니 이제 색도 자연을 그대로 묘사하기 위한 색을 사용하지 않아도 됐습니다. 신의 뜻을 명확히 알아볼 수 있기만 하면 됐으니까요. 게다가 색을 자연색에 가깝게 사용하는 것도 어떤 면에서는 우상숭배로 해석될 여지가 있었기 때문에 모자이크는 번쩍번쩍 빛나는 황금색으로 뒤덮였고, 스테인드글라스는 원색 계열로 강렬해졌습니다.

그림32. 「복음서」 표지, 9세기경.

그림33. 하기아 소피아 대성당 모자이크, 1118~1143년.

그림34. 노트르담 대성당 스테인드글라스, 1163~1125년.

　특히 건축 양식이 로마네스크양식에서 고딕양식으로 발전하면서 창을 넓게 낼 수 있었던 중세 시대의 성당들은 그림34처럼 벽 대신 화려한 스테인드글라스로 장식했습니다. 그리고 이런 스테인드글라스는 자연 그대로의 빛을 신의 화려한 광휘로 바꾸어 주었죠.

　물론, 이제까지의 설명은 복잡하고 다양하고 풍부한 중세 미술의 한 측면만을 설명한 것입니다. 와인의 맛에는 말로 설명하는 것보다 훨씬 풍부한 것들이 숨겨져 있듯이 중세 미술은 여기에 설명된 것 외에도 무척 많은 이야기들이 숨겨져 있습니다. 르네상스에 이르러 비판의 대상이 되며 미개한 고트족의 양식이라는 의미에서 고딕양식이라고 천대받기도 하고, 암흑시대^{Dark age}라는 오명에 의해 한때는 예술도 철학도 과학도 완전히 죽은 시대라고 평가되기도 하지만, 중세에는 그런 단순한 시각으로만 판단할 수 없는 그 시대만의 풍부함이 있죠. 말로 전달하려는 순간 모든 아름다움이 날아가 버리는 와인처럼, 중세도 짧은 말로는 다 설명할 수가 없습니다.

와인을 알기 위해서는 직접 마셔봐야 하는 것처럼, 중세의 미술을 느끼려면 직접 그것들과 만나서 느껴봐야 하죠.

하지만 이곳에서는 아쉽지만 여기까지만 다루어야 할 것 같습니다. 아직도 갈 길이 많이 남아있으니까요. 그럼 이번에는 중세 미술처럼 엄선하고 엄선한 포도로만 만드는 와인, 부르고뉴 와인을 만나러 가보겠습니다. 그중에서도 가장 먼저 샤블리로 가보죠. 아무래도 파리에서, 그리고 바로 앞장에서 다룬 샹파뉴에서 가장 가까운 곳이 샤블리니까요.

샤블리

샤블리는 파리에서 불과 180킬로미터 떨어진 지리적 위치와 오세르^{Auxerre}를 지나 흐르는 욘^{Yonne} 강 덕에 일찍부터 와인 생산지로 명성을 누리게 된 곳입니다. 수로를 통해 바로 세느^{Seine} 강, 즉 수도인 파리로 와인을 보낼 수 있었기 때문입니다.

하지만, 중세 미술이 여러 가지 시각으로 비판받고 과거의 찬란함을 잃어버린 것처럼, 샤블리도 과거의 명성과는 달리 현재 일부 신대륙의 화이트 와인이나 같은 부르고뉴의 몽라쉐, 코르통 샤를마뉴, 뫼르소 와인에 비해 저평가되어 있었습니다. 19세기 말 필록세라^{Phylloxera17}로 포도밭이 황폐해지고 새로 만들어진 철도가 이곳을 지나가지 않아 급격히 쇠퇴하게 됐기 때문이기도 하지만, 와인 자체가 가진 지나치게 견고하고, 산도가 높은 드라이함 때문일 수도 있습니다.

그러나 20세기 후반에 들어서며 중세 미술에 대한 재조명이 이루어지고 있는 것처럼, 샤블리에 대한 수요도 최근에 급격히 늘고 있는 추세입니다. 그리고 사담이지만, 이 책의 저자인 제가 가장 좋아하는 화이트 와인도 바로 샤블리죠.

중세 미술을 일구어냈던 예술가들이 그 당시 예술의 목적을 제대로 구현하기 위해 재료의 특성을 사용했던 것처럼, 원하는 와인의 맛을 뽑아내기 위해서는 당연히 좋은 재료를 엄선하여야 합니다. 하지만 이때의 재료란 단지 포도의 품종만으로 이루어지지 않죠. 온갖 요소들이 한데 모여 한 해의 포도를 일구어냅

---

17. 포도에 자생하는 진딧물의 일종.

니다. 자연이 도와주어야 좋은 포도가 나올 수 있죠. 와이너리는 그것을 다듬어 상품으로 만들어낼 뿐일 수도 있습니다. 마치 신의 광휘를 예술에 구현해 내려고 하던 중세의 예술가들처럼 말이죠. 그래서 세계의 모든 와이너리는 최상의 포도를 확보하기 위해 여러 가지 방법을 사용하고 있습니다.

특히 프랑스 부르고뉴는 그러한 노력의 일환으로 무엇보다 테루아terroir에 심혈을 기울입니다. 테루아란, 와인에 사용되는 포도를 재배하기 위한 제반 자연조건 전부를 말합니다. 포도가 잘 자라기 위해서는 뭐가 필요할까요? 당연히 나무가 자랄 수 있는 땅이 필요합니다. 그리고 나무에 줄 물도 필요하겠죠. 그것뿐만 아니라 적절한 온도와 습도도 중요합니다. 일조량과 강우량도 중요하고요. 이 모든 것을 통틀어 테루아라고 말하죠. 이모든 것이 보통은 포도밭에 좌우되기 때문에 테루아를 말할 때는 포도밭 단위로 생각하는 것이 보통입니다. 게다가 terroir라는 단어 자체가 흙을 의미하는 Terre로부터 파생된 단어이기도 하고요.

샤블리도 테루아를 가장 엄격하게 분류 관리하는 부르고뉴 지역에서 생산되는 와인입니다. 그렇기 때문에 중세 미술이 재료에 엄격한 것처럼, 샤블리도 원재료인 포도와 그런 포도를 만들어내는 테루아에 무척 세심한 신경을 쓰죠. 더구나 샤블리라는 이름이 마치 화이트 와인을 말하는 일반명사처럼 여기저기서저가 와인에도 사용되고 있어 샤블리는 그런 와인들과 차별화를 하기 위해 자신들의 테루아 관리에 더욱 힘쓰고 있는 실정입니다. 그러다 보니 샤블리, 그리고 부르고뉴 와인을 설명할 때 가장 먼저 언급되는 것은 바로 그곳의 토양입니다.

그래서 샤블리 지역에 관해 설명하기 위해서는 먼저 부르고뉴라는 지역에 관해 설명을 해야 하는데, 부르고뉴에 관해서는 바로 다음 장인 3장에서 따로 할애하여 설명할 예정이므로 자세한 내용은 잠시 뒤로 미뤄 두고 간단하게만 짚고 넘어가도록 하겠습니다.

부르고뉴

부르고뉴 지역의 와인은 얼마 전부터 우리나라에서도 유명해지기 시작했습니다. 여러 가지 이유가 있겠지만, 무엇보다도 『신의 물방울』이라는 만화 덕분이죠. 이 만화의 스토리를 담당했던 기바야시 신과 기바야시 유코(이 둘은 아기 타다시라는 필명으로 활동합니다)는 유독 부르고뉴 와인을 좋아했었나 봅니다. 처음부터 부르고뉴 와인을 아주 비중 있게 다루죠. 그래서 우리나라에 와인을 대중화시키는데 막대한 역할을 했던 『신의 물방울』의 영향으로 국내에도 부르고뉴의 와인이 많이 알려졌습니다.

또 한 가지 이유는 몇 해 전부터 갑자기 유명해진 보졸레 누보Beaujolais nouveau의 영향입니다. 영어로 번역하자면 New Beaujolais쯤이 될 이 와인은 매해 11월 셋째 주 목요일에 판매가 시작되는 보졸레 지방의 햇와인이죠. 매해 판매가 시작되는 날이 지정되어 있으니 그 전날 밤인 수요일 밤에는 카운트다운

을 하면서 축하 파티를 열기도 합니다. 물론, 이런 축제가 진짜로 예전부터 있었던 전통인지 아닌지는 모르겠지만, 매해 '첫 포도로 만들어진 와인'이라든가, 이런 파티의 스토리텔링은 마케팅에서 이용하기에 딱 좋은 소재 거리였습니다. 그러다 보니 수입사에서 이러한 스토리를 마케팅에 적극 활용하여 우리나라에서도 상당히 유명해졌습니다. 그런데 이 보졸레라는 지역도 바로 부르고뉴의 한 지역 이름이죠. 이로 인해 우리나라에서는 부르고뉴 와인이 더욱 유명해지기도 했습니다.

그림35. 보졸레 누보 라벨.

그러나 아직까지도 부르고뉴나 보르도 와인이라고 하면 레드 와인만을 생각합니다. 특히 와인색이라고 불리는 버건디^{burgundy}라는 말이 부르고뉴^{bourgogne}를 영어식으로 발음한 것이기 때문에 부르고뉴라고 하면 레드 와인을 떠올리는 것이 일반적이죠.

하지만 부르고뉴에서도 무척 질이 좋은 화이트 와인이 많이

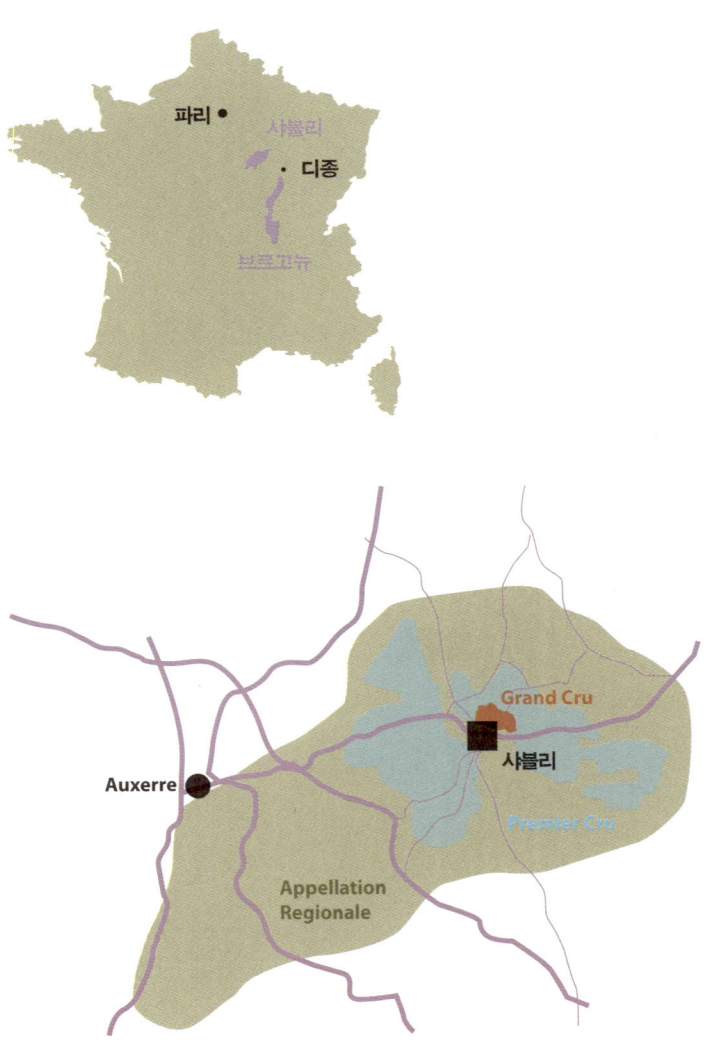

그림36. 샤블리 지역 지도.

생산됩니다. 코트 드 본과 마코네, 그리고 이번 장에서 이야기할 샤블리 세 곳이 부르고뉴에서도 대표적으로 화이트 와인을 생산하는 지역이죠.

세 지역 중에서도 특히 샤블리는 오직 한 가지 포도 품종만으로 화이트 와인을 생산하는데, 그게 바로 샤르도네Chardonnay 품종입니다. 그렇다고 샤르도네가 재배하기가 무척 까다로워 이곳에서만 나는 품종은 아닙니다. 오히려 재배가 비교적 쉬운 편이라 세계 각지에서 재배하고 있죠. 앞서 1장에서 다룬 샹파뉴지역에서도 샤르도네 품종이 유명합니다. 실제로 샹파뉴와 샤블리는 거리상으로도 가까운 편이죠. 하지만, 샹파뉴 지역의 와인, 즉 샴페인은 샤르도네에 피노 누아나 피노 뫼니에를 섞는 것이 보통입니다. 반면 샤블리에서는 오직 화이트 와인만을 생산하는데 그중에서도 샤르도네 품종만 사용하고 있죠.

여기까지만 설명하면 와인이 익숙하지 않은 사람들은 샤블리나 기타 화이트 와인도 샹파뉴 지역의 와인처럼 스파클링이 가득한 와인일 것으로 생각하기 쉽습니다. 게다가 이름도 샤블리라니 어딘가 모르게 느낌이 더 톡톡 터지는 청량감이 있을 것 같죠. 하지만 샤블리를 비롯한 많은 화이트 와인들은 전혀 스파클링이 없는 스틸 와인[18]입니다. 게다가 100% 샤르도네 포도로 만들어진 샤블리 와인은 오히려 이곳의 테루아를 반영하여 견고하

---

18. 발포성이 아닌 일반 와인, 거품이 나지 않는 와인.

면서도 맑고, 우아하면서도 군더더기 없는 풍미를 발휘하죠. 그래서 간혹 샤블리를 처음 마시는 분들은 그 드라이한 맛에 당혹감을 느끼기도 합니다. 이런 드라이함이 부르고뉴산 화이트 와인의 공통적인 특징이기도 하죠.

그렇다고 부르고뉴산 화이트 와인이 전부 비슷하게 드라이한 맛과 향을 가졌다는 말은 아닙니다. 샤블리는 같은 부르고뉴 지역인 마코네에 비해 차로 세 시간이나 떨어져 있는 북쪽 지역이니만큼 춥고 건조한 기후로 인해 산도가 높은 와인이 생산되지만, 마코네의 화이트 와인은 따뜻한 기후로 인해 달콤한 화이트 와인이 많죠.

샤블리의 테루아

모든 와인이 그렇지만, 부르고뉴지역은 특히나 포도가 재배되는 밭의 토양과 위도, 경사지의 방향이나 각도 등 테루아가 무척 중요합니다. 포도밭에 따라 와인 등급이 정해지기 때문이죠. 그래서 부르고뉴의 한 지역인 샤블리를 말할 때도 그곳의 테루아에 관해 언급하지 않을 수가 없습니다.

샤블리 테루아의 가장 큰 특징은 아무래도 그 지역의 토양에 있습니다. 샤블리의 토양은 우리가 흔히 보는 흙과 조금 다르죠. 보통은 이런 샤블리 지역의 토양을 키메리지엔 클레이Kimmeridgian Clay라고 부르는데, 점토와 석회가 혼합되어 하얀색을 띠는 독특한 토양입니다.

그런데 정확히 말하자면, 키메지리엔은 흙의 종류가 아니라 지질학적 시대 구분으로써 쥐라기에 속하는 약 1억5410만~1억 5070만 년 전의 지질 시대를 의미하죠. 한 마디로 샤블리의 토양은 이 시기, 즉 키메지리엔 시대에 생성된 토양이라는 말입니다. 그중에서도 샤블리 지역은 과거에 바다였던 곳으로, 고대 조개라고 할 수 있는 암모나이트Ammonite나 역시 마찬가지로 고대 오징어라고 할 수 있는 벨럼나이트belemnite 등과 함께 특히 굴이 많았던 곳입니다. 그래서 샤블리의 토양에는 굴 껍데기에서 나온 석회가 많이 포함되어 있죠. 그리고 이런 토양의 성질이 샤블리 지역에서 재배되는 샤르도네 품종의 포도에 영향을 줘 샤블리에는 굴이 잘 어울린다고 말합니다. 한 마디로 땅에 굴의 요소가 많으니 그곳 토양의 영향을 받은 포도와 그 포도로 만들어진 와인도 굴과 잘 어울린다는, 어딘가 좀 미신 같은 추론이죠.

사실 이러한 추론에는 그다지 과학적인 인과 관계가 성립되지 않습니다. 단지 굴 껍데기가 많은 땅에서 난 포도라고 굴과 어울리는 와인이 생산된다고 하는 것은 다소 미신적인 사고방식이죠. 샤블리 와인이 굴과 잘 어울리는 이유는 드라이하고 탄탄한 신맛이 굴의 비린 맛을 잘 잡아주기 때문입니다. 그래서 굴과 샤블리는 와인과 음식의 가장 대표적인 마리아주 중 하나가 되었죠. 다만, 그런 산도를 만들어 주는 게 굴 껍질의 석회가 영향을 미치기는 합니다. 아무튼 와인 애호가들 사이에서는 제철 굴에 샤블리를 마시는 것이 연례행사쯤 되어 버렸을 정도입니다.

이런 샤블리 지역은 키메리지엔 클레이 토양인 데다가 겨울이

길고 추운 대륙성 기후입니다. 그래서 이곳에서는 냉해를 방지하기 위해 포도원에서 직접 난로를 피우거나, 물을 나뭇가지에 뿌려 얼음을 만들어 에스키모의 이글루처럼 포도나무를 보호하기도 합니다. 그렇기 때문에 자연스럽게 토양과 함께 일조량의 여부도 샤블리 와인의 등급을 결정짓는 중요한 요소가 되었죠. 한마디로 모든 자연환경이 샤블리의 수준을 결정하는 것입니다.

이러한 상황이다 보니 샤블리 지역에서도 부르고뉴의 다른 와인처럼 테루아가 맛의 기준이라고 할 수 있을 만큼 무척 엄격하게 관리되고 있습니다. 게다가 샤블리 지역에서 생산되는 와인뿐만 아니라 다른 나라에서 만들어지는 싸구려 화이트 와인에도 샤블리라는 이름이 마구 붙여지고 있다 보니 엄격하게 관리하고 있죠.[19] 그래서 프랑스에서는 자신들의 샤블리를 엄격하게 구분하기 위해 더욱 신경 쓰고 있습니다.

샤블리 등급

3장에서 더 자세히 설명하겠지만, 부르고뉴는 토양의 종류와 경사지의 방향과 각도 등 테루아에 따라 밭을 기준으로 총 4단계로 등급을 나누고 있습니다. 샤블리 역시 이러한 기준을 바탕으

---

19. 미국의 저그 와인 중에도 샤블리라는 이름으로 나오는 경우가 많다.

로 엄격하게 구분하고 있죠.

먼저, 수익성이 낮아 우리나라에는 잘 수입되고 있지 않지만, 가장 낮은 등급의 샤블리가 있습니다. 이건 프티 샤블리petit chablis 라고 부르죠. 부르고뉴 와인 등급으로 따지자면 빌라주급[20] 와인 보다도 한 단계 아래 등급의 와인입니다. 그리고 그보다 한 단계 위인 빌라주급의 샤블리chablis가 있죠. 이건 샤블리 지역의 빌라 주급, 즉 마을 단위의 밭에서 생산된 샤블리입니다. 우리나라에 서 가장 흔하게 접할 수 있는 샤블리가 이 등급입니다. 2016년 을 기준으로 이런 일반 샤블리는 마트에서 2만원대~3만원대 사 이에서 쉽게 구매를 할 수 있습니다.

그리고 그 위로 프리미에 크뤼급 등급을 받은 포도원에서 만 든 우수한 품질의 샤블리 프리미에 크뤼chablis Premier cru가 있고, 그다음으로 최상급 포도원인 그랑 크뤼 포도원에서 만든 샤블리 그랑 크뤼chablis grand cru가 있습니다. 프리미에 크뤼나 그랑 크뤼 는 당연히 일반 샤블리보다 비쌉니다. 우리나라에서는 일반적으 로 샤블리를 그리 흔하게 즐기는 편이 아니라 마트나 대형 할인 점에서는 쉽게 보기 힘들죠. 더구나 샤블리 그랑 크뤼는 샤블리 지역의 포도원 중 7개의 포도밭에만 수여된 등급이라 일단 맛은 둘째 치고 무척 비쌉니다.

문제는 이러한 등급을 알아보고 구매를 하는 것인데, 샤블리

---

20. 등급의 의미는 3장 참고.

의 경우는 와인의 라벨에 등급을 정확히 명시하도록 법으로 정
해져 있습니다. 프티 샤블리라면 "petit chablis"라고 떡하니 쓰
여 있죠. 일반 샤블리나 프리미에 크뤼, 그랑 크뤼도 역시 마찬

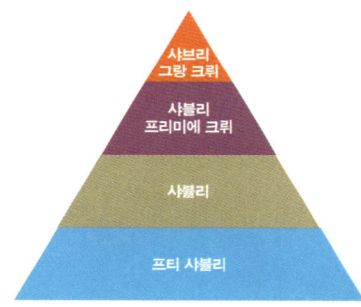

도표1. 샤블리 등급

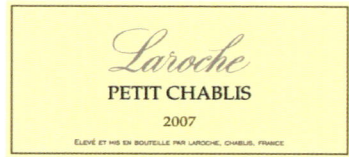

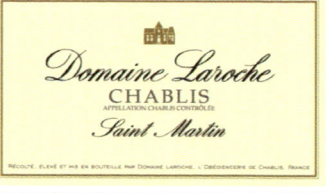

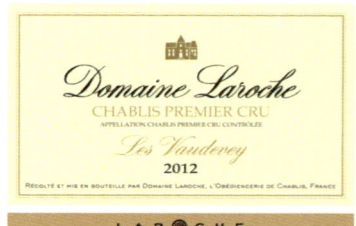

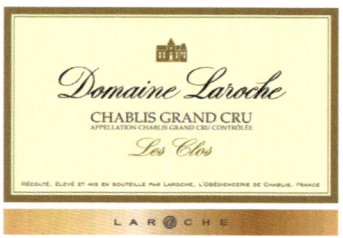

그림37. (위에서부터 시계방향으로)같은 도멘에서 생산된 프티 샤블리, 샤블리,
샤블리 프리미에 크뤼, 샤블리 그랑 크뤼의 라벨. 라벨을 보면 쉽게 구분할 수 있다.

가지입니다. 그러니 당황하지 말고 라벨에 쓰여 있는 글자를 읽고 구입하면 쉽습니다.

　그러나 이런 등급 구분이 와인의 질을 절대적으로 보장하는 것은 아닙니다. 때에 따라서는 빌라주급의 일반 샤블리가 샤블리 그랑 크뤼보다 훌륭한 경우도 있죠. 그리고 낮은 등급이라고 아무 포도나 쓰는 것도 아닙니다. 샤블리는 물론 그보다 아래 등급인 프티 샤블리까지도 샤르도네로 와인을 빚죠. 중세 미술에 있어 재료가 가장 중요한 것 중 하나인 만큼 샤블리에 있어서도

그림38.
샤블리와 프티 샤블리.

샤르도네가 아닌 재료로 와인을 만든다는 것은 상상도 할 수 없는 일입니다. 그건 더 이상 샤블리가 아닌 게 되죠.

　테루아를 결정하는 것 중 토양에 이어 큰 영향을 주는 것은 앞서 언급했던 것처럼, 일조량입니다. 포도나무는 토양이 척박할수록 잘 자라지만, 포도 자체는 일정 수준의 일조량이 반드시 필요합니다. 그래서 좋은 포도밭들은 배수가 잘되면서 햇빛을 잘 받을 수 있는 경사면에 위치한 경우가 많습니다. 샤블리 역시 마찬가지죠. 샤블리에는 그랑 크뤼급 포도밭이 일곱 개 있는데, 일곱 개의 포도밭이 모두 햇볕을 잘 받는 언덕의 남쪽 사면에 위치하고 있습니다.

　앞서 언급한 것처럼, 전체의 2%에 불과할 정도로 무척 소수인 그랑 크뤼급 포도원은 샤블리를 통틀어 총 일곱 개가 있는데 일조량과 토양의 질을 모두 만족시키려다 보니 그런 조건에 부합하는 곳에 서로 가까이 붙어 있는 편입니다. 밭들이 한 지역에 다닥다닥 붙어 있죠. 레 클로^{Les Clos}, 프뢰즈^{Preuses}, 블랑쇼^{Blanchot}, 그르누이유^{Grenouilles}, 발뮈르^{Valmur}, 보데지르^{Vaudésir}, 부그로^{Bougros}의 총 7개가 그런 그랑 크뤼급 포도밭입니다. 이 중에서는 일반적으로 레 클로가 가장 힘차고 보데지르가 가장 섬세하다고 평

샤블리 그랑 크뤼 포도원

블랑쇼Blanchot　　　　　　　**보데지르**Vaudésir
레 클로로les clos　　　　　　　**레 프뢰즈**Les Preuses
발뮈르Valmur　　　　　　　　**부그로**Bougros
그르누이유Grenouilles

가되지만, 그랑 크뤼의 와인들은 맛의 깊이와 탄탄함이 어느 것 하나 부족함이 없죠.

대부분의 와인이 그렇듯 샤블리도 등급에 따라 가장 마시기 좋은 시기가 있습니다. 그리고 이런 음용 적기는 등급이 올라갈 수록 길어지는 것이 일반적이죠. 프티 샤블리와 일반 샤블리는 아쉽게도 장기간 숙성이 힘든 경우가 대부분입니다. 빈티지로부터 2~3년 이내에 마시는 것이 좋죠. 그러니 혹시 마트에서 와인을 구매할 때 일반 샤블리의 빈티지가 구입 시기보다 4년, 혹은 그 이상 지난 것이라면 피하는 것이 좋겠죠. 마시지 못할 수준은 아니더라도 썩 좋은 상태의 와인은 아닐 가능성이 높습니다. 프리미에 크뤼는 그보다 조금 더 보관할 수 있습니다. 빈티지로부터 보통 3~4년 정도 기다렸다가 마시는 것이 좋죠. 이 글을 쓰는 지금이 2016년이니 2013년이나 2012년 빈티지가 가장 마시기 좋을 때인 겁니다. 그리고 가장 상위 등급인 그랑 크뤼는 빈티지로부터 약 5~8년 정도는 두었다 마시면 좋습니다. 경우에 따라서는 10년 이상 보관이 가능한 것들도 있죠. 이런 그랑 크뤼급 샤블리를 너무 일찍 열어버리면 기껏 비싸게 주고 산 와인이 제 능력을 다 발휘하지 못하는 경우도 많습니다.

모든 프랑스 요리에는 제각각 어울리는 와인이 있습니다. 양념을 진하고 강하게 요리한 육류 요리에는 카베르네 소비뇽이 제격이고, 그보다 조금 더 가벼운 육류나 다소 진한 양념의 생선 요리에는 피노 누아가 잘 어울리죠.

그리고 "굴에는 샤블리"라는 관용어구가 생길 만큼 굴에는 샤블리가 최고의 조합입니다. 하지만 "굴에는 샤블리"라는 말은 "샤블리에는 굴"이라는 말과는 완전히 다르죠. 굴에 가장 잘 어울리는 와인은 샤블리이지만, 그렇다고 샤블리에는 꼭 굴만 먹어야 한다는 것은 아닙니다. 굴과 연관하여 설명하기 위해 오르되브르 장에 샤블리를 넣었지만, 사실 샤블리는 웬만한 음식에는 거의 다 어울리는 와인 중 하나입니다. 화이트 와인치고는 무게감이 있는 샤블리는 차갑고 싱싱한 해산물부터 따뜻하고 무거운 스테이크까지 전부 다 잘 어울리는 몇 안 되는 와인이죠.

물론 그중에서도 역시 굴이나 조개, 게 등이나 케이준 스타일로 조리된 새우처럼 해산물 요리와 특히 잘 어울리는 와인이기는 하지만 말입니다.

TIP. 1
코르크

마실 와인에 따라 잔을 준비하였으니 이제 코르크를 뽑아 봅시다.

와인은 대부분 코르크로 밀봉되어 있지만, 사실 우리나라 사람들에게는 그다지 익숙하지 않은 방식입니다. 우리나라에서는 코르크라고 해봐야 학교 게시판에서나 보아왔던 정도니까 말이죠. 그래서 코르크를 처음 딸 때면 버거움을 느끼는 경우가 많이 있습니다. 게다가 와인 병은 유리로 되어 있으니 혹시 깨지지나 않을까, 혹은 따는 모습이 미숙해 보이지나 않을까 노심초사합니다.

하지만 시중에는 지렛대의 원리를 이용하여 코르크를 쉽게 딸 수 있는 다양한 제품들이 많이 나와 있으니 가능하면 그런 제품을 사용하여 편하게 코르크를 따길 바랍니다. (전통적으로 스크루에 손잡이만 달린 것은 꽤 많은 힘이 필요하고 방향이 수직이 되지 않아 코르크가 부서질 위험이 있으니 지양하는 것이 좋습니다)

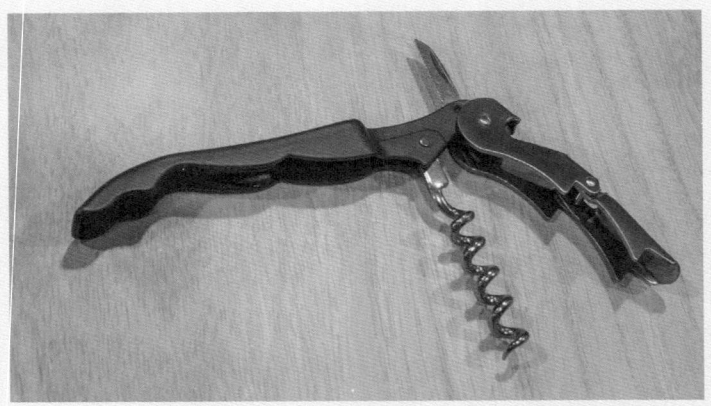

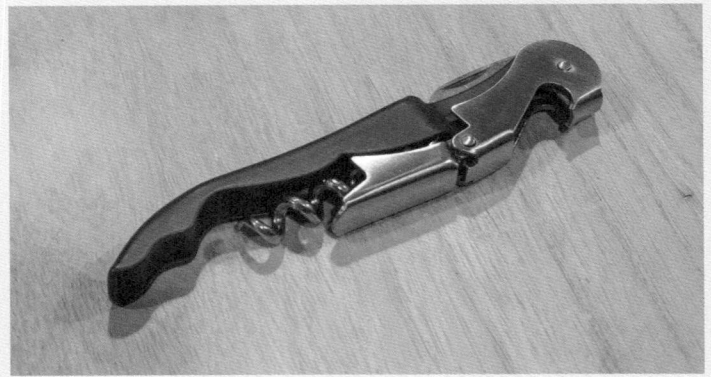

그림39. 가장 많이 쓰이는 소믈리에 나이프. 웬만하면 와인을 구입할 때 공짜로 준다. 하지만 와인을 따는 데는 충분하다.

TIP. 2

코르크 마개 따는 법

먼저 코르크를 따기 위해서는 코르크를 싸고 있는 알루미늄 포일을 벗겨내야 합니다. 보통은 알루미늄 재질로 되어 있는데 경우에 따라서는 비닐 재질로 되어 있는 것도 있습니다. 비닐과 알루미늄 중 어떤 것이 좋고 어떤 것은 나쁘다는 기준은 없는데, 이런 포장지가 와인을 고르는 데 큰 도움이 되기도 합니다. 포일의 밀봉 상태로 와인의 보관 상태를 쉽게 알아볼 수 있기 때문이죠.

국내에 유통되는 와인 중 99% 이상의 와인은 해외에서 수입되는 와인입니다. 배로 오는 경우가 대부분이고 일부 와인에 따라서는 비행기를 통해 수입되기도 하죠. 문제는 이렇게 장기간 이동하는 과정에서 온도 변화나 진동 등 여러 가지 이유로 와인이 상할 수 있다는 점입니다.

하지만 이동 중에 온도나 습기, 충격으로 인해 상한 와인은 겉으로 보기에는 잘 판별할 수 없죠. 그런데 이런 와인 중에서 상한 것이 명확한 와인이 있습니다. 밀봉이 제대로 되지 않아 새어나오는 경우이죠. 코르크의 틈새로 새어 나온 와인은 어떻게 될까요? 알루미늄 포일에 눌어붙습니다. 그래서 병 입구의 포일을 잡고 손으로 돌려보았을 때 포일이 와인 병과 딱 붙어서 돌아가지 않는 것은 상한 와인일 가능성이 높은 것입니다. 또 한 가지

방법은 코르크가 살짝 위로 튀어나와 있는지를 확인하는 것입니다. 와인이 온도변화나 직사광선에 의해 변질되는 경우에는 가스가 발생하여 코르크를 밀어내서 튀어나와 있는 경우가 있습니다.

그렇게 외관을 통해 상한 와인도 골라냈다면 이제 코르크를 열어야 할 시간입니다.

코르크를 열기 위해서는 먼저 포일을 자르고 다음으로 오프너를 코르크에 수직으로 꽂아 넣는 것이 중요합니다. 그래야 코르크를 부러트리지 않고 제대로 뽑아낼 수 있기 때문이죠.

코르크도 열었다면 이제 와인을 즐길 차례입니다. 그런데 만약 여러분들이 와인바나 레스토랑에서 와인을 마시고 있는 중이라면 그 이전에 와인을 서비스하는 소믈리에나 직원이 하는 행동이 있을 것입니다. 바로 코르크를 코에 가져다 대고 냄새를 맡는 것이죠.

이 행동은 와인을 병입할 때 좋지 않은 코르크를 사용하여 그로 인해 와인이 상하지는 않았는지 확인하는 과정입니다. 곰팡이가 있는 코르크가 와인의 발효에 영향을 미쳐 향은 죽어버리고, 곰팡이 냄새나 젖은 삼베 냄새, 비릿한 냄새 같은 좋지 않은 냄새가 와인에 배게 하기 때문입니다. 이러면 간혹 상자에 들어 있는 모든 와인이 다 상한 것이라고 생각할 수도 있겠지만, 코르크 감염은 말 그대로 코르크로 인해 발생되는 문제이기 때문에 병마다 다르죠.

이렇게 코르크로 인해 상하게 된 와인을 부쇼네[Bouchonne]라고 부릅니다. 프랑스어로 병마개를 부숑[Bouchon]이라고 부르는데 여기에서 파생된 단어이죠.

하지만 사실 심한 부쇼네가 아닌 경우에는 코르크의 냄새만 맡고 부쇼네를 구분할 수 있는 사람은 드뭅니다. 무엇보다 부쇼네로 인해 상한 와인을 마셔본 적이 있는 사람만이 구별할 수 있죠.

이렇게 문제가 많기도 하지만, 신축성이 좋고 자연 친화적인 데다가 수많은 미세 구멍이 나 있어 와인이 숨을 쉴 수 있게 해주는 코르크는 와인의 역사에서 무척 획기적인 발견이었습니다. 천으로 막고 초로 밀봉하는 정도에서 그치던 와인 보관이 획기적일 정도로 길어지게 된 것이죠.

하지만 코르크가 발견된 이후로도 당연히 기술은 날로 발전했습니다. 그에 따라 코르크를 대신할 수 있는 방법도 나왔죠. 사람에 따라서는 아직도 코르크를 대체할 수 있는 방법은 없다고 하는 사람들도 있지만, 우리가 흔히 접할 수 있는 트위스트 캡이 코르크보다 더 나은 보관 방법이라는 의견도 많이 있습니다. 호주의 생산자들은 과학자들에게 의뢰해 코르크보다 트위스트 캡이 와인 보관에 더 적합하다는 데이터를 뽑아내기도 했죠. 그러나 아직도 금속이나 플라스틱으로 된 트위스트 캡에 거부감을 느끼는 사람들이 많아 잘 쓰이지 않고 있습니다. 트위스트 캡으로 된 와인은 저렴한 와인이라는 사람들의 인식도 그런 현상에 한몫하고 있죠.

그렇지만, 호주나 신대륙의 와인들은 점차 트위스트 캡을 많이 사용하는 추세입니다.

그러니 트위스트 캡이라고 너무 거부감을 갖지 말고 마음 놓고 편하게 와인을 즐길 수 있길 바랍니다.

TIP. 3 가격대별 추천 오르되브르용 와인

5만원 미만

옐로우 테일 샤도네이
Yellow Tail Chardonnay, 호주

루이 자도 샤블리
Louis Jadot Chablis, 프랑스

G7 샤르도네
G7 Chardonnay, 칠레

켄달 잭슨, 빈트너스 리저브 샤도네이
Kendall-Jackson, Vintner's Reserve Chardonnay, 미국

몬테스 알파 샤르도네
Montes Alpha Chardonnay, 칠레

라 샤블리지엔, 샤블리 라 삐에를레
La Chablisienne, Chablis La Pierrelee, 프랑스

패블리 샤블리
Faiveley Chablis, 프랑스

샤또 몽페라 블랑
Chateau Mont Perat Blanc, 프랑스

에라주리즈, 맥스 리제르바 샤르도네
Errazuriz, Max Reserva Chardonnay, 칠레

5만원~10만원

부샤 에네 엔 피스, 샤블리 프리미에 크뤼 바이용
Bouchard Aine & Fils, Chablis Premier Cru Vaillons, 프랑스

고스트 파인, 샤르도네
Ghost Pines, Chardonnay, 미국

오이스터 베이 소비뇽 블랑
Oyster Bay Sauvignon Blanc, 뉴질랜드

윌리엄 페브르, 샤블리
William Fevre, Chablis, 프랑스

클라우디 베이, 소비뇽 블랑
Cloudy Bay, Sauvignon Blanc, 뉴질랜드

알베르 비쇼, 샤블리
Albert Bichot, Chablis, 프랑스

로버트 몬다비 나파 밸리 샤도네이
Robert Mondavi Napa Valley Chardonnay, 미국

10만원~20만원

루이자도 샤블리 그랑 크뤼 레 프뢰즈
Louis Jadot Chablis Grand Cru Les Preuses, 프랑스

펜폴즈, 야타나 샤도네이
Penfolds, Yattarna Chardonnay, 호주

페블레, 샤샤뉴 몽라쉐
Faiveley, Chassagne Montrachet, 프랑스

루이 자도, 뿔리니 몽라쉐
Louis Jadot, Puligny Montrachet, 프랑스

루이 자도, 뫼르소
Louis Jadot, Meursault, 프랑스

파 니엔테, 샤도네이
Far Niente, Chardonnay, 미국

20만원 이상

미쉘 라파제, 뫼르소
Michel Lafarge, Meursault, 프랑스

올리비에 르플레이브, 뫼르소
Olivier Leflaive, Meursault, 프랑스

올리비에 르플레이브, 바타르 몽라쉐 그랑 크뤼
Olivier Leflaive, Batard Montrachet Grand Cru, 프랑스

샤또 드 뿔리니 몽라쉐, 샤샤뉴 몽라쉐
Chateau de Puligny Montrachet, Chassagne Montrachet, 프랑스

03

포타주
Potage.
수프

부르고뉴

Antoine Jobard, Meursault 'Les Tillets'

제품명 : **앙뜨완 조바, 뫼르쏘 레 띠예**
제조사 : **앙뜨완 조바**Antoine Jobard
품　종 : **샤도네이**Chardonnay 100%
지　역 : **프랑스**France, **부르고뉴**Bourgogne, **코트 드 본**Cote de Beaune
알　콜 : 13%
종　류 : **화이트**

———

6헥타르 정도의 아주 작은 포도밭을 소유하고 있으며 일 년에 오직 30,000병 정도만 생산하는 앙뜨완 조바의 도멘 프랑소와& 앙뜨완 조바는 1957년부터 와인 양조를 시작한 가족 소유 도멘이다. 생산량에서 짐작할 수 있듯이 앙뜨완 조바는 수확량을 최대한 줄이고 품질을 높이는 것을 목표로 하고 있다.

또한, 앙뜨완 조바는 포도밭에 어떠한 화학적 제초제나 비료도 사용하지 않으며 전 과정을 수작업으로 관리한다. 그 후 18~22개월 동안 지하 셀러에서 천천히 숙성되며 완벽한 밸런스를 갖춘 와인으로 완성시킨다.

수입원Importer :
크리스탈와인Crystal Wine

그림40. 앙뜨완 조바, 뫼르소 레 띠예.

부르고뉴

아무리 와인을 좋아하는 프랑스인들이라고 하더라도 수프에는 와인을 잘 마시지 않습니다. 와인을 음식에 곁들이는 음료나 국물 정도로 생각하는 그들에게 있어서 수프에 와인을 마신다는 것은 우리가 찌개를 먹으며 또 따로 국을 먹는 것과 그다지 다르지 않죠. 물론 우리나라에서도 찌개와 국을 같이 먹는 사람이 없는 것은 아니니 프랑스에서도 수프에 와인을 마시는 사람들도 있겠지만, 일반적이지는 않습니다.

그래서 이번에는 특정 와인에 관해 설명하기보다 앞장에서 다룬 부르고뉴 와인을 조금 더 자세히 다루어 보도록 하겠습니다. 아무래도 부르고뉴 와인은 시간을 조금 들여야 하기 때문입니다.

와인에 대해 아는 것이 전혀 없었을 때, 그러니까 Bordeaux를 보고 보덱스라고 읽어야 하는 건지, 보데욱스라고 읽어야 하는 건지 고민하고 있었을 때쯤, 처음으로 와인에 대해 알게 된 것이 세상에는 와인이라는 것이 있고, 와인에는 프랑스 와인이 있고, 프랑스에는 보르도 와인과 부르고뉴 와인이 있다는 것이었습니다. 그리고 그와 함께 둘을 구분하는 방법이 병의 모양이라는 것도 알게 되었죠. 결과적으로 세상에는 그 두 가지 와인만 있는 것도 아니고, 둘을 병의 모양으로 구분하는 것도 아니었지만, 어쨌든 와인을 처음 접하게 되면 대부분은 저처럼 보르도와 부르고뉴 와인으로 접하게 되는 것 같습니다. 그다음에 비로소 무한

하리만큼 다양한 와인의 세상에 한 발자국씩 진입하게 되는 게
일반적이죠.

그림41.
보르도 와인 병 모양과
부르고뉴 와인 병 모양 비교.

　그만큼 부르고뉴 와인은 아주 기본적인 입문용 와인이라고
여겨지기 쉽습니다. 그래서 무턱대고 처음부터 부르고뉴 와인으
로 시작하는 경우가 많죠. 하지만, 이내 깨닫습니다. 와인이라는
게 그저 좋으라고 마시는 건데 이건 공부하다 보면 스트레스 받
아서 도저히 못 해먹겠다고 말이죠.

　그만큼 부르고뉴 와인은 어렵습니다. 마치 수학의 정석처럼
와인에 관한 아주 기초적이고 필수적인, 그러므로 쉬운 와인일
것 같지만, 전혀 그렇지 않습니다. 하도 많이 언급되니 무척 흔

하게 접할 수 있을 것 같고, 너도나도 다 아는 와인이라 쉬운 와인일 같지만, 여러 가지로 문턱이 높아 많은 사람이 여기에 걸려 넘어져 버리는 경우가 많습니다. 그래서 유명하지만, 흔히 마시기 힘든 와인이 되었죠.

부르고뉴 와인이 어려운 이유

여기에는 몇 가지 이유가 있습니다.

첫 번째 이유라면, 아무래도 가격입니다. 부르고뉴 와인은 비싸죠. 괜찮다 싶은 것들은 보통 10만 원을 훌쩍 넘어가기 일쑤이죠. 수요와 공급 때문에 어쩔 수가 없습니다. 특히 코트 도르 Côte d'Or[21]의 최고급 와이너리들은 모든 사업가가 꿈에 그리는 수요와 공급 상황을 만들어 냈습니다. 공급이 수요보다 턱없이 부족하다는 말이죠. 이런 불균형은 수십 년 동안 그래 왔고, 앞으로도 그럴 것입니다. 부르고뉴의 와이너리들은 단위 면적당 포도 생산량도 적은 데다 엄격히 제한된 등급으로 인해 많이 생산하고 싶어도 생산할 수가 없기 때문입니다. 같은 프랑스의 대표적인 와인 생산지인 보르도와 비교해 봐도 3분의 1에 불과할 뿐이죠. 게다가 부르고뉴 와인 자체도 부족한데 이 중 60% 이상이 보졸레 지역의 와인이다 보니 코트 도르의 와인은 매우 소량에

---

21. 코트 드 뉘와 코트 드 본을 합쳐 코트 도르황금 연덕이라고 부른다.

불과할 뿐입니다. 그런데 이게 전 세계에서 고급 와인으로 유명하다 보니 생산하는 대로 바로 팔려 나가죠. 심지어 한 병에 천만원을 호가하는 최고급 와인조차도, 바로 그 이유 때문에 다 팔려나가 재고가 없어 한참을 대기하고 나서야 구매가 가능할 정도입니다. 그래서 부르고뉴의 고급 와인들에게는 재고의 개념이 별로 없습니다. 물론 레스토랑에서야 재고라는 개념이 있겠지만, 오래 두면 둘수록 가치가 높아지는 거라 생산지에서는 재고의 걱정이 크지 않죠. 앞으로도 그럴 예정이고요.

둘째, 맛이 익숙지 않습니다. 보르도나 이탈리아, 칠레 등지의 와인을 많이 마시는 우리나라 사람들의 입맛에 부르고뉴 와인의 맛은 뭐랄까? 쉽게 말해 좀 밍밍한 느낌입니다. 보르도지역의 진한 와인을 마시다가 부르고뉴의 와인을 처음 마시게 되면 색깔에서부터 그런 생각이 들지도 모릅니다. 진한 벽돌색(저는 이런 색 표현을 별로 좋아하지 않습니다. 한국적이지 않거든요. 벽돌색이라니? 우리나라 벽돌 대부분은 시멘트로 만들어진 회색입니다. 하지만 와인 공통용어라 어쩔 수 없죠)이나 검붉은 자주색에 가까운 와인들에 비해 부르고뉴 와인은 맑습니다. '물을 탔나?'라는 생각이 들 만큼 옅죠. 향은 다른 와인들에 비해 오히려 더 풍부하지만, 색은 확실히 이도 저도 아닌 느낌입니다. 게다가 와인을 음료라기보다는 술이라고 생각하는 우리의 식습관에서는 부르고뉴 와인이 제 능력을 발휘하지 못합니다. 맛이 상당히 복잡하기 때문입니다.

셋째, 가장 중요한 부분인데, 너무 복잡합니다. 공부해야 할 것도 많고, 외워야 할 것도 많죠. 이렇게 어려워지게 된 이유는 생산자가 워낙에 다양하기 때문입니다. 부르고뉴는 수천 개로 구획된 작은 규모의 밭Climate으로 나누어져 있죠. 그래서 실제로 부르고뉴 와인의 전문가가 되기 위해서는 1,000개 이상의 이름과 110개 이상의 지역Appellation을 숙지하고 있어야 합니다. 보통 일이 아닙니다. 일반인은 애당초 불가능하고, 숙련된 소믈리에라고 하더라도 그걸 다 알고 있기는 힘들죠. 그래서 와인을 처음 배울 때면 항상 듣게 되는 '많이 마셔봐야 안다'라는 조언도 부르고뉴 와인에 한해서는 틀린 말이 됩니다. '마셔 봐야 안다'가 아니라 '알아야 마실 수 있다'는 게 부르고뉴 와인의 특징이죠. 사실 부르고뉴 와인이 이렇게 어려워지게 된 계기는 다름이 아니라 나폴레옹 때문입니다. 1789년 프랑스혁명 이후 모든 포도원이 작은 구획으로 나누어 팔려나가게 됐는데, 그것을 다시 나폴레옹 법전에서 자녀들에게 균등 상속을 명하였기 때문에 포도원이 더욱 세분화 된 것이죠. 덕분에 공부는 어려워지고 맛은 다양해졌죠.

사정이 이렇다 보니 부르고뉴 와인을 이해하는데 특별한 지름길은 없습니다. 일단 알아야 하죠. 그래서 지금은 잠시 학습적인 태도로 부르고뉴 와인을 보도록 하겠습니다.

지도에 보이는 것처럼 부르고뉴는 남북으로 길게 뻗은 형태를 하고 있습니다. 그래서 지역마다 기후가 전부 다른 데다가 토양의 질도 모두 달라 생산되는 포도와 그런 포도로 만들어지는 와인이 무수히 다양한 특색을 가지게 되었죠. 그러므로 부르고뉴를 이해하기 위해서는 테루아, 즉 산지별로 구분해서 이해하

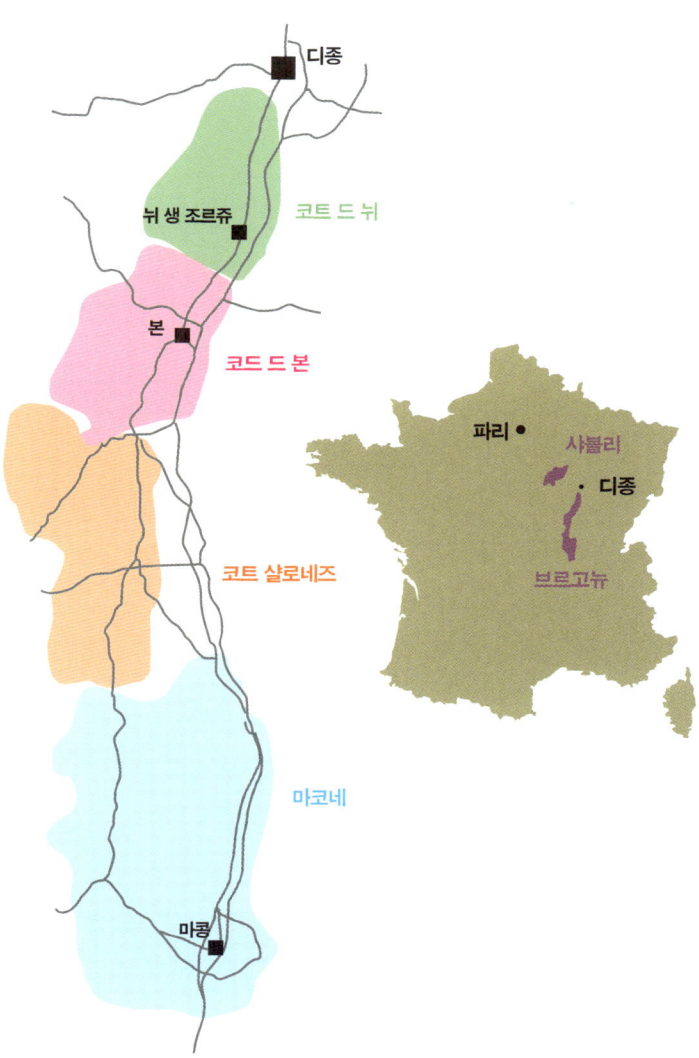

그림42. 부르고뉴 지도.

는 것이 좋습니다. 그리고 그런 테루아를 바탕으로 철저하게 관리 되는 등급제를 살펴보면 됩니다.

부르고뉴의 주요 생산지는 2장에서 설명한 샤블리 지역과 코트 드 본Côte de Beaune, 코트 드 뉘Côte de Nuits, 코트 샬로네즈Côte Chalonnaise, 마코네Mâconnais, 그리고 보졸레Beaujolais 지역이 있습니다.

부르고뉴의 구획 구분

샤블리Chabli	**마코네**Mâconnais
코트 드 본Côte de Beaune	**보졸레**Beaujolais
코트 드 뉘Côte de Nuits	
코트 샬로네즈Côte Chalonnaise	

이 모든 것을 다 설명할 수는 없으니 여기에서는 부르고뉴의 심장이자 황금의 언덕이라고 불리는 코트 도르Côte d'Or를 중심으로 설명해 보도록 하겠습니다. 사실 이것만 잘 알아도 부르고뉴는 대부분 이해가 되기 때문입니다.

코트 도르Côte d'Or는 프랑스어로 황금의 언덕이라는 뜻입니다. 가을이 되면 포도나무로 인해 온 언덕이 황금색으로 물든다고 하여 황금의 언덕이라고도 불리지만, 그보다는 이 지역이 와인 메이커들에게 가져다주는 막대한 수입을 빗대어 이런 식으로 표현하는 사람들이 더 많습니다. 그만큼 부르고뉴의 와인들은 비싼 가격에 팔려 나가죠.

그런데 앞에 생산지를 언급한 부분을 봐도 코트 도르라는 생산지는 보이지 않을 겁니다. 그 이유는 코트 도르란, 샤블리를 제외하면 부르고뉴 지역의 가장 북쪽에 위치한 코트 드 뉘와 바로 그 아래 지역이 코트 드 본을 합쳐 부르는 명칭이기 때문입니다. 즉, 코트 도르는 코트 드 뉘와 코트 드 본으로 나누어져 있죠. 코트 드 본에서는 레드 와인과 화이트 와인의 생산 비율이 각각 7:3 정도 됩니다. 그에 반해 코트 드 뉘에서는 95% 이상이 레드 와인을 생산하고 있습니다. 2장에서 설명했던 샤블리는 100% 화이트 와인인 반면, 코트 도르 지역은 레드 와인이 압도적으로 많죠.

부르고뉴에서 이런 레드 와인에 주로 사용되는 포도의 품종은 피노 누아 한 품종입니다. AOC^{Appellation d'Origine Contrôlée} 법에 따라 부르고뉴 와인은 모두 피노 누아를 원료로 써야 합니다. 단, 부르고뉴 중에서도 샤르도네를 사용하는 샤블리와 가메를 사용하는 보졸레^(간혹 사람에 따라 보졸레 지역은 부르고뉴로 치지 않기도 합니다)만은 예외입니다. 이런 이유 때문에 부르고뉴 레드 와인이라면 샤블리와 보졸레는 빼고 코트 도르와 코트 샬로네즈, 마코네를 말하는 경우가 많습니다.

그런데 이 피노 누아라는 품종의 포도로 와인을 빚는 것은 여간 까다로운 일이 아닙니다. 껍질이 얇기 때문에 웬만한 정성과 수고가 없으면 재배하기가 힘들죠. 게다가 막상 잘 길러놨는데 여러 질병에 쉽게 걸리기도 하고, 생육기 중에 햇볕을 너무 많이 쐬기라도 하면 균형 잡힌 와인을 빚어낼 가능성이 사라져 버리기도 합니다.

하지만 이런 역경을 뛰어넘어 잘 자라난 피노 누아로 빚은 와인은 비교적 타닌[22]이 적고 빛깔이 옅으며 바디[23]가 가벼워 무척 부드럽고 다채로우면서도 풍부한 맛과 향을 뿜어냅니다. 덕분에 부르고뉴 와인을 처음 접한 사람들은 낯설게 느낄 수도 있지만, 그 부드러움과 풍부함에 익숙해진 사람들은 피노 누아만 찾기도 하죠. 그래서 '보르도 와인은 심미안이 갖추어지기 전에도 충분히 즐길 수 있지만 부르고뉴 와인은 모든 와인을 마시고 나야 비로소 그 아름다움을 이해할 수 있다'는 말이 있을 정도로 무척 풍부한 힘을 발휘합니다. 그 때문인지 '와인의 종착지'라고 불리기도 합니다. 그만큼 최상의 피노 누아는 무거운 바디감과 밀도감 보다는 우아함과 섬세함을 강조하는 와인이죠.

이렇게 복잡한 피노 누아를 가지고 더 복잡한 부르고뉴에서 와인을 만들었으니 와인이 어려워질 수밖에 없습니다. 부르고뉴, 그중에서도 황금의 언덕이라고 불리는 코트 도르의 포도밭들은 제각각의 독특한 특색을 가지고 있습니다. 앞장에서도 언급했던 테루아의 차이 때문이죠. 그리고 이런 차이를 중심으로 부르고뉴에서는 엄격하게 네 가지 등급으로 나누어 관리하고 있습니다. 지역 아펠라시옹, 빌라주, 프리미에 크뤼 빈야드, 그랑

---

22. 와인의 떫은 맛. 씨와 껍질로 인해 생긴다.
23. 와인의 묵직한 정도. 일반적으로 알코올이 높을수록 바디감이 무겁다고 평가된다.

크뤼 빈야드가 바로 그 네 가지 등급이죠.

그런데 부르고뉴의 이런 등급 체계를 이해하기 위해서는 먼저 이곳의 행정구역 단위를 알고 가는 것이 좋습니다. 행정구역을 바탕으로 등급이 정해지기 때문이죠. 와인 하나 마시려는데 알아야 할 게 뭐가 이렇게 많은 거냐고 생각할 수도 있겠지만, 어쩔 수 없습니다. 앞서 말했다시피 애석하게도 부르고뉴의 와인은 알지 못하면 마실 수가 없습니다.

프랑스 와인 이해의 처음이자 마지막, AOC

프랑스 와인은 등급 분류와 관리를 위해 아펠라시옹 도리진 꽁뜨롤레, 즉 AOC^{Appellation D'Origine Contrôlée}라는 원산지호칭제한법률을 따르고 있습니다. 말 그대로 원산지를 속이지 못하게 제한하는 것이죠. 예를 들어 AOC 중 Origine에 원산지명을 넣어 "Appellation Bourgogne Contrôlée^(부르고뉴 지방의 포도로 만들어진 와인)"이라는 식으로 원산지를 표시하여 소비자가 알아볼 수 있게 제한하는 법률이죠. 부르고뉴를 비롯한 프랑스의 거의 모든 와인은 이 법률에 따라 등급이 책정됩니다.

그런데 AOC를 이해하기 위해서는 법률 이름이 원산지호칭제한이기 때문에 당연히 프랑스의 원산지, 즉 지역 구분 체계를 이해해야겠죠.

도표2에서 보이는 것처럼 프랑스의 행정구역 단위는 가장 큰 레지옹^{Région}과 그 하위 단위인 디스트릭트^{District}, 코뮌^{Commune} 순

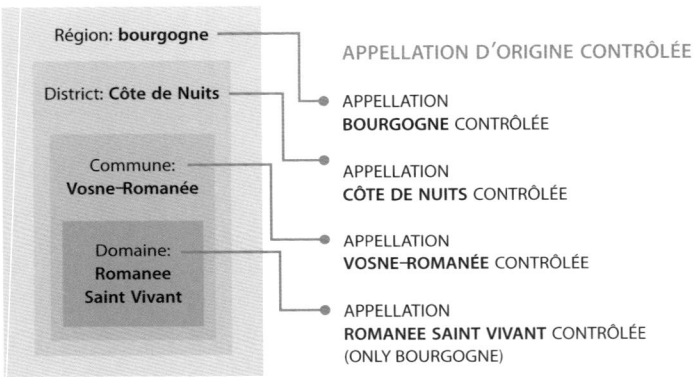

도표2. 부르고뉴 행정구역 구분.

으로 구성되어 있습니다. 우리나라로 치면 레지옹은 경기도나 서울시 등, 도나 시 단위 행정구역으로 보면 되겠네요. 그리고 그 아래 단위인 디스트릭트는 군이나 구 단위쯤 될 겁니다. 코뮌은 동이나 마을 단위로 보면 되고요. 여기까지가 일반적인 행정구역 단위입니다.

대부분의 생산물들은 원산지의 범위가 좁으면 좁을수록 희소성을 획득하여 고급이 되는 경향이 있습니다. 와인 역시 마찬가지입니다. 그러니 당연히 마을 단위의 AOC를 가진 와인이 제일 고급 와인이겠죠. 보르도나 론, 그리고 그 외의 프랑스 와인들은 이런 세 가지 단위를 기준으로 AOC 등급을 부여받습니다.

그런데 프랑스 중에서도 유일하게 부르고뉴만은 여기에 또 하나의 AOC가 더 있습니다. 바로 포도원 단위인 도멘Domaine이죠. 부르고뉴는 프랑스 중에서도 가장 복잡한 테루아를 특징으

로 갖기 때문에 마을 단위보다 더 세분화하여 몇몇 최고급 포도
원에도 원산지 표기를 할 수 있는 자격을 주었습니다. 그것들이
바로 부르고뉴 그랑 크뤼 와인이죠.

그럼 이런 AOC가 어떻게 구성되는지 한번 자세히 살펴보도
록 하겠습니다.

앞서 언급했던 것처럼, 프랑스의 행정구역은 각각 원산지호칭
제한법률인 AOC 등급에 따라 구분되어 와인 라벨에 표기되어
있습니다. 예를 들어 부르고뉴 지역에서 생산된 와인은 그림43
처럼 "Appellation Bourgogne Contrôlée"라는 AOC 등급을 받
게 되는 것입니다. 번역하자면 "부르고뉴에서 생산된 포도로 만
들어진 와인"이라는 뜻입니다. 여기에 Bourgogne 대신에 다른
원산지 단위를 넣으면 원산지 단위가 바뀌는 겁니다.

그럼 그보다 더 세부적인 단위의 AOC 등급으로는 뭐가 있을
까요? 디스트릭트 단위의 와인입니다. 코트 드 뉘, 보졸레, 마코

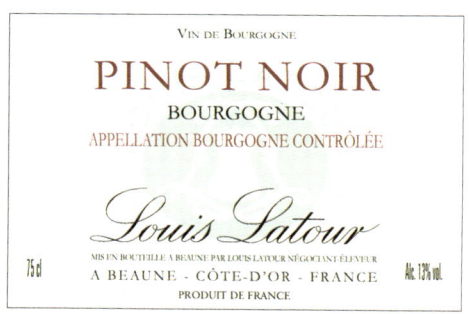

그림43. AOC 등급 표기.

네 등이 그런 디스트릭트 구획에 속하죠. 이런 디스트릭트 단위
의 와인이라면 "Appellation Côte de Nuits Contrôlée"라고 표
기되어 있을 겁니다. "부르고뉴 중에서도 코트 드 뉘에서 생산
된 포도로만 만든 와인"이라는 뜻이죠. 이런 디스트릭트 단위의
와인을 AOC 레지오날레 등급이라고 합니다.

그리고 그 위가 바로 코뮌, 즉 마을 단위 등급이죠. 부르고뉴,
그중에서도 코트 도르에만도 20여 개의 마을이 있습니다. 마
르사네, 모레 생드니, 샹볼 뮈지니, 부조, 본 로마네 등이 그런
AOC 등급을 부여받은 마을이죠. 이 중 본 로마네 마을의 와인
이라면 "Appellation Vosne-Romanée Contrôlée"라고 표시 되
게 됩니다. 이 등급은 마을 단위에 적용되는 와인이기 때문에
AOC 코뮈날레, 혹은 AOC 빌라주라고 불리며 우리나라에서는
보통 "마을 단위 와인"이라고 번역되어 부르고 있죠.

프랑스의 와인은 이렇게 원산지를 기준으로 등급이 형성되
는데 세분화되면 세분화될수록 고급 와인이 되는 것입니다.
Appellation Bourgogne Contrôlée보다는 Appellation Côte
de Nuits Contrôlée가 더 고급 와인이고, 그보다는 Appellation
Vosne-Romanée Contrôlée가 더 고급 와인인 셈이죠.

그런데 프랑스에서도 부르고뉴는 이보다 한 단계 더 세분화
하여 등급을 부여한 와인이 있습니다. 바로 도멘, 즉 포도밭 단
위에 등급을 부여하는 것이죠. 프랑스의 수많은 와인 중에서도
오직 부르고뉴에서만 허용되는 단위입니다. 포도원 자체가 원산
지임을 국가가 법률로 인정해 주겠다는 의미이죠. 이런 포도원

은 당연히 최고급 포도원이어야 하겠죠. 그래서 포도원에 AOC 등급을 부여하는 것은 부르고뉴 중에서도 그랑 크뤼 포도원에만 한하는 정책입니다.

그래서 최고급 AOC 등급에는 "Appellation Romanee Saint Vivant Contrôlée"라고 도멘의 이름이 들어가 있습니다. 로마네 생 비방은 본 로마네 마을의 도멘이니 해석하자면, "부르고뉴 코트 드 뉘 지역 중에서도 본 로마네 마을의 특급 포도원인 로마네 생 비방 포도원에서 생산된 포도로만 만들어진 와인"이라는 뜻입니다. 뭔가 엄청나게 길어 보이는 의미를 가진 명칭인 것이죠. 그 유명한 부르고뉴 그랑 크뤼 와인이 바로 이런 와인입니다.

이것을 도표로 나타내면 아래와 같습니다.

도표3. 부르고뉴 와인 등급.

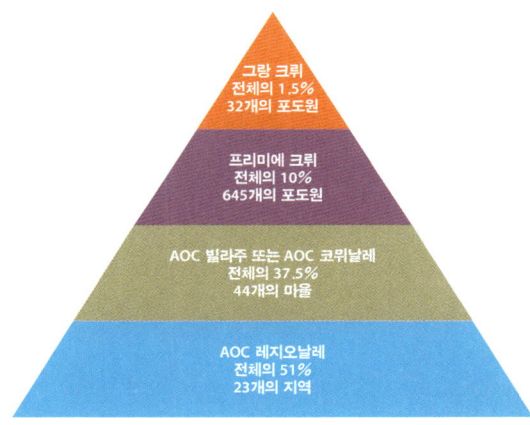

그런데 도표3을 보면 그림43의 AOC를 설명하며 언급되지 않은 등급이 있죠? 바로 프리미에 크뤼입니다. 프리미에 크뤼는 최고급 와인 중 하나이긴 하지만, 그래도 그랑 크뤼가 아니라서 도멘 자체에 AOC 등급을 부여받지는 못했습니다. 그러니 1등급 도멘이라고 하더라도 도멘에 AOC 표기를 할 수는 없죠. 그래도 일반 마을 단위 와인들과는 차별화를 줘야 하니 1등급 부르고뉴 와인에는 마을 이름 뒤에 1er Cru나 Premier Cru를 더붙이고, 포도원 이름을 따로 기입합니다.

그래서 부르고뉴 프리미에 크뤼 AOC는 "Appellation Vosne-Romanée 1er Cru Contrôlée"라고 표기가 됩니다. "부르고뉴의 본 로마네 마을 포도로 만들어졌지만, 1등급 포도원의 포도이다"라는 의미라고 생각하면 되겠습니다.

그리고 이런 등급 분류를 기준으로 부르고뉴의 수많은 와인의 품질이 구분되는 것이죠. 여기까지만 해도 무척 복잡해서 지쳐버릴 지경입니다. 부르고뉴 와인에 대해 강의를 할 때면 항상 한숨이 흘러나오죠. 하지만 아쉽게도 아직도 끝이 아닙니다. 그럼 다음으로는 각 등급을 기준으로 부르고뉴 와인의 라벨을 보는 법과 네고시앙에 대해서도 알아보도록 하겠습니다.

먼저 그 유명한 그랑 크뤼를 보도록 하겠습니다. 도표3에서 보다시피 그랑 크뤼로 선정된 포도원은 부르고뉴 전체에서도 약 1.5%밖에 되지 않습니다. 수천 개의 포도원 중에서 오직 32개의 포도원에게만 주어진 특권이죠. 그러다 보니 그 희소성으로 인해 부르고뉴의 그랑 크뤼 와인은 무척 고가로 거래됩니다. 얼마 전에 병당 평균 1만 5,195달러로 거래 돼 최고가를 갱신한 1985 년산 리쉬부르^{Domaine de la Romanee Conti, Richebourg}도 부르고뉴의 그랑 크뤼 와인이죠. 부르고뉴 와인의 신이라고 불리는 양조업자 앙리 자이에가 만든 와인으로도 유명합니다. 이외에도 세계 최고가로 거래된 와인 50종 중 40종이 모두 부르고뉴 와인일 정도로 부르고뉴의 와인은 품질뿐만 아니라 가격도 높습니다.

그다음 단계는 1등급 포도원이라고 불리는 프리미에 크뤼 와인들입니다. 그랑 크뤼에는 못 미치지만 프리미에 크뤼 역시 전체의 10% 정도밖에 되지 않기 때문에 희소성이 높습니다. 가격도 여전히 비싸죠. 경우에 따라 다르긴 하겠지만, 프리미에 크뤼만 되어도 데일리 와인으로 쉽게 마실 수 있는 가격대는 아니죠.

그리고 그 아래 AOC 빌라주와 AOC 레지오날 등급으로 내려갈수록 생산량은 많고 가격과 질은 떨어집니다. AOC 빌라주급의 와인은 그랑 크뤼와 프리미에 크뤼처럼 포도밭에 등급이 붙는 것은 아닙니다. AOC 빌라주는 말 그대로 마을^{village} 단위로 등급이 매겨지는 것이죠. 그래서 도표3에서 보다시피 44개라고 하지만 부르고뉴 와인 전체의 37%를 차지하는 것입니다. AOC 레지오날^{Régionales}은 마을보다 더 큰 지역^{region} 단위로 등급이 매겨지는 것이죠.

이러한 등급을 기준으로 와인을 알아보기 골라서 구매를 해야 하는데, 부르고뉴를 비롯한 구대륙^(프랑스, 이탈리아, 스페인 등)의 와인들은 일반적으로 라벨을 보기가 무척 어렵습니다. 여러 가지 이유가 있지만, 아주 오래전부터 전통적으로 내려오던 방식을 아직 바꾸지 않았기 때문이죠. 그래서 라벨을 보는 법을 알기 쉽게 정리해 보자면 아래와 같습니다.

1. AOC 빌라주

먼저 빌라주급의 와인은 그림처럼 별다른 표기 없이 라벨에 마을 이름^{Vosne-Romanée}만 쓸 수 있습니다. 1er Cru라든가, Grand Cru라든가 하는 등급 표시가 전혀 없습니다. 이건 그냥 "2008년산 본 로마네 마을의 포도로 아르노 라쇼라는 생산자가 만든 와인"이라는 뜻이죠.

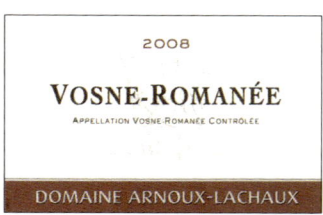

그림44. AOC 빌라주.

2. 프리미에 크뤼

그보다 한 단계 윗급인 프리미에 크뤼는 마을명^{Vosne-Romanée}과 함께 포도원^{les Sushots}의 이름도 같이 표기되어 있죠. 또한 프리미에 크뤼에는 1er Cru나 Premier Cru라는 등급 표기가 같이 되어 있습니다. 이건 그럼 간단하게 "2008년산 본 로마네 마을 1

등급 포도원 레 쉬쇼의 포도로만 아르노 라쇼라는 생산자"가 만든 와인이라는 뜻이 되겠죠.

그림45. AOC 프리미에 크뤼.

3. 그랑 크뤼

그리고 그보다 위, 즉 최상급 와인 그랑 크뤼는 포도원명 Romanee Saint Vivant만 표기가 되어있고, 역시 마찬가지로 Grand Cru도 같이 표기되어 있습니다. 그리고 이건 마지막으로 "2008년산 본 로마네 마을 특급 포도원 로마네 생비방의 포도로만 아르노 라쇼가 만든 와인"이라는 뜻이죠.

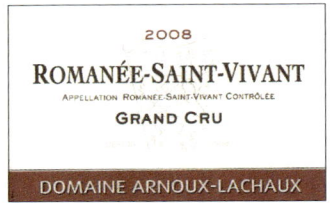

그림46. AOC 프리미에 크뤼.

하지만, 명심해야 할 것은 등급과 와인의 질이 절대적으로 비례하는 것은 아니라는 점입니다. 와인은 생산자에 따라 맛도 달라지지만 마시는 분위기나 마시는 사람에 따라 달라지기 때문에 자신에게 맞는 와인이 가장 좋은 와인이죠. 수백만원에 달하는 그랑 크뤼 와인이라도 자기 입맛에 맞지 않으면 그걸 맛있다고 말할 수는 없습니다.

그리고 또한 이른바 '슈퍼'라는 수식어가 붙는 와인들이 있습니다. 물론 이건 공식적인 명칭은 아니지만, '초월'한다는 의미의 수식어가 붙을 만큼 자기가 속한 등급을 초월하는 와인들이죠. 가장 유명한 예로는 샹볼 뮤지니의 레 자무레즈Les Amoureuses 입니다. 전체 면적이 5.12헥타르밖에 안 될 정도로 작은 포도원이지만 10개가 넘는 도멘이 공유하는 레 자무레즈는 웬만한 그랑 크뤼 와인들보다 높은 가격에 거래 되고 있죠.

그림47. 샹볼 뮤지니 레 자무레즈.

더구나 와인 제조업의 발달로 테루아보다는 와인 제조 기술
이 더욱 중요하다는 인식이 커져가면서 테루아에 따른 등급 구
분에 반기를 드는 사람들도 많습니다. 하지만 그럼에도 아직까
지 프랑스, 특히 부르고뉴의 와인에게 가장 중요한 것은 역시 테
루아죠.

네고시앙

부르고뉴 와인에 있어서 가장 중요한 것이 테루아라는 데에 이
견을 달기는 힘들지만, 이와 함께 빼놓을 수 없는 것이 바로 네
고시앙Négociant입니다. 부르고뉴는 앞서 언급했던 것처럼 프랑스
혁명을 거치며 포도원의 소유주가 세분화되었습니다. 그래서 하
나의 포도원을 많게는 수십 명이 나눠서 소유하고 있는 경우도
있죠. 그러다 보니 작은 밭을 나누어 받은 농부들은 품질 좋은
와인을 만들고 싶어도 설비도, 자금도, 규모도 영세해 쉽지 않았
습니다. 그래서 중간상인이자 제조업자인 네고시앙의 역할이 중
요해졌죠. 도표5처럼 여러 가지 포도의 품종을 블랜딩하여 만드
는 보르도의 와인과는 다르게, 부르고뉴의 와인은 도표4처럼 한
가지 품종을 가지고 만들지만 여러 명의 농부에게서 포도를 받
아와 와인을 제조하는 과정을 거칩니다.

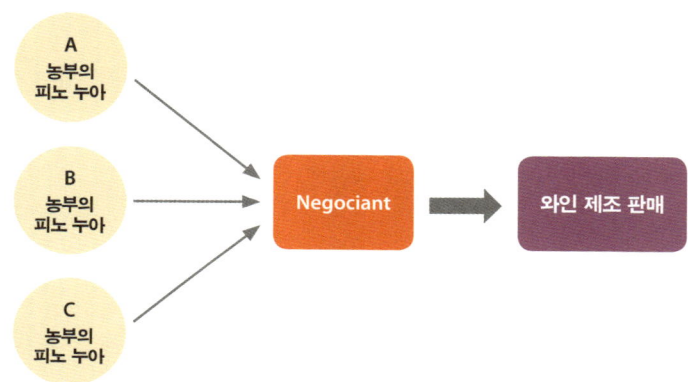

도표4. 부르고뉴 와인 생산 구조.

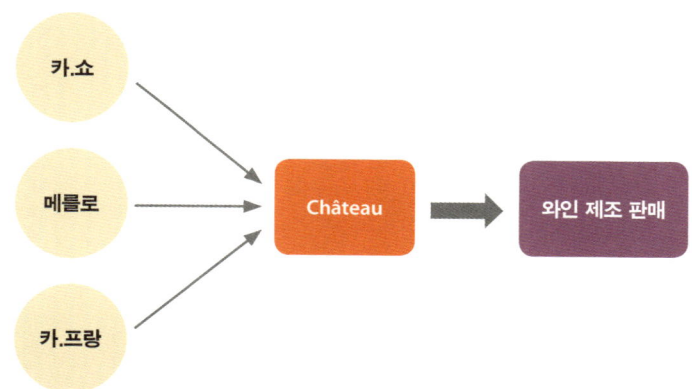

도표5. 보르도 와인 생산 구조.

그러므로 부르고뉴의 와인을 선택할 때에는 네고시앙도 고려해서 선택하여야 합니다. 보통 부르고뉴의 5대 네고시앙이라 불리는 네고시앙은 다음과 같습니다.

부르고뉴의 5대 네고시앙

메종 j. 페블리 Maison J. Faiveley

메종 조제프 드루앙 Maison Joseph Drouhin

메종 루이 라투르 Maison Louis Latour

메종 루이 자도 Maison Louis Jadot

메종 르로아 Maison Leroy

부르고뉴 와인을 고르는 방법

그래서 부르고뉴 와인을 선택할 때는 포도원과 네고시앙을 중심으로 보는 것이 일반적입니다. 하지만 다짜고짜 포도원과 네고시앙을 고르기에는 너무 많은 선택지가 있으므로 조금 다른 방식으로 접근해 보는 것이 좋습니다. 차근차근 짚어 보기로 하죠.

우선, 와인을 즐기기로 결정했다면 몇 가지 선택지가 있습니다. 특별한 시간을 위해 피노 누아를 선택할 것인지, 아니면 익숙한 카베르네 소비뇽이나 메를로를 선택할 것인지, 포도 품종을 중심으로 와인을 선택할 수 있죠. 그리고 그다음으로는 지역을 중심으로 고를 수도 있습니다. 와인의 정석이라 할만한 프랑스 와인인지, 개성 강한 신대륙 와인인지, 아니면 신흥 강자 스페인 와인인지 등 나라를 중심으로 선택하는 것이죠. 이 두 가지 방법이 와인을 선택하는 가장 흔한 방법입니다.

그중에서 프랑스 와인을 즐기기로 결정했다면, 다음으로 지역을 선택해야 합니다. 보르도인지, 부르고뉴인지, 론 지역인지 여기에서도 많은 선택지가 있죠. 이번 장은 부르고뉴를 설명하기 위한 공간이니만큼 부르고뉴를 선택했다고 가정해 보겠습니다. 그럼 이제 수많은 부르고뉴 중에서도 어떤 하나를 선택해야 합니다. 이를 위해 손쉽고 현명한 방법은 나라에서 부르고뉴로 좁혀 왔던 것처럼 넓은 곳에서부터 좁은 곳으로 좁혀 들어가는 것이 수월합니다.

부르고뉴 지역의 와인을 선택했다면, 다음에는 부르고뉴 지역 중 어느 지역의 와인을 고를 것인지를 선택해야 합니다. 선택지는 코트 드 본, 코트 드 뉘, 코트 샬로네즈, 샤블리, 마코네, 그리고 마지막으로 보졸레까지 총 여섯 개의 선택지가 놓여 있겠죠. 이 중에서 산도가 높고 탄탄한 화이트 와인을 고른다면 샤블리를 선택하고, 가볍고 과일 풍미가 강한 와인을 마시려면 보졸레를 고르는 등 취향에 맞춰 선택하면 됩니다. 이번 장에서는 코트 도르의 와인을 설명하기로 하였으니 그중에서도 최고급 레드 와인이 많이 생산되는 코트 드 뉘를 선택해 보기로 하겠습니다.

코트 드 뉘의 와인을 마시기로 선택하였다면, 이제 마을을 골라야 합니다. 코트 드 뉘의 마을들은 대부분 중요하지만, 그중에서도 특별히 중요한 마을이 몇 군데 있죠. 예를 들어 주브레 샹베르탱Gevrey-Chambertin, 모레 생 드니Morey-St-Denis, 샹볼 뮈지니Chambolle-Musigny, 플라지 에세죠Flagey-Echézeaux, 본 로마네Vosne-Romanée마을 등이 그렇습니다. 이 다섯 곳이 코트 드 뉘에서도 가장 유명한 마을이죠.

이제 그다음으로는 주머니 사정에 맞춰 어떤 등급의 와인을 고를 것인가 하는 점이 남았죠. 아, 물론 마을 단위 와인까지 안

오고 단순히 AOC 레지오날레나 그 밑의 등급인 AOC 제네랄레 등급의 와인을 선택할 수도 있습니다. 하지만 여기서는 마을 단위 와인보다 상위 등급을 선택해 보는 것으로 가정하겠습니다. 이 단계에서 예산에 맞는 와인을 선택할 때에는 라벨을 보면 쉽게 알 수 있습니다. 부르고뉴의 와인은 법적으로 라벨 표기법이 정해져 있어서 앞서 설명했던 방식으로 라벨을 보면 이게 어떤 등급의 와인인지 정도는 쉽게 알 수 있습니다. 이 중에서 개인의 사정에 맞게 등급을 선택하고, 그중에서 네고시앙과 가격들을 비교해 선택하면 됩니다. 요약해 보자면, 부르고뉴 와인을 고를 때는 순서에 따라 몇 가지 질문을 하면 되는 것입니다.

1. 품종인가 지역인가?	지역
2. 구대륙인가 신대륙인가?	구대륙
3. 어느 나라의 와인인가?	프랑스
4. 프랑스 어느 지방의 와인인가?	부르고뉴
5. 어느 지역의 와인인가?	코트 드 뉘
6. 어느 마을의 와인인가?	본 로마네
7. 어떤 등급의 와인을 고를 것인가?	그랑 크뤼
8. 네고시앙은 누구인가?	도멘 드 라 로마네 콩티

물론, 아쉽게도 부르고뉴의 와인들은 가격대가 높아 6번까지 질문이 이어지지 않을 때도 많습니다. 주머니 사정이 여의치 않아 AOC 레지오날 수준의 와인만으로 만족해야 경우도 많죠. 그래서 3장의 마지막에는 가격대별 추천하는 부르고뉴 와인들을 몇 가지 적어 놓았습니다.

TIP. 1

부르고뉴의 중요 마을과
그랑 크뤼 리스트

코트 드 본의 중요 마을

알록스 코르통 Aloxe Corton

본 Beaune

포마르 Pommard

볼네 Volnay

퓔리니 몽라셰 Puligny-Montrachet

샤샤뉴 몽라쉐 Chassagne Montrachet

뫼르소 Meursalt

코트 드 뉘의 중요 마을

주브레 샹베르탱 Gevrey-Chambertin

모레 생 드니 Morey-St-Denis

샹볼 뮈지니 Chambolle-Musigny

플라지 에세죠 Flagey-Echézeaux

본 로마네 Vosne-Romanée

부조 Vougeot

뉘 생 조르주 Nuits-St-Georges

마르사네 Marsannay

부르고뉴 그랑 크뤼 리스트

※표기법: 한글명 불어명, 지역, 마을

〔쥬브레 샹베르탱〕

샹베르탱 Chambertin, Côte de Nuits, Gevrey-Chambertin

샹베르탱 클로 드 베즈 Chambertin-Clos de Bèze, Côte de Nuits, Gevrey-Chambertin

샤펠 샹베르탱 Chapelle-Chambertin, Côte de Nuits, Gevrey-Chambertin

샤름 샹베르탱 Charmes-Chambertin, Côte de Nuits, Gevrey-Chambertin

그리오트 샹배르탱 Griotte-Chambertin, Côte de Nuits, Gevrey-Chambertin

라트리시에르 샹베르탱 Latricières-Chambertin, Côte de Nuits, Gevrey-Chambertin

마지 샹베르탱 Mazis-Chambertin, Côte de Nuits, Gevrey-Chambertin

뤼쇼트 샹베르탱 Ruchottes-Chambertin, Côte de Nuits, Gevrey-Chambertin

마조예레 샹베르탱 Mazoyères-Chambertin, Côte de Nuits, Gevrey-Chambertin

〔모레 생드니〕

본 마르 Bonnes-Mares, Côte de Nuits, Morey-Saint-Denis　※10%

클로 드 라 로슈 Clos de la Roche, Côte de Nuits, Morey-Saint-Denis

클로 드 랑브레이 Clos des Lambrays, Côte de Nuits, Morey-Saint-Denis

클로 드 타르 Clos de Tart, Côte de Nuits, Morey-Saint-Denis

클로 생 드니 Clos Saint-Denis, Côte de Nuits, Morey-Saint-Denis

〔샹볼 뮈지니〕

뮈지니 Musigny, Côte de Nuits, Chambolle-Musigny

본 마르 Bonnes-Mares, Côte de Nuits, Morey-Saint-Denis　※90%

〔부조〕

클로 드 부조 Clos de Vougeot, Côte de Nuits, Vougeot

〔본 로마네〕

에셰조 Échezeaux, Côte de Nuits, Flagey-Echézeaux

그랑 에셰조 Grands Échezeaux, Côte de Nuits, Flagey-Echézeaux

라 그랑드 뤼 La Grande Rue, Côte de Nuits, Vosne-Romanée

라 로마네 La Romanée, Côte de Nuits, Vosne-Romanée

라 타슈 La Tâche, Côte de Nuits, Vosne-Romanée

리쉬부르 Richebourg, Côte de Nuits, Vosne-Romanée

로마네 콩티 Romanée-Conti, Côte de Nuits, Vosne-Romanée

로마네 생 비방 Romanée-Saint-Vivant, Côte de Nuits, Vosne-Romanée

〔라두아〕

코르통 Corton, Côte de Beaune, Ladoix-Serrigny

코르통 샤를마뉴 Corton-Charlemagne, Côte de Beaune, Ladoix-Serrigny

〔페르낭 베르즐레스〕

코르통 Corton, Côte de Beaune, Ladoix-Serrigny

코르통 샤를마뉴 Corton-Charlemagne, Côte de Beaune, Ladoix-Serrigny

샤를마뉴 Charlemagne, Côte de Beaune, Aloxe-Corton

〔알록스 코르통〕

코르통 Corton, Côte de Beaune, Ladoix-Serrigny

코르통 샤를마뉴 Corton-Charlemagne, Côte de Beaune, Ladoix-Serrigny

샤를마뉴 Charlemagne, Côte de Beaune, Aloxe-Corton

〔퓔리니 몽라셰〕

몽라셰 Montrachet, Côte de Beaune, Puligny-Montrachet

바타르 몽라셰 Bâtard-Montrachet, Côte de Beaune, Puligny-Montrachet

비앙브뉘 바타르 몽라셰 Bienvenues-Bâtard-Montrachet, Côte de Beaune, Puligny-Montrachet

슈발리에 몽라셰 Chevalier-Montrachet, Côte de Beaune, Puligny-Montrachet

〔샤샤뉴 몽라셰〕

몽라셰 Montrachet, Côte de Beaune, Puligny-Montrachet

바타르 몽라셰 Bâtard-Montrachet, Côte de Beaune, Puligny-Montrachet

크리오 바타드 몽트라셰 Criots-Bâtard-Montrachet, Côte de Beaune, Chassagne-Montrachet

TIP. 2

가격대별 추천
부르고뉴 레드 와인

프랑스 와인에는 별명이 하나 있습니다. 바로 "가성비 최악"이죠. 프랑스 와인은 그만큼 기본적으로 형성된 가격대가 있습니다. 그중 프랑스 와인 중에서도 비싸다는 부르고뉴 와인은 더 그렇죠. 그래서 부르고뉴 와인을 선택할 때에는 가능하면 5만원~10만원 구간 이상의 와인을 선택하는 걸 추천 드립니다.

　다만, 부르고뉴 와인은 20만원대 이상의 가격대를 형성하고 있는 좋은 와인이 너무 많아 20만원대 이상의 와인은 생략하였습니다.

5만원 미만

블라송 부르고뉴 피노 누아
Blason Bourgogne Pinot Noir

루이 자도, 부르고뉴 루즈 피노 누아
Louis Jadot, Bourgogne Rouge Pinot Noir

루이 막스, 끌리마 오 밸리 피노 누아
Louis Max, Climat Haute Vallee Pinot Noir

루이 라뚜르, 피노 누아
Louis Latour, Pinot Noir

조르쥐 뒤뵈프, 물랭아방
George Duboeuf, Moulin A Vent

파이니스트 플루리
Finest Fleurie

부샤르 뻬레 에 피스, 부르고뉴 피노 누아
Bouchard Pere & Fils, Bourgogne Pinot Noir

5만원~10만원

부르고뉴 피노 누아 리플렛츠
Bourgogne Pinot Noir Reflets

조르쥐 뒤뵈프, 물랭아방
George Duboeuf, Moulin A Vent

조르쥐 뒤뵈프, 플뢰리
George Duboeuf, Fleurie

자이에 질 부르고뉴 오뜨 꼬뜨 드 뉘 루즈
Jayer Gilles Bourgogne Hautes Cotes de Nuits Rouge

도멘 미쉘 그로, 오 꼬뜨 드 뉘
Domaine Michel Gros, Hautes Cotes de Nuits

앙또넹 귀용 오뜨 꼬뜨 드 뉘 '레담 드 베르지'
Antonin Guyon Hautes Cotes de Nuits 'Les Dames de Vergy'

10만원~20만원

페블레 뉘 생 조르쥐 프리미에 크뤼 오 비뇨홍
Faiveley Nuits St Georges 1er Cru Aux Vignerondes

루이 자도, 뉘 생 조르쥐 1er 크뤼 레 부도
Louis Jadot, Nuits Saint Georges 1er Cru Les Boudots

르네 부비에 부르고뉴 루즈 '몽트르 뀔'
Rene Bouvier Bourgogne Rouge

04

푸아송
Poisson.
생선요리

다시 인간으로

데카르트,
르네상스,
키안티

Carpineto, Chianti Classico

제품명 : **까르피네토, 끼안티 클라시코**
제조사 : **까르피네토**
품　종 : **산지오베제**Sangiovese **80%, 카나이올로**Canaiolo **20%**
지　역 : **이탈리아**Italy**, 토스카나**Toscana
알　콜 : **13%**
종　류 : **레드**red

———

까르피네토는 1967년 설립되었으며, 고대 로마 식민지 땅이었던 DuddaGreve in Chianti의 키안티 클라시코 지역에 본사를 두고 있다. 공동소유자인 Antonio Mario Zaccheo와 Giovanni Carlo Sacchet의 헌신적인 열정과 선택으로 시작되었으며, 그들은 최첨단 기술을 이용한 전통적인 토스카나 와인을 만들겠다는 의지와 함께 포도원에 지속적인 새로운 실험과 연구개발을 통해 와인의 가치와 품질 향상에 노력하고 있다.

까르피네토의 특징 중 한 가지는 대규모의 병 숙성 프로그램을 이용하여 출하 후 바로 최고의 상태에서 마실 수 있도록 기존 DOCG 규정에서 요구되는 숙성기간에서 최소 6개월~12개월 동안을 더 숙성시킨다.

수입원Importer :
국순당

그림48. 까르피네토, 끼안티 클라시코.

푸아송

수프까지 먹었으니 이제 진짜 식사를 해봅시다.

　이번에는 진짜로 진짜 식사입니다. 아페리티프나 오르되브르나 수프가 식사가 아니었다는 건 아니지만, 한국인의 입맛에는 식사라고 하기에 조금 부족하죠. 따뜻한 수프로 위를 보호하고 시작되는 푸아송이야말로 비로소 식사의 시작인 느낌입니다. 물론, 아직도 가야 할 길이 멀지만 그래도 이제부터 식사다운 식사, 그러니까 우리식으로 보자면 밥 다운 밥이 시작되는 것이죠. 쌀밥에 국을 먹어야 제대로 된 식사를 했다고 생각하는 우리에겐 아페리티프나 오르되브르 같은 건 밥이 나오기 전에 식당에서 주워 먹는 입가심용 반찬 정도일 뿐이죠.

　푸아송poisson이란 원래 프랑스어로 물고기나 생선을 뜻하는 단어입니다. 그러니 당연히 정식 만찬에서 푸아송의 차례는 생선요리가 나오는 게 보통입니다. 하지만, 꼭 생선만 나오는 건 아니고 굴이나 홍합, 가리비, 가재, 새우 등의 생선이 아닌 해산물이 나오기도 합니다. 아무래도 대서양을 끼고 있어 해산물이 넘쳐나는 프랑스다 보니 요리에 전체적으로 생선이나 어패류가 많아 혼용해서 사용되는 경우가 많죠.

　그래서 푸아송에는 화이트 와인을 마셔야 한다고 생각하는 경우가 많습니다. '육류에는 레드, 생선에는 화이트'라는 생각이 공식이 되어버리다시피 했기 때문이죠. 하지만 생선요리라고 무조건 화이트 와인이 어울리는 것은 아닙니다. 요리법과 소스에

따라 어울리는 와인이 달라집니다. 돔처럼 기름기가 별로 없고
담백한 생선을 오븐에 쪄냈을 때와 고등어나 방어처럼 지방이
많은 생선을 기름에 튀겼을 때는 식감이나 성향이 아주 다르기
때문에 어울리는 와인이 서로 다르죠. 또한, 매콤한 소스나 진한
토마토소스로 찐 것과 담백하게 소금으로 간단히 간만 한 것도
어울리는 와인이 달라집니다. 소스가 진하거나 매워지면 그에
맞춰 와인의 바디감도 높은 것이 더 잘 어울리는데 이런 경우는
화이트보다 드라이한 로제 와인이나 키안티 같은 레드 와인이
더 잘 어울립니다. 반면 기름기가 없고 담백한 생선 요리나 회나
초밥 등에는 소비뇽 블랑이나 샤르도네가 더 잘 어울리죠. 버터
에 굽거나 화이트소스가 있는 생선 요리에는 피노 누아나 이탈
리아 와인, 혹은 프랑스 남부 레드 와인도 잘 어울립니다.

요컨대 '생선에는 화이트, 육류에는 레드라는 공식은 무척 다
양한 프랑스 요리와 그보다 더 다양한 와인의 다채로움을 모두
무시하는 처사이죠. 언제나 단순화는 오해와 왜곡을 동반하듯이
말입니다. 그런데 1장과 2장에서 화이트 와인을 다루었으니 이
번에는 레드 와인, 그중에서도 생선요리와 잘 어울리는 이탈리
아의 대표 와인 키안티를 역시 이탈리아의 미술 르네상스 미술
과 근대철학과 함께 다루어보도록 하겠습니다.

르네상스와 키안티, 그리고 근대철학

르네상스와 키안티, 그리고 근대철학, 그중에서도 근대철학의

아버지라고 불리는 데카르트 사이에는 어떤 관계가 있을까요? 이걸 알아보려면 먼저 르네상스 미술에서부터 이야기를 시작해 보아야 할 것 같습니다.

2장에서 중세 미술을 설명하며 미술의 역사가 '있는 그대로'를 그리는 것에서부터 '보이는 그대로'를 그리는 것을 거쳐 '보이지 않는 것도' 그리기 위한 단계로 발전해 왔다는 것을 설명하였습니다. 미술의 목적이 변해온 과정이죠. 이렇게 목적이 변한 데에는 다름이 아닌 세계를 보는 당시 사람들의 눈이 변했기 때문입니다. 사람은 어쨌든 자기가 중요하다고 생각하는 것을 표현하는 법인데, 중요한 것은 보통 자신들이 '진짜^{real}'라고 생각하는 것입니다. 가짜라고 생각하는 것을 중요하다고 보며 간직하려는 사람은 없습니다. 아니, 어쩌면 real이라는 이름은 중요하다고 생각하는 것에 붙여진 이름일지도 모르죠. 원인과 결과가 바뀌었다는 말입니다. 진짜라서 중요한 것이 아니라, 중요한 것이라고 생각했기 때문에 진짜라고 생각했던 것이죠. 사실 철학의 역사도, 예술의 역사도 이러한 진짜의 싸움이었습니다. 과연 무엇이 진짜인가? 라는 질문에 대한 대답이 그것들의 역사인 셈이죠. 그리고 한쪽은 언어로 대답했고, 다른 한쪽은 그림이든, 음악이든, 춤이든 몸으로 표현했습니다.

그러므로 약간 거칠게 요약해 보자면, "있는 그대로 → 보이는 그대로 → 보이지 않는 것도"가 사실은 "real → real → real"인 것이죠. real이 real을 거쳐 real이 되어온 과정인 겁니다. 이집트에서 real은 죽음 이후에 일정한 시간이 흐른 후 영혼이 다시 육체로 돌아와 부활하는 그 세계였고, 그리스 시대의 real은 보이는 그대로의 세계, 즉 지금과 비슷한 현실 세계였습니다. 그런데 그게 또 중세시대가 되니까 다시 이집트 시대처럼 죽음 이후의 세계, 그리고 신의 세계가 되었죠.

그럼 르네상스에는 무엇을 그렸을까요? 네. 마찬가지로 그 시기에도 자신들이 생각하는 real을 그렸습니다. 그런데 중세가 끝나고 새로운 세상이 열렸으니 real도 바뀌어야겠죠. 신을 중심으로 구성되어 있었던 real이 다시 인간을 중심으로 재편됩니다. 그러니 당연히 그림도 달라집니다. 이때 르네상스가 선택한 것은 중세 시대 천 년 남짓 땅속 깊숙이 묻혀 있었던 그리스 시대의 real이었습니다. 기나긴 세월 동안 잠들어 있던 그리스 문화를 깨운 것이죠. 그래서 르네상스를 그리스 정신의 부활이라고 부르는 겁니다. 이때 그리스 정신이라는 것은 다름 아닌 인간중심주의였죠. 다만 중세를 거쳤기 때문에 예전의 그리스와 완전히 똑같을 수는 없었겠죠. 그리스와는 또 다른 문화를 꽃피우게 됩니다. 그럼 중세의 마지막부터 한 번 차근차근 짚어가 보도록 하죠.

모든 역사적 사실이 그렇지만, 중세의 몰락도 단순하게 어떤 한 가지의 원인으로 해석하기에는 무리가 있습니다. 칭기즈칸의 침략이나 혹은 그로 인한 흑사병의 창궐이라고 보는 학자도 있고, 상업의 발달로 인해 중세 귀족이 몰락했기 때문이라고 생각하는 사람도 있습니다. 그도 아니면 오스만 제국의 침입 때문이라고 보는 경향도 있습니다. 그리고 제 개인적인 생각으로는 이 모든 것들이 복합적으로 작용했다고 보고 있고요.

　이유야 어쨌든 중세의 몰락이 가져온 결정적인 효과 중 하나는 문화적 민주주의입니다. 중세는 정신적 거대권력, 즉 기독교와 교황이 지배하던 시기였죠. 그런데 거대권력의 가장 중요한 특징 중 하나는 바로 정통성입니다. 정통성이란, 자신 외에 모든 것을 이단이라고 생각해 버리는 것입니다. 자기만 정답이라는 소리죠.

　그리고 이런 정통성이 중세에는 기독교와 교황에게 있었으니 모든 문화가 기독교의 신 중심으로 구성되어야 했습니다. 시도 신을 찬양해야 했고, 건축도 교회를 위한 고딕 양식이어야 했고, 그림도 신의 광휘를 표현하는 것이어야 했습니다. 그게 중세였고, 중세의 정통이었죠. 나머지 것들은 존재하면 안 됐습니다. 물론 이때도 인간이 사는 세상이라 다른 것들이 없지는 않았지만, 그런 개인을 위한 예술은 깊숙이 숨어 있어야 했습니다. 억눌려 있었던 거죠. 그런데 정치, 경제적인 분야에서부터 시작한 변화의 물결은 삽시간에 중세적 정통성을 무너뜨립니다. "이거 아니면 안 돼!"였는데, 이제 다른 것들도 허락되기 시작한 것이죠.

　그런데 정치, 경제적으로 발달했다고 했죠? 이때 경제적인 면에서 특히 성공한 집단이 있습니다. 상인 집단이죠. 그리고 그 중에서도 바로 지오반니 디 비치 데 메디치로부터 시작한 메디치 가문입니다. 나중에 좀 더 자세히 설명하겠지만, 메디치 가문이 당시 피렌체의 문화와 정치에 많은 후원을 합니다. 특히 문화적인 부분에서는 독보적이었죠. 그래서 메디치 가문에는 우리가 알만한 르네상스의 거의 모든 예술인이 드나들었습니다. 그들의 후원을 받기 위해서였죠. 그리고 메디치 가문은 그런 예술인들에게 웬만하면 후원을 아끼지 않았습니다.

그러니 이제 어떻게 되겠어요? 예술가들이 날개를 달게 된 겁니다. "이거 아니면 안 돼!"라며 그들을 묶고 있던 쇠사슬이 끊어지고 돈이라는 날개까지 달게 된 것이죠. 이제 뭐가 남았을까요? 날아오르기만 하면 되는 겁니다. 억눌렸던 예술혼들이 폭발하기 시작했죠. 게다가 부르넬레스키(Filippo Brunelleschi, 1377~1446)와 알베르티(Leon Battista Alberti, 1404~1472)가 원근법을 발견하고, 얀 반 에이크(Jan van Eyck, 1395~1441)가 유화 기법을 발명해 이제 예술가들은 날개에 제트엔진까지 달게 된 것입니다. 바야흐로 천재들이 쏟아져 나오는 시기가 도래한 것이죠. 도나텔로(Donato di Niccolò di Betto Bardi, 1386~1466)와 보티첼리(Sandro Botticelli, 1445~1510)부터 인류 역사상 가장 뛰어난 천재라고 일컬어지는 레오나르도 다빈치(Leonardo da Vinci, 1452~1519), 그리고 이에 뒤지지 않는 천재인 미켈란젤로(Michelangelo di Lodovico Buonarroti Simoni, 1475~1564)와 라파엘로(Raffaello Sanzio, 1483~1520) 등등 미술사에서 가장 찬란했던 시기가 바로 르네상스입니다.

이 책이 미술사를 위한 것이 아니라 이 모든 천재들을 하나하나 소개하지 못하는 것이 아쉬울 정도입니다. 그만큼 르네상스 시절의 미술, 특히 회화는 정점을 찍습니다. 아니, 정확히 말하자면 그런 것처럼 보이죠.

그림49. 「수태고지」, 레오나르도 다빈치, 1472～1475년경.

그림50.
「피에타」, 미켈란젤로, 1499년.

그림51.
「프리마베라」, 산드로 보티첼리,
1478년.

　모든 것이 충족되면 항상 그렇듯이 미술도 딜레마에 빠지게 됩니다. 로마가 최고의 순간에 그랬듯이, 미술사 역시 가장 전성기의 순간에 정체가 오죠. 미켈란젤로와 다빈치의 그림 방식을 답습하며 따라 그리기에 급급하기도 하고, 그들이 모든 걸 이루어 놓았다며 좌절하기도 합니다. 게 중에는 그런 천재들에게 반발하기 위해 말도 안 되는 작품을 만들어 놓기도 했죠. 이런 걸 흔히 뭐라고 하죠? 네. 예전의 방식이나 형식^{manner}을 반복하는 정체의 시기, 매너리즘^{mannerism}이라고 부릅니다. 미술의 역사 역시 정체의 순간, 매너리즘의 시기가 시작됩니다. 우리가 흔히 쓰는 매너리즘이라는 말이 바로 여기서 유래한 말이죠. 훗날, 20세기 초에 이르러 이런 매너리즘의 시기도 재조명되지만 당시에는 미술이 끝났다고 생각하는 사람도 있을 만큼 부정적으로 이 시기를 보았습니다.

　여하튼 이런 풍요의 시기인 르네상스를 말할 때면 보통 '인문주의의 부활'이라고 표현합니다. 신 중심의 중세에서 다시 인간 중심의 세계가 되었기 때문이죠. 하지만 이렇게 단순화시킬 수 있을 만큼 이 시대가 단순하진 않습니다. 무척 복잡다단한 순간이었죠. 저는 그 복잡함 중에서 '인간'이라는 키워드와 '원근법'이라는 키워드로 이야기를 이어가 볼까 합니다.

　르네상스의 가장 큰 업적 중 하나는 앞서 언급했던 원근법의 발견입니다. 또한 이런 원근법은 르네상스의 또 다른 키워드인 '인간', 그리고 근대의 real을 명확하게 설명해 주는 것이기도 합니다. 이걸 확인해 보기 위해 먼저 전혀 다른 두 작품을 한번 보도록 하겠습니다.

　그림52에서 보면 중세의 미술의 한 사조였던 라이헤나우 화파의 그림에서 사람들의 크기가 어떻죠? 다들 자기 마음대로입

그림52. 라이헤나우 화파(좌)와 마사초(우) 그림 비교.

니다. 반면 르네상스 시대 마사초의 그림은 거리에 따라 크기가 일정한 법칙^{비율}에 따라 그려졌습니다.

　그런데 중세의 그림은 정말 작가가 자기 마음대로 사람들의 크기를 결정해서 그린 걸까요? 아닙니다. 사실은 정확한 법칙에 의해서 그려졌습니다. 그 법칙이 인간의 법칙이 아니라 신의 법

칙이라는 게 문제라면 문제였죠.

중세의 작품에서 가장 크게 표현된 건 누구인가요? 네. 가운 데에서 손을 하늘로 뻗고 있는 누가복음의 저자 누가입니다. 중세의 그림을 보면 어떤 경우에도 이 법칙이 어긋나는 경우가 없죠. 언제나 예수나 하나님, 혹은 4대 복음서의 저자들이나 아무튼 기독교와 관련된 인물이 가장 크게 그려져 있습니다. 이건 어떤 걸 기준으로 한 걸까요? 바로 성경, 즉 신입니다. 작가는 자신의 뜻대로 그린 게 아니라 사실은 신의 뜻대로 그린 것이었죠.

반면, 르네상스 그림은 어떤가요? 그림의 중심 주제가 예수임에도 불구하고 작게 그려졌죠? 화가가 자기 마음대로 예수를 작게, 그리고 다른 사람들은 크게 그린 것입니다. 물론, 여기까지만 설명하면 이런 반론이 나올지도 모르겠습니다. 르네상스의 그림도 작가 마음대로 그린 게 아니라 '원근법'이라는 또 다른 기준에 따라 그려야만 하는 거 아니냐고 말이죠. 물론 일리가 있는 말이며 그래서 현대에 와서는 그 관점이 비판받기도 합니다. 하지만 중세와 르네상스 사이에는 아주 중요한 것이 끼어듭니다. 바로 작가의 주관이죠. 그림53을 보죠.

앞서 말했던 원근법의 창시자인 레온 바티스타 알베르티의 기념주화입니다. 앞면에는 알베르티의 초상이, 그리고 뒷면에는 날개 달린 눈이 새겨져 있습니다. 이것은 원근법에 의하여 화가가 자신의 시점을 원하는 대로 설정하여 그림을 그릴 수 있게 되었다는 것을 의미하기도 합니다. 비록 멀리 있는 것은 작게, 가까이 있는 것은 크게 그려야 했지만, 적어도 화가가 어떤 각도에서

그림53. 레온 바티스타 알베르티 기념주화.

어떻게 그릴지는 선택할 수 있게 되었다는 것이죠. 즉, 정해진 방식 안에서 어느 정도 자율권이 주어지게 되었다는 말입니다. 그래서 화가들은 다이내믹한 표현도 가능하게 되었고, 당연히 창조적인 작업도 할 수 있게 되었습니다. 요컨대 중세의 화가가 주어진 의무를 충실히 이행하기만 하면 되었던 기예인이었다면, 르네상스의 화가들은 창작인이라고 할 수 있죠. 실제로 중세의 화가들에게는 독창성이 전혀 고려의 대상이 아니었습니다. 그들에게 있어 중요한 것은 얼마나 기존의 방식을 충실하게 따르느냐 하는 것이었습니다. 반면 르네상스의 화가들은 현대의 우리가 예술 작품을 판단할 때 가장 중요한 기준이 되는 독창성을 중요하게 생각하기 시작했죠. 물론, 이러한 이분법적인 구분은 좀 위험한 생각이기도 합니다. 다만, 지금은 이해의 편의를 위해 중세와 비교하여 설명하느라 이런 차이를 부각시키는 것이죠.

　르네상스의 화가들은 이처럼 아직 '원근법'이라는 방식에 의해 제한된 상태에서의 자유이기는 했지만, 그래도 역사상 최초라고 할 수 있을 만큼 엄청난 자유가 주어졌습니다. 이제 비로소 인간이 인간의 힘으로 자유를 구가하게 되었다고, 르네상스인들은 생각했죠. 이제 비로소 다시 인간의 세상이 된 것입니다.

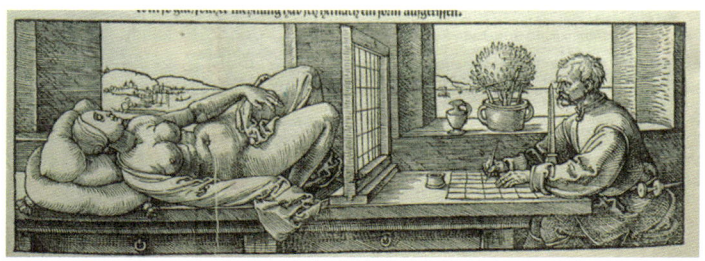

그림54. 뒤러의 원근법 연구도.

이런 인간의 세상에서 긍정되어야 할 것은 당연히 무엇보다 인간이었죠. 그래서 르네상스를 거쳐 근대로 발전하는 과정에서 대부분의 학문과 문화 전반적인 부분의 분위기는 인간에 대한 무한한 신뢰와 긍정이었습니다. 더욱이 천 년 간의 잠에서 깨어난 인간의 이성은 거칠 것이 없었습니다. 15~16세기가 르네상스에 의한 천재 예술가들의 세상이었다면, 17세기는 과학과 철학 등 이성의 학문이 폭발했던 또 다른 천재들의 세상이었죠. 그래서 영국의 과학철학자 화이트헤드는 프랜시스 베이컨(Francis Bacon, 1561~1626)을 필두로 하여 윌리엄 하비, 케플러, 갈릴레이, 데카르트, 파스칼, 뉴턴, 로크, 스피노자 등이 탄생했던 17세기를

'천재들의 세기'라고 불렀습니다. 그리고 이 시기가 우리가 근대라고 부르는 시절이죠.

하지만 이 시대를 일컫는 '근대'와 이 시대의 성격인 '근대성'은 구분해서 보아야 할 필요가 있습니다. '근대'라는 단어는 '가까울 近'과 '대신할 代'를 합쳐서 만든 단어입니다. 가까운 시대라는 말이죠. 그러니 지금 봤을 때는 17세기가 근대이지만, 나중에 2616년에 봤을 때는 아마 24세기쯤이 근대가 되겠죠. 쉽게 말해 계속 변하는 개념이라는 것입니다.

반면, 근대성이란 17세기 즈음의 문화, 예술, 철학, 사상, 정치, 과학 등 모든 사회 전반의 성격입니다. 이 시대의 성격을 한 마디로 표현하기는 힘들지만, 가장 특징적인 것이라면 역시 '인간에 대한 긍정'입니다. 르네상스의 연장선이죠. 또한 인간의 긍정속에서 가장 먼저, 그리고 가장 강하게 긍정된 것이 바로 '이성'입니다. 르네상스의 원근법이 이성에 의한 그림인 것처럼, 철학, 과학 등의 학문에서도 이성이 철저하게 긍정되었고, 이런 긍정속에서 인간의 주체성이 등장합니다.

바로 르네 데카르트의 "나는 생각한다. 고로 존재한다"라는 명제로 상징되는 '나' 즉 개인의 발명이죠. 데카르트는 모든 것에 관한 의심의 끝에서 결국 '나'를 발견하여 모든 철학의 토대를 세웁니다. 물론, 그렇게 도출된 '나'가 그런 명석 판명한 사고를 할 수 있었던 것은 신이 부여한 것이라고 생각했지만, 이건 중세와 결정적인 차이를 보이는 사고방식입니다. 사고의 선후가 바뀐 것이죠.

그림55. 르네 데카르트.

중세에는 인간 사고의 어떤 경우에도 시작점은 신이었습니다. 신이 모든 것을 만들고 모든 것에 빛^{이성}을 부여했죠. 하지만, 데카르트가 진리를 찾기 위해 취한 방법, 즉 의심^{회의, 이성}은 최초의 시작점을 '인간'으로 설정해 버린 겁니다. 데카르트는 그런 인간 역시 신이 만들고 빛^{이성}을 부여했기 때문에 신이 더 먼저 있었다고 말하지만, 결과적으로 그가 만든 사고방식은 세상의 중심을 신에게서 인간으로 끌어내려 버렸습니다.

그리고 그렇게, 르네상스를 통한 미술에서뿐만 아니라 근대철학과 데카르트에 의한 사고의 영역에서도 인간의 시대가 도래하게 된 것입니다.

르네상스의 고향 이탈리아, 이탈리아의 와인 키안티

르네상스를 말할 때 또 하나 절대로 빼놓을 수 없는 것이 있습니다. 바로 메디치 가문이죠. 앞에서도 잠시 언급한 바가 있지만, 지오반니 디 비치 데 메디치로부터 시작된 메디치 가문은 이탈리아의 르네상스 부흥에 결정적인 역할을 한 가문입니다. 레오나르도 다빈치도, 보티첼리도, 도나텔로도, 라파엘로도, 그리고 브루넬레스키도, 고촐리도, 첼리니도 모두 메디치 가문의 후원을 받았죠. 그 자존심 강한 미켈란젤로의 첫 후원자도 메디치 가문의 로렌초 데 메디치였습니다. 오히려 유명한 예술가 중 메디치 가문의 후원을 받지 않은 사람을 찾는 것이 더 빠를 정도죠.

미술이 대중화된 지금도 미술을 하려면 경제적 부담이 꽤 크다는 것을 생각해 보면, 물감이나 붓 등 기타 재료를 자연에서 직접 채취해 작품에 사용해야 했던 당시의 상황이 어떠했을지는 대충 짐작이 갈 것입니다. 신분이 높지도 않았던 예술가들이 아무런 후원 없이 작품 활동하는 것은 거의 불가능에 가까웠죠. 항간에는 메디치 가문의 후원이 그리 크지 않았다는 말이 있기도 하지만, 그런 것을 감안하더라도 이들이 없었다면 많은 예술가들의 작품을 우리는 보지 못했을 것입니다. 그리고 그런 메디치 가문 중에서도 예술에 가장 적극적으로 후원한 사람이 4대 가주인 로렌초 데 메디치죠.

로렌초 데 메디치와 키안티, 그리고 이탈리아 와인 사이의 관계를 설명하기 위해서는 아무래도 메디치 가문부터 설명해야겠죠. 로렌초 데 메디치도 결국 가문의 한 사람으로서의 역할을 수

그림56. 로렌초 데 메디치.

행하려 노력한 사람이니 가문의 이야기를 하다 보면 자연스럽게 키안티와의 인연도 이야기하게 될 것입니다.

앞서 언급을 했다시피 메디치 가문의 전설적인 역사는 14세기 후반, 그리고 15세기의 시작과 함께 지오반니 디 비치 데 메디치에 의해 태동합니다. 그리고 코지모 데 메디치(Cosimo de' Medici, 1389~1464)와 피에로 데 메디치(Piero di Cosimo de' Medici, 1416~1469)를 거쳐 로렌초 데 메디치에 이르러 절정에 이르게 되죠. 금융업을 통해 축적한 자금력으로 가문의 기틀을 구축한 지오반니의 노력이 로렌초에 의해 꽃피어 사실상 300년 가까이 피렌체를 지배하게 만들었던 것입니다.

로렌초 데 메디치는 그런 견고한 기틀 속에서 가문을 최고의 전성기로 끌어올린 사람이기도 하고, 우리가 알고 있는 문화 예술의 후원자로서의 메디치 가문에 대한 이미지를 만든 사람이기도 합니다. 그런데 어째서 로렌초는 문화에 그렇게 관심이 많아지게 되었을까요? 그건 무엇보다 로렌초가 성장 과정에서 받아왔던 교육 때문이었습니다.

병약했던 아버지가 일찍 죽는 바람에 스무 살에 가문을 잇게 된 로렌초는 최고 가문의 적자嫡子였던 만큼, 당대 최고의 학자들에게 최상의 교육을 받았습니다. 그는 당시 최고의 플라톤 전문가였던 피치노(Marsilio Ficino, 1433~1499)에게 플라톤 철학을 배워 피렌체에서도 유명한 플라톤 철학의 전문가가 되기도 했었죠. 로렌초의 스승인 마르실리오 피치노는 사실 로렌초의 할아버지인 코시모와 더 인연이 깊은 사람입니다. 코시모가 사재私財를 털어 피렌체 인근에 '플라톤 아카데미'를 개관한 후, 플라톤 전집을 라틴어로 번역하도록 시킨 게 바로 파치노였죠. 덕분에 유럽인들은 처음으로 플라톤 철학을 온전하게 이해할 수 있게 되기도 하였고요. 그리고 코시모는 이뿐만 아니라 아낌없이 돈을 쏟아부어 닥치는 대로 고문서들을 수집했습니다. 그리고 그걸로 메디치 도서관을 만들기도 하였죠. 이런 좋은 인문학적 토양에서 자란 로렌초는 곧 피렌체 지성계에서 돈이 아닌 다른 영향력을 발휘하게 됩니다. 요즘 우리식으로 말해보자면 파워 엘리트쯤 되었겠죠.

이건 사실 당시 이탈리아의 사회적 분위기와도 관계가 깊습

니다. 그 당시 피렌체를 비롯하여 밀라노, 베니스, 나폴리 등 대
표적인 이탈리아의 국가들은 상대국들과의 치열한 견제를 통해
발전해야 했습니다. 그런 상황에서 그들이 다른 가문이나 도시
들과 차별화할 수 있었던 방법 중 하나가 바로 이런 문화적 소
양이었죠. 쉽게 말해 차별화 전략이었습니다. 이건 비단 피렌체
의 메디치 가문만은 아니었죠. 이탈리아의 각 국가마다(이 당시의 이
탈리아는 많은 나라로 나누어져 있었습니다) 경쟁 우위를 선점하기 위해 경쟁
적으로 학자와 예술가들을 영입하였습니다. 그것이 자신들의 탁
월함을 증명해 주는 것이라고 생각했기 때문이죠. 그런 배경 속
에서 공생 관계처럼 후원을 입은 미술이 폭발적으로 발전하였고
요. 이런 맥락이었기 때문에 메디치 가문도 르네상스 시기의 화
가들을 후원하게 되었던 것입니다. 물론, 그렇다고 그들의 후원
을 과소평가해서는 안 되겠지만요.

　하지만, 아무리 문화적인 차별화가 좋다고 하더라도 그것만으
로는 지배력을 행사하기가 힘들었습니다. 권력이 필요했습니다.
그런데 권력을 얻기 위해서는 당연히 권력을 가진 집단을 차지
해야겠죠. 혹여나 차지하지 못한다면 자기편으로라도 끌어들여
야 합니다. 그런데 당시에 권력이 집중되어 있는 곳은 어디였을
까요? 중세의 입김이 다소 줄어들었다고는 하지만 여전히 교황
과 바티칸이었습니다.

　당시까지만 해도 교황의 권력은 여전히 막강했죠. 더구나 바
티칸이 자리 잡고 있는 이탈리아 반도에서야 두말할 나위도 없
었습니다. 로렌초가 권력을 잡기 위해 선택한 카드는 당연히 교

황이었습니다. 그런데 여기에는 계산적인 것 말고도 로렌초 자신의 뼈저린 경험도 한몫했었죠. 바로 교황 식스투스 4세가 관련된 암살 사건 때문이었습니다.

그림57. 교황 식스투스 4세의 기념주화.

교황 식스투스 4세가 관련된 사건은 1478년, 그러니까 로렌초가 서른이 되기 직전에 일어났습니다.

부활절을 맞이한 로렌초는 매해 그렇듯이 그 날도 기도를 위해 산타 마리아 델 피오레 대성당Santa Maria del Fiore으로 가고 있었습니다.

그런데 문제는 진작부터 로렌초에게 악감정을 가지고 있던 식스투스 4세였죠. 그는 당시 피렌체의 주도권을 두고 메디치 가문과 충돌하던 파치 가문Pazzi Family과 합작하여 메디치 가문에 암살자를 보내게 됩니다. 당연히 격렬한 무력 충돌이 일어났고, 그 자리에서 로렌초의 동생 줄리아노는 몸에 19군데나 칼에 찔려 그 자리에서 사망하고 말았죠. 로렌초 역시 목숨만 간신히 건져 달아날 수밖에 없었고요. 동생을 잃고 혼자 살아남은 로렌초는 어떻게 되었을까요? 당연히 복수를 시도합니다. 하지만 교황 식스투스 4세가 먼저 나폴리의 국왕 페란테를 부추겨 피렌체와 전쟁을 선포하도록 만들어버리죠.

피렌체는 상업으로 부유한 나라이긴 했지만, 군사력이 그리 강했던 나라는 아니었습니다. 로렌초는 결국 전쟁을 피하기 위해 혼자 나폴리로 가 국왕 페란테와 담판 협상을 하고 식스투스 4세와 화해할 수밖에 없게 됩니다.

이 사건을 계기로 종교계와 관련된 권력 구도에 대한 로렌초의 생각이 근본적으로 바뀌게 됩니다. 그냥 단순한 친분관계가 아니라 교회 내부에 영향력을 발휘할 수 있어야 한다고 생각하게 된 것이죠. 그리고 그런 계획을 위해 로렌초는 자신의 아들을 추기경으로 만들기로 결심하고 수년 동안 물밑 작업을 진행하고, 결국 자신의 둘째 아들로 결실을 맺게 됩니다. 그의 둘째 아들, 즉 조반니 데 메디치Giovanni de' Medici가 사피엔티아 대학을 졸업한 후에 바로 추기경이 되었고, 훗날 교황 레오 10세가 된 것

그림58.
레오 10세의 초상, 라파엘로, 1518~1519년.

이죠.

그런데 로렌초는 아들을 추기경으로 만드는 것 정도로는 안심할 수가 없었습니다. 그는 동시에 식스투스 4세를 이어 교황이 된 인노켄티우스 8세와 긴밀한 관계를 유지하기 위해 노력했습니다. 그 한 가지 방법으로 로렌초는 로마로 전령을 보낼 때면 항상 두둑한 뇌물을 함께 보냈죠. 그리고 그와 함께 보낸 것이 있었는데, 바로 '피아스코fiasco 와인'입니다.

바로 이 피아스코가 지금 우리가 '이탈리아 와인'이라고 하면 가장 먼저 떠올리는 키안티 와인이죠. 단테는 이 와인을 베르나차Vernaccia라고 부르기도 하지만, 피아스코 와인은 이탈리아의 키안티 와인이라는 해석이 일반적입니다.

피아스코 와인

로렌초 메디치가 인노켄티우스 8세에게 매년 18병씩 보냈다던 '피아스코'란, 원래 밑이 둥근 모양을 한 이탈리아의 와인병을 말합니다. 그림59에서 보다시피 병 밑동이 볏짚으로 되어있는 독특한 모양의 전통 와인병이죠. 그런데 아쉽게도 이탈리아 전통 와인이라고는 하지만 국내에 수입되는 경우는 흔치 않기 때문에 우리가 접하는 경우는 별로 없습니다. 이탈리아에 직접 가서 마시지 않는 한은 말이죠.

아무튼, 이런 독특한 모양의 피아스코는 원래 '계획의 실패'라는 의미의 이탈리아어 '피아스코'에서 나온 것입니다. 옛날 이탈

그림59. 피아스코 와인.

리아의 유리 공예 장인들이 유리 작품을 만들다가 불량품이 나왔을 때 쌓아 두던 것을 피아스코라고 부르는 데서부터 기원한 것이죠. 그런데 아무리 불량품이라고는 하지만 귀한 유리로 만들어진 것을 그냥 버리기는 아까웠겠죠? 그래서 토스카나 지방의 상인들이 이렇게 만들어진 불량품 병들을 싼 가격에 인수하여 와인을 넣어 팔기 시작했습니다. 하지만, 이런 불량품 병들은 밑바닥이 둥글거나 울퉁불퉁하다 보니 제대로 세워 둘 수 없어 보관이 힘들었죠. 그러다가 시간이 흐르면서 여러 가지 방법을 강구하던 끝에 병 밑동을 볏짚으로 싸는 방법을 찾아낸 것입니다.

흔들리는 마차 안에서 충격을 흡수해 줄 수도 있고, 안정적으로 세워 둘 수도 있으며, 심지어 어느 정도 보온의 효과도 있었던 볏짚의 발견으로 피아스코 와인은 이내 이탈리아 전역에 공급되어 유명세를 타기 시작합니다. 그리고 바로 이때 토스카나의 상인들이 피아스코에 넣어 팔던 와인이 바로 키안티 지역에서 생산되는 와인, 즉 키안티 와인이었습니다. 그 후로 메디치 가문에서는 결혼식이나 교황청과의 거래, 혹은 손님 접대 등 무슨 일이 있을 때면 언제나 피아스코에 담긴 키안티 와인을 내놓았죠.

하지만 요즘은 볏짚 속의 피아스코를 보기 힘듭니다. 볏짚을 만드는데 수작업을 거쳐야 하다 보니 인건비가 비싸기도 하였고, 아무래도 정형화되어 가는 와인병의 트랜드와도 맞지 않았기 때문이죠. 그래서 키안티 와인 회사들도 이제는 현대적이고 세계적인 이미지를 만들기 위해 일반 와인병을 쓰다 보니 점점 사라져 가고 있는 추세입니다.

이후로도 메디치 가문과 이탈리아 와인의 인연은 계속 이어집니다. 로렌초 메디치의 후손인 코지모 3세가 1716년 피렌체에 와인 산지의 지역적 범위를 정하는 칙령을 발포하여 오늘날 이탈리아 와인 등급인 DOC^Denominazione di Origine Controllata의 기틀을 마련하기도 하였죠. 그리고 그 외에도 갖가지 후원과 함께 메디치 가문의 행사에는 언제나 키안티 레드 와인과 산 지미냐노^San Gimignano의 화이트 와인이 오르기도 하며 가문이 몰락하는 순간까지 그 역사를 같이하였습니다.

키안티와 키안티 클라시코

그림60. 이탈리아 전체의 와인 지도.
이탈리아 전역이 와인 산지이지만, 그중에서도 베네토Veneto, 피에몬테Piemont,
토스카나Tuscany 세 지역이 가장 중요하다.

    키안티는 이처럼, 토스카나 지방의 대표적인 와인입니다. 이탈리아 와인의 대부분은 토스카나, 피에몬테, 베네토 지역을 중심으로 생산되는데, 이 중에서도 토스카나는 가장 중요한 와인산지이죠. 물론 대중적인 이미지의 토스카나 키안티 와인보다 조금 더 고급스러운 이미지의 피에몬테 와인을 더 높게 평가하는 사람들도 있겠지만, 브랜드인지도 면에서 본다면 피에몬테와 토스카나의 차이는 확연합니다. 게다가 볼게리 지역에서 생산되는 슈퍼투스칸을 포함하면 그 중요도는 더욱 커지게 되죠.

그림61. 키안티 지역 지도.

그림61에서 보다시피 키안티는 이탈리아반도 중북부에 위치한 토스카나의 피렌체서 시에나까지 아우르고 있는 광대한 지역입니다. 약 7만 헥타르에 달하는 넓이이고 그중의 반 이상이 DOC급이며 연간 생산량이 1억 리터가 넘는 이탈리아 최대 와인 산지이죠. 그런데 원래 키안티라는 명칭을 사용하던 지역은 지금보다 훨씬 협소했습니다. 그림61에서 보이는 키안티 클라시코Chianti Classico의 범위만이 원래의 키안티죠. 그런데 이 지역의 와인 생산이 1930년대 이후 급격히 늘어나기 시작하면서 토스카나의 거의 전 지역을 아우르게 되었죠. 그래서 원래의 키안티를 키안티 클라시코라고 구분하여 부르고 있습니다.

하지만 이렇게 구분하여 부르게 된 것은 그리 오래되지 않았습니다. 1990년대 까지만 해도 키안티는 그냥 키안티일 뿐이었죠. 그런데 키안티 와인이 유명해지자 온갖 와인이 키안티라는 이름을 달고 나와 시장이 혼탁해지기 시작하였고, 결국 이를 바로잡으려 1963년에 와인 법이 제정되기에 이르렀습니다. 키안티와 키안티 클라시코의 구분도 그 일환으로 시도된 구분이죠. 그러므로 이제 키안티와 키안티 클라시코는 법적으로 완전히 다른 지역으로 인정됩니다. 그에 따라 당연히 두 지역을 규제하는 사항도 달라졌죠.

우선, 일반 수확량의 기준이 다릅니다. 보통, 원산지 표시를 충실히 이행하는 지방에서는 포도의 퀄리티를 유지하기 위해 면적당 포도의 최대 생산량을 조절하는데, 키안티도 마찬가지죠. 키안티는 포도의 품질을 유지하기 위해 1헥타르당 포도를 9,000

킬로그램 이상 수확할 수 없게 법으로 규제하여 놓았습니다. 그런데 키안티 클라시코에는 그런 키안티보다도 조금 더 빡빡한 규제가 있죠. 키안티 클라시코에서는 포도를 1헥타르당 7,500킬로그램까지만 수확할 수 있습니다.

뿐만 아니라 알코올의 함량 기준도 다릅니다. 키안티는 최저 알코올 함유량이 11.5% 이상이어야 하는데, 키안티 클라시코는 12% 이상이어야 하죠. 한 마디로 키안티 클라시코가 조금 더 고급이라는 말입니다. 그런데 이렇게 설명하면 키안티와 키안티 클라시코가 같은 키안티 안에서 품질이 고급인 와인을 지칭하는 것처럼 생각될 수도 있지만, 앞서 말했듯이 이 둘은 그냥 법적으로 지역이 다른 것입니다.

키안티 품종과 DOC

4장의 끝에 TIP으로 언급할 슈퍼투스칸을 제외한다면, 키안티를 포함한 토스카나 전 지역에서는 주된 두 가지 품종으로 와인을 만듭니다. 화이트 와인을 만드는 트레비아노Trebbiano와 레드 와인을 만드는 산지오베제Sangiovese이죠.

이 두 품종은 모두 이탈리아의 토착 품종인데 그중 레드 와인을 만드는 산지오베제는 원래 라틴어로 '제우스의 피'라는 뜻을 가지고 있습니다. 일반적으로 '예수의 피'라고 생각하는 경우도 많지만, '제우스의 피'가 정확한 어원이죠. 와인을 피에 비유하는 것은 일반적이지만, 이탈리아, 로마, 그리스 지역의 주신인 제우스의 피에 비유하는 품종은 산지오베제 하나뿐입니다. 그러니 당연히 무척 고급스럽고 각광을 받는 품종일 거라고 여겨질 수 있으나 이름과는 다르게 산지오베제는 얼마 전까지만 해도 그다지 조명을 받지 못했던 품종입니다. 너무나 일반적인 품종이기 때문이죠.

토착 품종이라는 말은 거꾸로 보면 일반적이라는 말과 다를 바 없는 말이니만큼 이탈리아에서는 산지오베제가 가장 많이 재배되었습니다. 그러다가 1980년에 이르러서야 DOCG^{Denominazione di Origine Controllata E Garantita} 등급 제정 등 고급화 바람과 함께 품질이 보완되자, 비로소 이름에 걸맞은 대우를 받기 시작했죠. 키안티와 키안티 글라시코는 이때 개정된 DOCG 요건에 따라 원료의 80% 이상을 산지오베제로 사용하여야 합니다.

원래 키안티는 그 전까지 보르도처럼 산지오베제와 카나이올로^{Canaiolo}, 말바시아^{Malvasia}, 트레비아노^{Trebbiano} 등 몇 가지의 포도를 블렌딩해서 와인을 만들었었습니다. 많은 와인들이 맛과 향을 풍부하게 개선하기 위해 품종을 블렌딩하여 만들지만, 이건 간혹 예기치 못한 결과를 만들기도 합니다. 보르도에서처럼 블렌딩이 제대로 이루어지는 경우에는 그 풍부함으로 인해 고급 와인이 되기도 하지만, 간혹 맛과 향이 이도 저도 아니게 되는 경우도 많죠. 예전 키안티의 경우는 후자였습니다. 더구나 키안티 와인의 인기가 높아질수록 매출을 늘리기 위해 다른 품종의 비율을 더 높여가기 시작했죠. 전통적인 맛집이 언론에도 데뷔하고 유명해지며 손님이 늘자 변해 가는 것과 비슷하달까요? 유명세에도 꿋꿋하게 장인정신을 유지하며 맛을 고수하면 괜찮겠지만, 수익에 휘둘리기 시작하면 맛이 변질되어버립니다.

키안티도 마찬가지였습니다. 결국 키안티는 점점 가볍고 빈약해져 갔고, 전혀 상관없는 와인들까지도 키안티의 이름을 달고 나오다 보니 키안티라는 이름 자체가 싸구려 와인의 대명사가 되기 시작했습니다. 더구나 여기에다가 1950년대에 이탈리아 정부와 유럽공동체의 포도원에 재정지원이 시작되면서 와인의 대량생산화가 가속되었고, 결국 키안티는 싸구려라는 이미지가 생겨버렸죠. 아직까지도 이때의 이미지가 완전히 사라지지 않아 피에몬테의 바롤로나 바르바레스코 와인에 비해 키안티는 싸구려 대중 와인이라는 인식이 남아있기도 합니다.

그런데 이탈리아 입장에서는 가장 대표적인 와인의 이미지가 싸구려가 되니 심각한 타격을 맞이하게 됩니다. 이탈리아 와인 자체가 싸구려라는 이미지가 생겨버리게 된 것이죠. 이때 이탈리아 정부가 와인 산업을 살리기 위해 감행한 것이 프랑스의 AOC를 참고하여 만든 등급제였습니다. 바로 DOC 제도이죠.

이탈리아에서는 1963년에 발효된 DOC법을 기준으로 와인의 생산자와 라벨 표기법을 규정하고 있습니다. 그리고 이후 1984년에는 이탈리아 농무부가 더 높은 등급인 DOCG를 추가함으로써 통례적인 DOC보다 한 단계 더 높은 품질 통제를 실시했습니다.

그럼 먼저 DOCG^Denominazione di Origine Controllata E Garantita부터 설

명하도록 하죠. DOC에서 추가된 G는 보증한다는 의미의 이탈리아어 가란티타^{Garantita}를 뜻합니다. DOCG는 그만큼 DOC에 비해 더 엄격하게 품질이 관리된 와인에게만 부여하는 등급이죠.

DOCG 등급으로 인정받기 위해서는 일단 5년 이상 DOC 등급을 유지해야만 합니다. 그런 와이너리에게만 신청 자격이 주어지죠. 그리고 재배를 하는 방법도 밀식재배나 가지치기 등 방법이 지정되어 있고, 최소 숙성기간도 정해져 있으며, 용기도 5리터 이하의 용기만 사용해야 하는 등 상당히 규제가 심합니다. 게다가 이런 걸 다 만족하고도 시음 검사까지 거쳐야 하므로 이탈리아 전체를 통틀어도 총 50개의 와이너리밖에 없습니다.[24] 그래서 DOCG는 그림62처럼 병마다 실^{Seal}을 둘러 DOCG임을 표시하죠.

그림62. DOCG실.

24. 2010년 기준.

　　DOC^{Denominazione di Origine Controllata}는 DOCG 등급보다 한 단계
아래 등급입니다. 그래도 프랑스의 AOC 와인에 준하는 좋은 와
인이죠. DOC 등급도 여러 가지 제약 조건이 많습니다. 양조장
의 위치나 최대 수확률과 최대 수확량이 정해져 있고, 포도나무
의 간격까지 정해져 있죠. 그래도 DOCG보다는 승인을 받기가
비교적 쉬운 편이라 현재 이탈리아에는 약 310여 개의 DOC가
있습니다. 이런 DOC 등급 역시 와인 병 입구에 DOCG처럼 실
로 자신이 DOC임을 나타내고 있어서 소비자도 쉽게 알아볼 수
있죠.

　　이렇게 엄격하게 규제되어 있는 와인법은 어떤 의미에서는
자유로운 시도를 억압하기도 하지만, 비교적 안정적인 질을 보
장한다는 장점이 있습니다. 즉, 이탈리아에서 생산되는 와인 중
총 14%의 와인에게만 부여되는 DOC와 DOCG는 이탈리아의
시음위원회에서 와인 스타일의 신뢰성을 전적으로 보장한다는
의미이기도 하죠.

　　이탈리아의 와인도 역시 마찬가지로 DOC와 DOCG 밑에 더
욱 대중적인 와인 등급이 있습니다. 사실 DOC도 대중적인 와
인이기는 하지만, 그보다 좀 더 아래의 등급이 있는 셈이죠. 바
로 IGT^{Indicazione Geografica Tipica}입니다. IGT는 DOC의 자격조건에
못 미치지만 테이블 와인보다는 높은 등급으로써 가볍게 즐기기
에 아무런 무리가 없는 와인을 칭하는 등급입니다. 테이블 와인
중에서도 생산지 고유의 특성을 지닌 지역에서 생산되는 와인이
죠. 프랑스의 등급으로 따지자면 대략 Vin de Pays와 비슷한 등

급입니다.

그리고 IGT 아래로 테이블 와인을 뜻하는 VDT$^{\text{Vino Da Tavola}}$가 있죠. 제일 낮은 등급의 와인인 VDT는 자신의 정체성을 드러내는 거의 모든 것이 금지되어 있습니다. 포도 품종이나 지역, 빈티지 등을 표시할 수 없도록 되어 있죠.[25]

그런데 IGT나 VDT라고 해서 이 등급의 모든 와인이 저렴하고 질이 낮을 거라고 생각하면 오산입니다. 오히려 DOC의 규제가 좋은 와인을 만드는 데 방해가 된다고 자진하여 IGT로 내려와 혁신적인 와인을 만드는 와이너리들도 많죠. 그 대표적인 예가 바로 슈퍼투스칸입니다. 이에 관해서는 Tip부분에 조금 더 자세히 설명하도록 하겠습니다.

아무튼 이런 등급 체계로 이탈리아의 2,000종 이상의 라벨과 20개의 지역, 96개의 고장은 도표6과 같은 등급으로 구성됩니다.

프랑스와 마찬가지로 이탈리아 역시 등급별로 엄격하게 등급이 나누어져 있지만, 항상 그렇듯이 이런 구분이 절대적인 것은 아닙니다. DOCG 와인이라고 하더라도 지역에 따라 품질도 가격도 천차만별입니다. 특히 개인 칸티나$^{\text{(Cantina, 보르도의 샤토, 부르고뉴}}$$_{\text{의 도멘처럼 이탈리아에서는 와인 생산자와 저장고를 칸티나라고 부릅니다)}}$가 아니라 대형 공장식 와인은 DOC나 DOCG라 하더라도 질이 떨어지는 경우가 종종 있죠. 그래서 도표에서 보다시피 이탈리아의 와인

---

25. VDT와 IGT가 분리되어 있기는 하지만, 이탈리아에서 보통 '테이블 와인'이라 하면 이 둘을 모두 포함하여 말하는 것이 일반적이다.

중 90%가 DOC 등급에 등록하지 않고 있는 것도 사실입니다.

도표6. 이탈리아 와인 등급.

DOCG

DOC

IGT

VINO DA TAVOLA
(테이블 와인. 이탈리아 와인의 90%는
IGT나 VDT 등급이다. DOC 등급을 신청하지 않았지만
좋은 와인도 있다)

부르넬로 디 몬탈치노와 비노 노빌레 디 몬테풀치아노

키안티와 더불어 알아두면 좋은 이탈리아 와인은 같은 토스카나의 브루넬로 디 몬탈치노Brunello di Montalcino와 비노 노빌레 디 몬테풀치아노Vino Nobile di Montepulciano입니다.

600만평 이상 되는 포도원에 둘러싸인 언덕 위에 고고하게 자리 잡고 있는 몬탈치노는 아름다운 풍광으로도 유명하지만, 부르넬로 디 몬탈치노 와인 때문에 와인 애호가들 사이에서는 반드시 이탈리아 여행 목록에 넣는 곳이기도 합니다. 그래서 몬탈치노에 들어서면 수많은 와인 바나 소매상들을 볼 수 있죠. 산지오베제 100%로 만들어지는 이곳의 와인은 강한 힘을 가지고 있어서 꽤 긴 시간, 즉 빈티지에서 최소 5년 이상은 두고 숙성하여 마셔야 진정한 맛과 향을 즐길 수 있는 경우가 많습니다. 그리고 공급량도 한정되어 있어 부르넬로 디 몬탈치노 중에는 무척 고가의 와인도 있죠.

이와 함께 또 유명한 것이 비노 노빌레 디 몬테풀치아노입니다. 이탈리아의 와인은 비록 등급이 매겨져 있지만, 각 지역의 산지나 브랜드에 대한 자부심이 대단해 이탈리아 본국에서는 어디가 최고라고 꼬집어 말하는 경우가 별로 없습니다. 오히려 「와인스펙테이터winespectator」나 「디켄터Decanter」 같은 외국의 와인 잡지나 언론에서 언급하는 경우가 많죠. 이때 바롤로와 바르바레스코, 몬테풀치아노와 함께 항상 언급되는 와인인 바로 비노 노빌레 디 몬테풀치아노입니다. 문자 그대로 해석하자면 '몬테

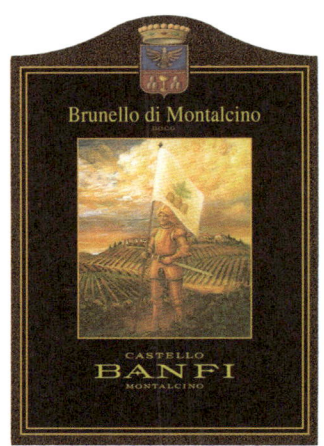

그림63. 「까스텔로 반피 브루넬로 디 몬탈치노」와
「사쎄띠 리비오 페르티말리 브루넬로 디 몬탈치노」.

풀치아노 마을의 귀족Nobile 와인Vino'라는 뜻이죠.

몬테풀치아노는 토스카나 지역 남동부에 위치한 마을인데, 이 곳의 와인은 다른 토스카나 지역의 와인과는 다르게 무거운 바 디를 가지고 있는 높은 도수의 와인이 대부분입니다. 몬테풀치 아노의 와인은 최하 13도의 알코올 도수를 유지하도록 법으로 제정되어 있기 때문이죠.

이탈리아의 3대 와인

이탈리아의 3대 와인이라고 한다면 역시 왕의 와인 바롤로 Barolo와 바롤로의 동생 격인 바르바레스코Barbaresco, 그리고 아마 로네Amarone입니다.

피에몬테의 바롤로와 바르바레스코는 이탈리아지역에서 고 급화 전략에 성공한 와인입니다. 이 두 지역의 와인은 모두 두꺼 운 껍질과 짙은 보라색을 가진 품종인 네비올로Nebbiolo 100%로 만들며 최소 3년 2개월바롤로과 2년바르바레스코 동안의 숙성 기간을 거친 제품만을 출시하죠. 게다가 이 숙성 기간에도 오크통에서 일정 기간 이상 숙성시켜야 한다는 것까지 법으로 정해져 있습 니다. 이뿐만 아니라 숙성시키기 위한 오크통도 3번 이상 사용 하지 않고 버리는 등 철저하게 관리를 하죠.

특히 명품이라고 꼽히는 바롤로 와인들은 5년 동안 장기 숙성 끝에 세상에 나오기 때문에 아주 묵직하고 알코올 함량도 높습 니다. 그러다 보니 간혹 식사와 곁들여 마시게 되면 음식을 압도

하는 경우도 많아 얼마 되지 않는 빈티지라도 신중을 기해 즐겨야 합니다. 그래서 어떤 와이너리들은 바롤로를 와인의 종착지라고 말하는 사람도 있죠. 이에 반해 그 동생격인 바르바레스코는 같은 피에몬테 지역의 와인이지만, 비교적 부드럽고 감칠맛이 뛰어나 바롤로보다 비교적 안전하게 선택할 수가 있죠.

반면 베네토지역에서 생산되는 아마로네는 달콤하면서도 뒷맛이 쓴 독특한 와인입니다. 평범한 레드 와인과 다르게 포도를 건조시키는 과정을 거쳐 만들어지기 때문에 당도가 무척 높고 그에 따라 알코올 도수도 높아져 장기간 보관할 수 있는 와인이기도 합니다. 또한 수분이 빠지고 당도가 올라가는 과정에서 꽃과 과일, 풀 등 무척 향기로운 아로마가 생성돼 달면서도 향기롭고 쌉쌀한 맛을 좋아하는 사람들에게 무척 많은 사랑을 받고 있는 와인입니다.

그림64.
와인의 왕이라 불리는 바롤로와
그 동생격인 바르바레스코.

TIP. 1

슈퍼투스칸

토스카나 남부에는 몬테풀치아노 말고도 와인으로 유명한 지역이 또 있습니다. 바로 마렘마Maremma의 볼게리Bolgheri라는 마을입니다. 이곳이 요즘 와인계에 새로운 바람을 몰고 오고 있죠. 이름부터가 뭔가 그럴싸한 이미지를 풍기는 바로 슈퍼투스칸 때문입니다.

본문에도 언급하였다시피 토스카나 와인은 원래 산지오베제 품종으로 만들어집니다. 하지만 이곳 볼게리에서만은 그런 규칙을 지키지 않고 있죠. 말하자면 반항아나 혁명가 같은 곳입니다. 볼게리 지역의 와이너리들은 40년 넘게 지속되어 오며 산지오베제 외에 다른 와인을 사용하지 못하게 한 DOC 법령을 불합리하다고 생각하였기 때문입니다. 최고의 와인을 만들기 위해서는 그런 제약을 벗어나야 한다고 생각했던 것이죠. 그래서 과감하게 DOC를 포기하고, VDT나 IGT 등급의 단순한 규정에 따라 독자적인 스타일의 와인을 만들기로 결심합니다. 이렇게 탄생한 것이 바로 슈퍼투스칸이죠.

그중 가장 유명한 것이 바로 슈퍼 토스카나 와인의 이름을 최초로 세상에 알린 티냐넬로Tignanello와 현재 가장 유명한 이탈리아 와인이라고 일컬어지는 사시카이아Sassicaia, 그리고 그에 못지 않은 솔라이아^{Solaia}, 오르넬레이아^{Ornellaia}입니다.

슈퍼투스칸의 시작은 세계에서 가장 오래된 와이너리라는 기네스 기록을 가지고 있는 안티노리^{Antinori} 가문에서 시작됩니다. 이 가문의 현재 오너인 피에로 안티노리^{Piero Antinori}는 젊었던 시절에 세계 각국을 돌아다니며 국제적인 와인 전문가들과 교류하였습니다. 특히 그중에서도 세계적으로 유명한 보르도의 양조기술자 에밀 페이노^{Emile Peynaud}에게서 양조 기술을 배워오죠. 무척 다양한 경험을 통해 토스카나 와인 양조의 고정된 방식에 얽매이지 않던 피에로 안티노리는 이탈리아의 와인법이 좋은 와인을 만들기에는 부족하다고 생각하였습니다. 그래서 아버지로부터 회사를 물려받아 경영일선에 나서면서 자신이 배워온 보르도 와인의 양조법을 적극적으로 도입하기 시작했죠.

토착 품종인 산지오베제만 써서 만든 여느 이탈리아 와인과는 달리, 그는 카베르네 소비뇽을 주 품종으로 하여 거꾸로 거기에 산지오베제를 블렌딩하여 만들기 시작한 것입니다. 이런 양조 방식은 그가 배워온 에밀 페이노의 방법을 참고한 것이었죠. 그렇게 탄생한 와인이 바로 티냐넬로였고, 이 와인은 세상에 나오자마자 와인계에 충격을 주었습니다. 그 유명한 로버트 파커도 극찬을 하였고, 몇 년 전에는 삼성의 이건희 회장이 회사의 중역들에게 이 와인을 선물하기도 하였죠.

이런 티냐넬로에 이어 두 번째로 탄생한 슈퍼투스칸은 사시카이아입니다. 이탈리아의 와인법인 DOC가 너무 비효율적이고 폐쇄적이라고 생각했던 와이너리 마리오 인치사 델라 로케타

Mario Incisa della Rocchetta는 새로운 와인을 만들기 위해 보르도 와인을 참고하여 연구하기 시작합니다. 보르도 와인처럼 풍부한 맛과 향을 내는 와인을 만들고 싶었던 것이죠. 결국 보르도의 지형과 품종을 치밀하게 연구한 끝에 그는 카베르네 소비뇽이 보르도의 풍미를 만들어낸다고 생각하게 되었고, 샤토 라피트 로칠드를 통해 카베르네 소비뇽을 얻어와 심기 시작합니다. 토스카나에서도 충분히 카베르네 소비뇽을 재배할 수 있다고 확신하고 있었고, 특히 볼게리에 위치한 자신의 포도원은 그야말로 카베르네 소비뇽을 재배하기에 최적의 장소라고 믿었죠. 그 후 우리가 알고 있는 것처럼 새로운 와인이 탄생하게 됩니다. 그리고 자갈밭으로 된 포도원의 토양을 상징하기 위해 '자갈 땅', 즉 사시카이아라고 이름이 그 와인에 붙게 되었죠. 이것이 카베르네 소비뇽 100%로 만든 최초의 토스카나 와인과 슈퍼투스칸의 탄생입니다.

이후 사시카이아는 엄청난 성공을 거두었고, 토스카나뿐만 아니라 이탈리아 전체에 와인 품질 혁신 운동이 일어나게 만들기도 했습니다. 그리고 더불어 볼게리 지역을 포함한 토스카나 남부 해안선을 따라 새로운 포도원이 폭발적으로 조성되는 계기가 되기도 하였고, 기대처럼 그들에게 엄청난 수익을 가져다주었습니다. 그래서 프랑스 부르고뉴의 코트 드 뉘와 코트 드 본 지역을 황금의 언덕이라고 부르는 것처럼 이 지역을 일컬어 황금 해안이라고 부르기도 하죠.

그 이후로 솔라이아나 오르넬레이아 등 후발 주자들이 탄생하였고, 결국 1994년, 슈퍼투스칸의 고향 볼게리도 DOC 지역으로 승격하게 되었습니다.

더불어 사시카이아 포도원도 자체 DOC로 승격되어 이탈리아 전체에서 유일하게 자체 DOC 등급을 지닌 포도원이 되었죠.

그림65. 티냐넬로.

TIP. 2

가격대별 추천
이탈리아 와인

이탈리아 와인은 프랑스 와인에 비해 비교적 가격이 저렴한 것들이 많습니다. 더구나 바로 앞장의 부르고뉴 와인에 비한다면, 정말 착하다 싶을 만한 가격의 와인들이죠. 그 유명한 바롤로나 바르바레스코도 10만원 미만으로 좋은 와인들을 구입할 수 있습니다. 다만, 바르바레스코는 국내에 수입하는 업체가 많지 않아 많은 종류의 와인이 있는 것은 아닙니다.

5만원 미만

빌라 안티노리 로쏘
Antinori, Villa Antinori Rosso

루피노 키안티 클라시코 리제르바
Ruffino Chianti Classico Riserva Ducale

피오 체사레 돌체토 달바
Pio Cesare Dolcetto d'Alba

우마니 론끼, 요리오
Umani Ronchi, Jorio

피치니 끼안띠
Piccini Chianti

산테로, 안젤리 로쏘
Santero, Angeli Rosso

5만원~10만원

피오 체자레, 피데스 바르베라 달바
Pio Cesare, Fides Barbera d'Alba

루첸테
Lucente

피니노 로쏘 디 몬탈치노
Pinino Rosso di Montalcino

반피 키안티 클라시코
Banfi Chianti Classico

카스텔로 디 베라짜노, 끼안띠 클라시코
Castello di Verrazzano, Chianti Classico

코스테 루빈 바르바레스코
Coste Rubin Barbaresco DOCG

루피노, 로돌라 누오바, 비노 노빌레 디 몬테풀치아노
Ruffino, Lodola Nuova, Vino Nobile di Montepulciano

루피노 리제르바 두깔레 오로 끼안티 클라시코 그란 셀레지오네
Ruffino, Riserva Ducale Oro Chianti Classico Gran Selezione

산타 마게리타, 끼안띠 클라시코
Santa Margherita, Chianti Classico

10만원~20만원

조닌 사쎄오
Zonin Sasseo

프레스코발디, 카스텔지오콘도 브루넬로 디 몬탈치노
Frescobaldi, Castelgiocondo Brunello di Montalcino

프루노토, 바롤로
Prunotto, Barolo

피오 체자레, 바롤로
Pio Cesare, Barolo

반피부르넬로디몬탈치노
Banfi Brunello di Montalcino

피오 체자레, 바르바레스코
Pio Cesare, Barbaresco

아마로네 델라 발폴리첼라
Amarone della Valpolicella

20만원 이상

바롤로 소리 지네스트라
Barolo, Sori Ginestra

루체 델라 비테, 루체
Luce Della Vite, Luce

라 포데리나, 브루넬로 디 몬탈치노
La Poderina, Brunello di Montalcino

사시까이아
Sassicaia

오르넬라이아
Ornellaia

티냐넬로
Tignanello

가야 코스타 루씨
Gaja Costa Russi

05

앙트레
Entrée.
메인 디쉬

근대적 인간에 대한 의문

임마누엘 칸트와 계몽주의,
쿠르베의 사실주의와 마네의 인상주의,
보르도 와인

Château Mouton Rothschild

제품명 : **샤토 무통 로칠드**
제조사 : **샤토 무통 로칠드**Château Mouton Rothschild
품　종 : **카베르네 소비뇽**Cabernet Sauvignon **75%**, **메를로**Merlot **13%**,
　　　　카베르네 프랑 Cabernet Franc **10%**, **기타 2%**
지　역 : **프랑스**, **보르도**Bordeaux, **포이약**Pauillac
알　콜 : **12.5%**
종　류 : **레드**red

———

샤토 무통 로칠드는 매년 출시될 때마다 유
명 화가에게 의뢰한 라벨의 디자인으로 많
은 와인 매니아들에게 소장 욕구 1순위의
와인이다. 특히 2차 대전 승리를 기념하여
Victory의 V를 라벨로 삼은 필립 줄리앙의
1945년 빈티지와 2등급에서 1등급으로 승
격하여 피카소가 라벨을 그려준 1973년의
빈티지는 더욱 희소가치가 높다.

하지만 샤토 무통 로칠드는 그 라벨의 희소
성으로만 유명한 것은 아니다. 1855년 제정
이후 100여 년 동안 단 한 번도 바뀌지 않았
던 보르도의 그랑 크뤼 클라세 등급분류가
변경되는 사건을 만들었던 유일한 샤토이기
도 한 만큼 희소성뿐만 아니라 와인의 질도
높기로 유명하다.

수입원Importer :
수입업체 다수

그림66. 샤토 무통 로칠드.

앙뜨레

모든 나라의 음식이 그렇겠지만, 프랑스 음식에도 온갖 종류의 재료들이 들어갑니다. 싱싱한 굴이나 조개류부터 생선이나 채소는 물론 가금류나 육류까지 거의 모든 종류의 식재료가 사용되죠. 그야말로 산해진미라는 말이 딱입니다. 아, 물론 우리나라 음식도 산해진미죠. 사막이나 몽골 초원 등 특별한 몇몇 곳을 빼고 산해진미가 아닌 곳은 별로 없습니다. 다만 한 번에 모든 메뉴가 제공되는 우리나라의 식사와 다른 점이라면 프랑스의 정식 성찬은 차례차례 등장한다는 것이죠.

그럼 이제 오르되브르로 굴도 먹었고, 푸아송, 즉 생선 요리도 먹었으니 이제 뭘 먹어야 할까요? 그렇죠. 육류나 가금류를 먹어야 합니다. 프랑스 정식에서는 푸아송 뒤에, 그리고 로티^{roast} 앞에 나가는 이런 고기 요리를 앙뜨레^{entrée}라고 합니다. '입구'를 뜻하는 영어의 Entrance와 같은 의미의 단어이죠. 그렇기 때문에 보통 '앙뜨레'라는 이름을 들으면 '이제야 시작이야?'라고 생각하는 경우가 많지만, 단순히 그런 의미에서 붙여진 이름은 아닙니다. 앙뜨레에서 제공되는 통구이용 음식들이 고대 프랑스에서는 식사의 첫 순서로 제공하였기 때문에 붙게 된 이름이죠. 그래서 사실상 앙뜨레라는 이름과 식사의 순서가 이제 와서는 별로 상관없게 되었습니다. 오히려 현대적 의미에서 앙뜨레는 중간에 있는 미들코스^{Middle Course}이자 메인 디시^{main dish}가 되었죠.

앙뜨레는 메인 디시이기 때문에 아무래도 잘 먹었다는 생각

이 들만한 걸 먹어야겠죠. 그리고 위를 든든하게 만들어주는 것
은 역시 고기가 최고입니다. 그래서 앙뜨레에서는 소, 송아지,
양, 돼지 등을 사용하여 만든 요리가 제공됩니다. 물론 이런 포
유류 말고 닭이나 오리 등의 가금류나 꿩, 메추리 등의 엽조류도
사용하긴 하지만, 앙뜨레는 보통 육류요리를 말합니다. 서양식
요리라고 하면 떠올렸던 것들도 대부분 육류 요리인 이유도 여
기에 있죠. 요즘에는 그런 경우가 거의 없지만, 그리 오래지 않
은 예전에는 양식을 먹으러 갈 때면 "고기 썰러 가자"라고 말했
을 정도로 서구식 요리는 육류요리라는 고정관념이 있었죠.

  그중에서도 가장 많이 사용되는 건 소고기나 송아지 고기입
니다. 샤또브리앙Chateaubriand 남작이 즐겨 먹었다고 해서 샤또브
리앙이라는 이름이 붙여진 안심 스테이크나 뚜어느도 스테이크
Tournedos Steak, 필렛 미뇽Filet mignon 같은 스테이크 종류들이 그런
음식들이죠.

  어디에서나 그렇지만 프랑스 요리에서도 이런 요리 재료들의 특
성에 따라 다양한 소스가 발달되어 있습니다. 데미글라스demi-glace
나 퐁 드 보fond de veau를 모체 소스(여러 가지 소스의 베이스가 되는 소스)로
하여 갖가지 소스를 만들 수 있죠.

  이런 든든하고 진한 앙뜨레에는 어떤 와인이 가장 잘 어울릴
까요?

  사실 이런 질문은 어쩌면 완전히 무의미한 질문일 수도 있습
니다. 앙뜨레의 종류만 해도 한두 가지도 아니거니와 와인도 제
조사나 지역에 따라 천차만별이니 어떤 게 최고의 궁합이라고

말하는 것은 불가능합니다. 다만, 이것 하나만은 말할 수 있죠. 보르도 와인은 거의 모든 육류 앙뜨레와 함께 내어놓아도 실패하지는 않을 것이라고 말입니다.

　그런데 잠깐 짚고 넘어가야 할 것은 푸아송이 끝났다고 바로 앙뜨레로 들어가지는 않는다는 점입니다. 긴 코스 요리를 이어가야 하기 때문에 잠시 쉬는 시간이 필요하기도 하고, 앙뜨레의 온전한 맛을 즐기기 위해 생선의 비린 향을 중화시켜 주어야 할 필요도 있죠. 그래서 푸아송 다음에는 이후 코스들을 위한 입가심으로 소르베Sorbet를 먹습니다. 소르베란, 영어의 셔벗Sherbet, 즉 과일주스나 과일 자체를 얼린 것과 비슷한 정도로 보면 될 것 같습니다. 샤베트라고도 많이 부르는 것이죠. 아이스크림과도 비슷합니다. 다만, 소르베의 목적 자체가 아무래도 푸아송과 앙뜨레 사이에서 입을 씻어주는 역할을 하는 과정이기 때문에 아이스크림과는 다르게 우유가 들어가지 않죠. 이런 소르베로 입을 씻어주고 나서야 비로소 본격적으로 앙뜨레에 돌입할 준비가 됩니다. 이전까지 즐겼던 음식과는 이제 완전히 다른 맛과 향의 세계로 진입하는 것이죠.

　이처럼 전환의 순간, 새로운 세상이 열리는 순간이 철학과 예술에도 있었습니다. 바로 이번 장과 다음 장에 다룰 칸트와 니체의 철학, 그리고 사실주의를 이어 나타나게 되는 세잔의 예술이죠. 이들을 보르도와 캘리포니아 와인과 함께 두 장에 걸쳐 다루어보도록 하겠습니다.

어쩌면, 프랑스 음식이 그런 것처럼, 이제야 본격적인 철학과 예술의 전환기에 접어든 것일지도 모르겠습니다.

그림67. 소르베.

코페르니쿠스적 전회, 임마누엘 칸트

18세기 말부터 19세기 중엽까지는 철학에서나 예술에서나, 그리고 와인에서나 무척 중요한 시기이자 격변의 시기였습니다. 이 시기를 기점으로 철학의 세계에도, 예술의 세계에도, 와인의 세계에도 무척 중요한 사건이 있었죠.

우선 철학을 보면 임마누엘 칸트(Immanuel Kant, 1724~1804)가 (중요도에서나 난해함에서나) 그 이름도 유명한 『순수이성비판(Kritik der reinen Vernunft』을 1781년에 출간하여 그야말로 철학, 특히 인식론계에 충격을 몰고 왔으며, 그 뒤를 이어 헤겔(Georg Wilhelm Friedrich Hegel,

1770~1831)과 **니체**(Friedrich Wilhelm Nietzsche, 1844~1900)가 등장했던 시기였죠. 물론, 시기적으로 니체는 19세기 중엽 이후에 활동한 철학자이기 때문에 여기에 같이 엮는 게 조금 비약이 있을지도 모르겠지만, 이는 바로 다음 장을 위해서 잠시 불러와 봤습니다.

그리고 예술계에서는 프랑스 대혁명과 함께 나타난 신고전주의와 낭만주의를 거쳐 사실주의가 등장하죠. 그리고 그중에서도 구스타프 쿠르베(Gustave Courbet, 1819~1877)와 장 프랑수와 밀레(Jean-François Millet, 1814~1875), 그리고 그들의 작품이 세상에 태어납니다. 그들로 인해 프랑스 대혁명과 그 혁명과도 같은 철학에서 잉태한 세상의 전환이 예술계에서도 완전히 자리 잡게 되는 것이죠.

와인계에서는 무슨 일이 있었을까요? 1821년에 와인병의 규격이 통일된 것도 큰 이슈이긴 하지만, 다름 아닌 나폴레옹 3세에 의해 보르도 메독 지구의 그랑 크뤼 클라세가 선정됩니다. 120년 가까이 견고하게 자신들의 성을 구축하여 단 한 번도 변화가 없었던 보르도 대표 와인 리스트업이 완성된 것이죠. 이때 자리 잡은 등급은 1973년에 처음이자 마지막으로 샤토 무통 로칠드가 2등급에서 1등급으로 승격이 된 것 이외에는 단 한 번도 흔들려본 적이 없습니다. 이 두 가지 사건은 와인계에 있어서 꽤 큰 의미를 갖게 됩니다.

이처럼 18세기 말엽부터 19세기 중엽까지는 세계사적으로도 격변의 시기였지만, 와인과 예술과 철학의 세계에서도 격렬한 지각변동이 있었던 시기였죠. 그럼 지금부터 이런 사건들과 그 사건의 의미를 하나씩 짚어가 보도록 하겠습니다.

'칸트와 예술'이라고 하면 가장 먼저 떠올리는 것은 『판단력 비판Kritik der Urteilskraft』입니다. 사실상 본격적인 미학책으로는 거의 최초의 책이라고 해도 좋을 책이죠. 물론 그 이전에 아리스토텔레스니 플라톤이니 많은 사람이 있기는 하지만, 칸트의 『판단력 비판』이야말로 미학이라는 게 어때야 하는지를 명확히 보여주는 책입니다. 그런데 저는 이번 장에서 『판단력 비판』이 아니라 『순수이성 비판』을 중심으로 이야기해 보도록 하겠습니다. 『판단력 비판』 자체가 『순수이성 비판』에 대한 이해가 없으면 제대로 읽을 수도 없는 책이기도 하거니와 제가 말하고자 하는 건 『판단력 비판』과는 조금 다른 데 있기 때문이죠.

칸트와 쿠르베를 함께 설명하며 보르도 와인까지 같이 설명하기 위해서는 아무래도 하나의 문장에서부터 시작해야 할 것 같습니다. 바로 "꽃이 아름답기 때문에 아름다운 것인가? 아니면 내가 아름답다고 생각하기 때문에 아름다운 것인가?"라는 문장이죠. 뭔가 알쏭달쏭한 이 문장은 사실 플라톤의 『에우티프론』에서 에서 이미 논의되었던 내용입니다. 에우티프론에서는 옳음과 신의 명령에 관해 논의하기 때문에 "어떤 것이 옳은 것은 신이 그것을 명령하기 때문인가, 아니면 그것이 옳기 때문에 신이 명령하는 것인가"라는 형식으로 등장하죠. 어찌 되었든, 『에우티프론』의 주된 논의 중 하나인 이 명제는 철학사에서 가장 유명한 문제 중 하나인데, 이게 칸트에 와서는 완전히 바뀌게 됩니다.

결론부터 말하자면, 칸트 이전의 세계는 꽃이 아름답기 때문에 우리는 꽃을 아름답게 느낀다고 생각했었습니다. 쉽게 풀어 보자면, 우리가 꽃(이건 하나의 예일 뿐이고, 대상이 무엇이든 상관없습니다)을 아름답다고 생각하든 추하다고 생각하든, 꽃의 아름다움은 우리와 전혀 상관없이 아름답다는 식이었죠. 우리가 봄을 즐기든 즐기지 않든, 꽃은 피고 핀 꽃은 아름답다는 것이 당시의 생각이었습니다. 우리가 보고, 느끼며 경험하는 세계와 심지어 경험을 초월한 세계가 인간의 생각과는 전혀 상관없이 존재한다는 것이죠.

아름다움이라는 것도 마찬가지였습니다. 칸트 이전의 세계관 속에서는 인간이 무엇을 어떻게 생각하든 아름다움은 변치 않고 존재했습니다. 절대적인 아름다움이라는 것이 있었죠. 그것이 그리스의 경우에는 조화와 균형 등이었고, 중세시대에는 신이었습니다. 르네상스 시대에는 또 달라졌지만, 어쨌든 '아름다움'이 있고, 그것을 본떠서 만들어진 '아름다운 것'이 어디엔가 우리와는 상관없이 존재하고 있었던 것이죠.

그럼 아름다움을 표현해야 하는 화가, 조각가, 시인들은 어떻게 해야 할까요? 간단합니다. 그 '아름다움'을 어떻게든 표현하기만 하면 됩니다. 뭐 표현의 도구나 방법에는 여러 가지가 있겠지만, 어쨌든 정해진 아름다움이라는 게 있으니 그것을 찾아내서 그리기만 하면 됩니다. 어쩐지 무척 편해 보이죠. 실제로 이런 사고방식은 어떻게 보면 예술가들을 무척 편하게 만들기도 했습니다. 무엇을 그려야 할지에 대한 고민이 그렇게 많이 필요 치 않았죠. 어떻게 그려야 할지만 생각하면 되었습니다. 하지만 이건 거꾸로 생각해 보면 상당한 제약을 가지고 오는 사고방식 이기도 합니다. 무엇을 그려야 할지 정해져 있다는 말은 그것 외 에 다른 것들은 그리지 말아야 한다는 말과도 같거든요. 그래서 18세기 중반까지의 그림에는 소재가 무척 한정적입니다.

하지만 이제 칸트에 이르러 세상에 대한 그런 시각은 확연히 변하게 됩니다. 칸트가 『순수이성비판』과 기타의 여러 저작을 통해 바꾼 것은 다름 아닌 '세상을 보는 눈'이었죠. 아니 더 정확 히 말하자면, '세상을 보는 체계 그 자체'를 바꾼 것입니다. 플라 톤 이후로 2,000년을 넘게 이어온 세계관을 칸트는 단박에 바꿔 버립니다. 우리는 대상 그 자체를 보고 경험하는 것이 아니라 특 정한 방식을 통해 우리가 세상을 보는 그 방법, 그것만을 알 수 있다는 것이죠.

칸트 이전에는 '꽃'은 누가 보아도 똑같은 꽃이었죠. 제가 보 든, 여러분이 보든, 아마존 남비콰라족 족장의 네 번째 아들 울 렐레쿨레가 보든 똑같은 꽃이었습니다. 이 생각에는 우리가 사 물 그 자체를 볼 수 있다는 생각이 있는 것이죠. 하지만, 칸트는 달랐습니다. 우리가 보는 것들이 경우에 따라서 다르게 보일 수 있다고 생각한 거죠. 심지어 우리는 우리가 경험하는 대상을 전 혀 알 수 없고, 그저 우리가 느끼고 경험하는 방식만 알 수 있다 고 보았던 것입니다. 우리의 인식은 현상에 대한 것이지 그 현상 의 기초를 이루는 물질 그 자체는 알 수 없다는 말입니다.

그래서 칸트는 사물 그 자체$^{Ding\ an\ sich}$는 알 수 없다고 말하죠.

이렇게 되면 어떻게 될까요? 예를 들어 30년 지기 친한 친구가 내 바로 옆에서 나와 같은 꽃을 보며 같이 "빨갛다"라고 말을 하고 있다고 하더라도 내가 보는 빨간색과 친구가 보는 빨간색이 완전히 다른 색일 수도 있게 됩니다.

칸트의 관점에서 보자면 나와 친구는 우리가 보는 것, 즉 사물자체^{꽃}는 알 수 없는데 우리는 그것을 "빨갛다"고 배웠기 때문에 그저 똑같이 "빨갛다"고 말하는 것일 뿐이죠. 하지만 우리 둘은 전혀 다른 방식^{색}으로 그것을 보고 있는지도 모릅니다. 우리는 그것^{꽃}을 알 수 없거든요. 그러니 당연히 그게 진짜 "빨간색"$^{('진짜 빨간색'이라는 것도 여기에서는 무의미하지만)}$인지 알 수 없겠죠. 결국 나와 친구는 말만 같은 다른 세상 속에서 살게 되는 것입니다. 즉, 같은 것^{꽃}을 다른 방식으로 보면서도 같은 이름^{빨갛다}으로 부르는 것뿐입니다. 우리는 사물 자체를 보는 것이 아니라 나에게 와 닿는 현상만을 보는 것이기 때문이죠.

그런데 나에게 와 닿는 현상은 이 세상에서 오직 나만 알 수 있습니다. 친구 또한 마찬가지겠죠. 이렇게 되면 이제 "꽃이 아름답기 때문에 아름다운 것인가? 아니면 내가 아름답다고 생각하기 때문에 아름다운 것인가?"라는 말의 두 번째 명제가 해결됩니다. 아름다움을 빨강으로 바꾸기만 하면 됩니다. "꽃이 빨갛기 때문에 빨간 것인가? 아니면 내가 빨갛다고 생각하기 때문에 빨간 것인가?"라고 말이죠. 칸트의 입장은 어떤 것일까요? 당연히 후자이죠. 이런 생각의 전환은 당시에 엄청난 것이었습니다.

물론 이걸 칸트 혼자서 다 한 건 아니지만, 여하튼 상당히 획기적인 변화였죠. 철학에서는 현상이 우리에게 감각되는 것을 연구하는 학문을 인식론이라고 하는데, 그래서 칸트의 이런 전환을 '인식론적 전회'라고 부릅니다. 그런데 이게 칸트 스스로가 생각하기에는 너무 위대한 변화여서 자신의 이런 발견을 일컬어 '코페르니쿠스적 전회'라고 부릅니다. 코페르니쿠스가 프톨레마이오스의 천동설을 지동설로 바꾼 것만큼이나 역사적인 전환이라고 보았던 것이죠.

이런 칸트의 인식론은 나중에 무척 난해하고 형이상학적인 것으로 발전하게 됩니다. 하지만 그런 것들은 철학에서나 다룰 만한 내용이지 이곳에서 다룰 내용은 아니죠. 우리는 다만 이것이 미술에, 그리고 와인에 어떠한 영향을 미쳤는가를 봐야 합니다. 이건 크게 두 가지 측면으로 발달합니다. 내용적인 측면과 기술적인 측면이죠.

하지만 여기에서 먼저 짚고 넘어가야 할 것은, 미술사조가 마치 칼로 잘라낸 것 마냥 뚝 떨어져 발전하는 일은 없다는 겁니다. 끊임없이 변하는 세상과 긴밀하게 관계하며 함께 변해가죠. 그러므로 항상 "언제부터는 이런저런 그림이 나왔어"라고 말하는 것은 위험합니다. 시간이 흐르고, 아주 사소한 다름이 생기고, 그것이 모여 어떤 공통점으로 묶이고, 그걸 후대의 사람들이 보고 공통점을 찾아 인상주의니 로코코니 하는 것이죠. 그러므로 지금 제가 언급하는 예술가만이 그런 새로운 그림을 그렸다고 생각하거나 이 예술가는 이런 성격만 있다고 생각하지 않길 바랍니다. 그들은 다만, 가장 특징적인 사람일 뿐이며, 지금 설명하는 그림도 그들의 가장 특징적인 작품일 뿐이죠. 그들의 삶, 생각, 작품에는 제가 설명하는 것 외에도 무척 다양하고 풍부한 것들이 내재되어 있습니다.

그럼 주의사항이랄까요, 사용설명서를 제공하였으니 이제 본격적인 이야기를 시작해 보도록 하겠습니다.

먼저 내용적인 측면에서 칸트처럼 인식론적 전회를 이룬 화파로는 귀스타프 쿠르베(Gustave Courbet, 1819~1877)와 장 프랑수아 밀레(Jean-François Millet, 1814~1875)를 위시한 사실주의Réalisme가 있습니다. 사실주의라는 말은 1855년 쿠르베가 파리 만국박람회장 앞에 천막을 쳐놓고 개인전을 열어 이것을 '사실주의, G. 쿠르베 전'이라고 부르면서 시작되었죠.[26]

우리는 사실주의라는 명칭을 들을 때면 보통 대상을 사진 찍은 것처럼 완전히 똑같이 그린 것을 생각하기 쉽지만, 이때의 사실주의란 그런 테크닉적인 요소를 말하는 것이 아닙니다. 이런 표현이 가능하다면, '사실적인 표현 방식'이 아니라 '사실'을 그린 것이 바로 사실주의죠. 쉽게 말해 테크닉이 아니라 세상을 바라보는 시각과 그런 시각으로 바라보는 대상의 문제라는 말입니다. 그래서 이 당시의 그림들을 보면 물론 잘 그리긴 했지만, 그

26. 『서양미술사』, 곰브리치, 도서출판 예경, 2003년, 508쪽.

래도 우리가 생각하듯 사진인지 회화인지 분간이 안 갈 정도로
실물과 닮은 그림은 아닙니다. 어떻게 본다면 오히려 별로 특색
이 없는 그저 그런 그림처럼 보일 수도 있죠. 코레조의 그림처럼
구도가 특별히 독특한 것도 아니고 윌리엄 부그로의 그림처럼
요염할 정도로 아름다운 것도 아닙니다. 너무 단순한 구도에 일
상적인 색감에 어쩌면 보잘것없다고 생각될 수도 있는 소재들을
가지고 그렸죠.

　　이건 사실주의자들이 추구하는 목적 때문입니다. 그리고 그
목적은 언제나 사실, 즉 Real과 관련이 있고, '사실'이라는 것은
앞서 언급했던 것처럼 변합니다. 이집트 시대의 사실과 그리스

그림68. 「성모 승천」, 코레조, 1525년경.

그림69.
「비너스의 탄생」,
윌리엄 부그로, 1879년.

그림70.「돌 깨는 사람들」, 귀스타프 쿠르베, 1849년.

시대의 사실, 중세 시대의 사실, 그리고 르네상스의 사실은 계속 바뀌어 왔죠. 그리고 이제 또 사실이 바뀔 시점이 된 것입니다. 이런 사실의 변화는 칸트의 철학과 프랑스 대혁명과 같이 연결하여 이야기해 보면 이해가 조금 더 쉬워질 것 같습니다.

칸트의 철학에서 가장 기본이 되는 부분 중 하나는 바로 앞에서 언급한 세계관의 변화입니다. 우리는 '사물 그 자체'는 알 수 없고, 사물이 우리에게 경험되는 '현상'만 알 수 있죠. 그런데 이건 조금 다르게 생각해 보면 인간에게 무척 커다란 자유를 가져다줄 수도 있습니다. 대상 그 자체에 얽매이지 않아도 된다는 것이죠.

이걸 사회적으로 보자면 쉽게 말해 '왕후장상의 씨가 따로 있느냐'가 되는 것이죠. 꽃이 아름답기 때문에 아름답다고 생각하는 게 아니라는 말은, 왕이나 귀족이 그 가문이나 혈통 자체가 고귀하기 때문에 그들이 고귀한 것은 아니라는 말이 되기도 합니다. 왕이 하늘에서 내려온 신의 아들이라서 절대 변하지 않는 권력을 가질 수 있는 것이 아니라, 다만 사람들이 그렇게 생각했기 때문에, 즉 민중이 그들에게 권력을 부여했기 때문에 그들은 권력을 가질 수 있게 되었다는 생각으로 발전하게 됩니다. 네, 여기까지 왔다면 눈치가 빠른 분들은 아시겠지만 사회계약설입니다. 물론, 칸트가 사회계약설에 영향을 준 것은 아닙니다. 오히려 그 반대이죠. 다만, 1781년 칸트가 『순수이성비판』을 쓰고 8년 후, 1789년의 프랑스대혁명도 그와 동일한 맥락의 세계관에서 시작되었기 때문에 이 둘을 같이 엮어 설명하는 것입니다.

프랑스대혁명은 실로 엄청난 혁명이었습니다. 민중의 손으로 직접 왕의 목을 자르고 구시대의 체제ancien regime를 무너뜨린 혁명이니까 말이죠. 진정한 근대는 프랑스대혁명과 함께 시작되었다고 해석하는 사람들도 많을 정도입니다. 그리고 그런 혁명의 에너지는 정치, 사회, 경제뿐만 아니라 예술과 와인에도 무척 많은 영향을 줍니다.

먼저 예술에서는 프랑스대혁명을 통해 귀족의 후원을 받아 그들의 향락적인 문화를 그리던 로코코양식이 끝을 맺습니다. 바로크양식을 이어 발생한 로코코양식은 그림에서 보는 것처럼 무척 화려하죠. 소재 또한 모두 귀족들의 사교 문화나 연애 등을 그려왔습니다. 특히 앙트완 와토Jean-Antoine Watteau는 유한계급들의 소풍이나 야유회, 혹은 연회 정도로 해석할 수 있는 페트갈랑트fête galante 그림만을 주로 그렸죠. 그러니 귀족 중심의 구체제를 무너뜨린 혁명가들의 입장에서 보면 이런 로코코 양식이 어떻게 보일까요? 절대로 곱게 보이지 않겠죠.

그래서 다비드(Jacques Louis David, 1748~1825)와 앵그르(Jean Auguste Dominique Ingres, 1780~1867)처럼 절제되고 아카데믹한 신고전주의가 발전합니다. 하지만 대혁명이 일어났다고, 계몽의 시대가 되었다고 민중들의 삶이 그렇게 나아진 것은 아니었습니다. 대혁명이 끝나자마자 이어지는 공포정치와 나폴레옹의 시대에는 이전 시대보다 오히려 더 힘든 삶을 이어가는 사람이 많았죠. 그래서

그림71. 「시테 섬으로의 출범」, 앙트완 와토, 1717년.

신고전주의가 내세우는 이성이니 계몽이니 하는 것을 부정하는 화파가 나옵니다. 바로 고야(Francis Goya, 1746~1828)와 외젠 들라쿠르아(Eugène Delacroix, 1798~1863) 같은 낭만주의자들이 등장하죠.

안녕하세요, 쿠르베 씨

신고전주의와 낭만주의가 예술계를 장악하고 있던 시기에 그들

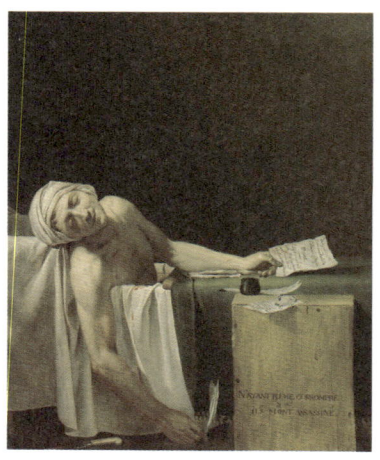

그림72.
「마라의 죽음」,
자크 루이 다비드, 1793년.

그림73.
「발코니의 마하들」,
프란시스 고야, 1835년경.

과는 또 다른 방식으로 세상을 보기 시작한 사람이 있습니다. 바로 밀레와 쿠르베이죠. 칸트와 프랑스대혁명, 그리고 계몽주의자들의 영향을 받은 이들 사실주의자들은 세계를 다르게 보기 시작합니다. 진짜, 즉 사실real이란 무엇인가 하는 것이죠. 결론부터 말하자면, 이들이 생각하는 사실이란, 신고전주의나 낭만주의자들의 그림처럼 꾸며진 것이 아닌 세상이었습니다. 나폴레옹과 같은 위대한 영웅이나 신귀족, 부르주아 같은 사람들이 사는 세상이 아니었습니다. 그렇다고 신화나 종교 등에서 그려지는 그런 유토피아 같은 것도 아니었죠.

   그들에게 있어서 '사실'이란, 바로 지금 이 순간 옆에 있는 사람이고, 수확이 끝난 후 자기 몫의 이삭을 줍는 여인들이고, 그런 사람들이 "안녕하세요"라며 인사를 주고받는 '일상'이었습니다. 그래서 그들의 그림은 너무나 '일상적'입니다. 심지어 쿠르베의 그림은 제목조차도 "안녕하세요 쿠르베 씨(Bonjour Monsieur Courbet)"입니다.

   이 그림에 등장하는 인물 중 가장 오른쪽에 평범한 옷을 입고 배낭을 짊어지고 가는 사람이 바로 쿠르베 자신입니다. 그리고

그림74.
「안녕하세요 쿠르베 씨」,
구스타프 쿠르베, 1854년.

그의 앞에서 모자를 벗고 인사하는 두 사람 중 앞에 있는 사람이 쿠르베를 후원하던 알프레드 브뤼야스라는 부르주아죠. 이 그림은 쿠르베가 프랑스의 몽펠리에서 그린 그림인데 야외로 그림을 그리러 가다가 자신의 후원자를 만난 자기 모습을 그림입니

다. 쿠르베는 굳이 왜 이런 그림을 그렸을까요?

첫 번째는 '사실'을 그리려고 했기 때문입니다. 사실이란, 왜 곡되지 않은 일상과 그런 일상 속의 평범함이라고 생각했기 때문이죠. 그리고 더불어 재미있는 것은 이 그림의 부제입니다. '천재에게 경의를 표하는 부'라는 부제가 의미하는 것은 너무나 당연합니다. 천재는 자신이고, 거기에 경의를 표하는 부는 자신의 후원자라는 것이죠. 그래서 그림을 보면 쿠르베는 평범하고 남루한 옷차림에도 당당하게 턱을 치켜들고 있고, 그의 후원자는 말끔한 옷을 입고도 하인과 개를 대동하여 모자까지 벗고 그에게 경의를 표하고 있는 것입니다. 쿠르베가 생각하기에 당당함은 한껏 치장한 겉모습이나 권위, 혹은 자신이 가진 부에서 나오는 것이 아니라 내면의 자존감에서 나온다고 생각했던 것이죠. 그들이 생각했던 '진짜'라는 것은 이러한 것이었습니다. 그러니 당연히 그림을 이렇게 그렸던 거죠.

한 작품을 더 보도록 하겠습니다. 밀레의 「이삭 줍는 사람들Les glaneuses」입니다. 밀레 또한 쿠르베와 같은 사실주의자죠.

밀레의 그림에서 재미있는 부분은 중심에 있는 세 명의 여인이 아니라 오른쪽 위에 조그맣게 보이는 말 탄 사람입니다. 이 말 탄 사람은 다름 아닌 이 농장의 지주이죠. 지주가 아니라 이삭을 줍는 세 명의 사람, 그것도 남자가 아닌 여자, 여자이면서도 아름다운 누드나 초상화가 아니라 고된 노동의 흔적이 그대로 드러나는 세 명의 여자를 가장 크게 그린 이유는 뭘까요? 이전까지의 그림이었다면 지주와 지주의 수확물이 그림의 소재가 되었겠지만, 이제는 그런 게 아니라 우리의 곁에 보이는 하루의 노동과 그 노동을 하는 사람들의 모습이 소재가 될 수 있음을 의미하는 것입니다.

요약하자면, 쿠르베의 그림이나 밀레의 그림은 꽃이 아름답기 때문에 꽃을 그리는 것이 아니라, 우리가 꽃을 아름답다고 생각

그림75.「이삭 줍는 사람들」장 프랑수아 밀레, 1857년.

그림76.
「이삭 줍는 사람들」의 세부.
말을 탄 농장의 지주가
뒤로 물러나 있다. 세상의
주체가 바뀐 것을 의미한다.

했기 때문에 꽃을 그린다는 관점이죠. 그러므로 우리가 꽃이 아닌 다른 것을 아름답다고 생각한다면, 당연히 그것을 그려야 하는 것입니다. 소재에 자유가 생기는 것이죠. 그리고 그들에게 있어서 아름다운 것은 대단한 것이 아닌 사소한 것에 있었습니다. 이것은 다음 장에 설명할 니체와 세잔으로 이어지게 되죠.

프랑스대혁명과 보르도 와인

1789년에 있었던 프랑스대혁명과 계몽주의는 와인계, 정확히는 프랑스 와인 제조업계에도 많은 영향을 미쳤습니다. 하지만 대혁명의 혼란스러웠던 사회 분위기와는 반대로 오히려 안정적으로 발전할 수 있는 기틀이 마련되었죠. 어쩌면 당연한 일인지도 모르겠습니다. 대혁명이니 정치 제도니 해봐야 혼란의 중심지는 포도밭이 없는 파리였거든요. 포도가 자라는 것은 인간들의 혼란스러운 세상사와는 아무런 관계도 없으니까요. 게다가 포도 농사를 짓고 와인 제조를 하는 와이너리들에게 있어 대혁명은 오히려 긍정적인 변화를 가져다주었습니다.

　우선 대혁명으로 인해 교회의 세력이 약해져 교회에 소속되어있던 포도밭이 민중들에게 나누어졌고, 구체제 동안에는 교회에 매년 십일조처럼 수익을 바치던 관행도 사라졌습니다. 게다가 왕이 물러나고 국가의 주인이 된 국민들은 귀족에게 돌아가던 세금을 줄일 수 있어 세금지출도 줄었습니다. 또한 귀족들만 소유하고 있어서 비싼 이용료를 주고 사용해야 했던 포도 압착기도 혁명으로 인해 누구나 무료로 사용할 수 있게 되었습니다.
귀족 세력이 무너지다 보니 그들의 재산이 농민의 공동 재산으
로 돌아갔기 때문이죠. 그러다 보니 당연히 의욕도 늘고 설비 투
자도 활발해져 포도원의 생산량과 질도 높아졌죠. 그에 따라 와
인의 질이 높아진 것은 말할 것도 없고 말이죠.

　또한 변화한 시장도 긍정적으로 작용하였습니다. 유동자산이
많아져 사회적 부가 늘어나니 와인 소비도 활발해졌죠. 그 대표
적인 예가 부르주아입니다. 부를 축적하여 귀족계급 대신 사회의
새로운 주도 계급으로 등장한 부르주아는 그 막대한 자본력으로
고급 와인을 대량 소비하기 시작했습니다. 예전에는 왕족이나 성
직자, 귀족 등 구체제의 제1신분과 2신분만이 누릴 수 있었던 고
급 와인이 부르주아에게도 풀리니 고급 와인에 대한 수요가 급격
하게 팽창하기 시작하였죠. 시장이 발달하게 된 것입니다. 프랑스
의 와인 산업은 대혁명으로 인해 새로운 발전의 시기를 맞이한 셈
이죠.

　하지만 이런 호황기는 오래가지 못합니다. 나폴레옹의 등장
때문이었죠. 유럽대륙 대부분을 지배하던 나폴레옹은 영국을 고
립시키기 위해 대륙봉쇄령을 내립니다. 영국과의 어떤 무역도
금지한 것이죠. 그런데 프랑스 와인, 특히 보르도 와인의 가장
큰 수입원은 영국과의 무역이었습니다. 결국 영국 와인 시장을
독점하던 프랑스 와인은 잠시 쇠락의 길을 걷게 됩니다. 하지만
다행인지 불행인지 나폴레옹의 시대가 끝났고 곧이어 유럽의 와
인 시장은 다시 활기를 얻게 되었죠.

이어서 드디어 19세기 중반이 되면서 프랑스의 와인 산업은 산업혁명과 함께 급속한 변화의 길을 걷게 됩니다. 와인 산업에도 대량생산과 대량소비라는 개념이 도입되게 된 것이죠. 가족 단위로 운영되던 포도원이 공장형 거대 포도 양조장으로 거듭나기 시작했죠. 바로 '샤토Château'가 된 것입니다. 샤토라는 말은 원래 성이나 궁전, 대저택을 의미하는 프랑스어로, 영어의 캐슬castle 정도로 번역되는 단어입니다. 쉽게 예를 들자면 우리가 프랑스 하면 떠오르는 대표적인 건축물인 베르사유 궁전도 샤토 드 베르사유Château de Versailles입니다. 베르사유의 웅장하고 고풍스러운 이미지를 떠올려보면 포도원의 이미지와 그다지 어울리지는 않아 보이죠. 물론 프랑스의 샤토들의 모습도 고풍스러운 성의 모습을 띠고 있는 게 많지만, 사실 샤토는 포도원을 구입한 부르주아들이 자신들의 양조장을 칭하기 위해 만들어낸 명칭이라고 보면 됩니다. 그래서 보르도에서는 샤토라는 말을 쓰지만, 부르고뉴에서는 샤토가 아닌 도멘을 쓰고 있죠. 파리와 지역적으로 멀어 부르주아나 신귀족계층이 포도원 전체를 사유화할 수 있었던 보르도와는 다르게 부르고뉴에서는 대혁명이 끝나고 시간이 흘러도 소유자가 분할되어 있었기 때문입니다. 아무튼 그래서 보르도 와인에는 "Mis en bouteilles au Château"라고 표기가 되어 있습니다. 포도를 재배한 샤토에서 와인을 만들고 병에 담았다는 뜻이죠.

이렇게 대량생산화된 보르도의 와인 산업은 1855년에 또 다른 변화의 시기를 맞이하게 됩니다. 바로 우리가 보르도 와인이라면 떠올리게 되는 그랑 크뤼 클라세Grand cru classé 등급이 제정된 것이죠.

　이런 등급은 어째서 제정된 걸까요? 그랑 크뤼 등급이 그냥 심심해서 정해진 것은 아니겠죠? 이러한 등급제가 논의된 것은 바로 1855년에 파리에서 개최되었던 세계박람회 때문이었습니다. 산업혁명 덕에 세계 각국에서 갖가지 공산품이 쏟아져 나오자 서구열강들은 제국주의 합리화의 일환으로 자기네 문명의 우월성을 앞다퉈 보여주기 시작했죠. 그중 가장 대표적인 방법이 바로 세계박람회였습니다. 1851년 런던에서 열린 세계박람회에 이어 1855년에는 파리에서도 이런 세계박람회가 개최되었죠. 당시 프랑스의 황제였던 나폴레옹 3세는 자신들의 전시 품목 중 하나인 프랑스 와인의 우월성을 자랑하기 위해 보르도의 와인 업자들을 불러 지시했습니다. 너무 다양한 프랑스의 와인을 전부 전시할 수는 없으니 와인 산업이 가장 활발하게 이루어지는 메독 지구의 와인을 집중적으로 전시하라는 것이었죠. 그렇지만 메독 지구만 해도 수가 너무 많아 무작위로 와인을 나열해 놓을 수는 없었습니다. 그래서 궁리 끝에 메독 지구 중에서도 가장 품질이 좋은 샤토 61개를 선정해 중점적으로 전시하기로 하였죠. 이때 선정된 61개의 샤토가 바로 그랑 크뤼 클라세입니다. 최고급 와인이라는 뜻이죠.

　그리고 다시 이 61개를 5등급으로 분류했습니다. 프리뫼에 그랑 크뤼 클라세(특1등급, Premiers Grand cru classé) 4개, 되지엠 그랑 크뤼 클라세(특2등급, Deuxièmes Grand cru classé) 15개, 트로와지엠 그랑 크뤼 클라세(특3등급, Troisièmes Grand cru classé) 14개, 콰트리엠 그랑 크뤼 클라세(특4등급, Quatrièmes Grand cru classé) 10개, 생퀴엠 그랑 크뤼 클라세(특5등급, Sinquièmes Grand cru classé) 18개로 말이죠.[27] 이 등급은 그후로 현재까지 150년이 넘게 유지되고 있습니다. 단 한 번의 예외를 제외하고는요. 그 예외란 바로 1973년에 되지엠 그랑 크뤼클라세, 즉 2등급 그랑 크뤼에 속해 있던 샤토 무통 로칠드Château Mouton Rothschild가 1등급으로 승급된 것을 말하죠. 그래서 그 이후로는 아래의 그림처럼 1등급 그랑 크뤼가 총 5개가 되어 이른바보르도의 5대 샤토로 불리게 된 것입니다.

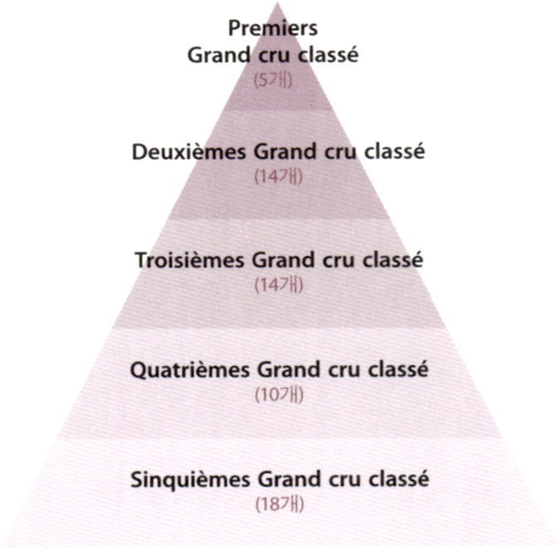

**Premiers
Grand cru classé**
(5개)

Deuxièmes Grand cru classé
(14개)

Troisièmes Grand cru classé
(14개)

Quatrièmes Grand cru classé
(10개)

Sinquièmes Grand cru classé
(18개)

도표7. 보르도 그랑 크뤼 클라세 등급.

---

27. 메독 지구 그랑 크뤼 클라세의 목록은 5장 Tip 부분 참조.

보르도, 그중에서도 메독

그림77. 보르도 지도.

나폴레옹 3세가 파리 세계박람회에서 굳이 보르도 와인을 콕 짚어 전시한 이유는 그만큼 보르도 와인이 프랑스 와인을 대표하기 때문입니다. 어찌 보면 "부르고뉴와 함께"라는 말을 쓰기가 미안할 정도로 보르도 와인은 프랑스의 다른 지역에 비해 그 생산량이 압도적으로 많습니다. AOC 등급의 와인만 해도 프랑스 전체 생산량의 3분의 1이죠. 프랑스가 전 세계에서 가장 많은 와인을 생산한다는 것을 생각해 본다면, 보르도의 생산량은 세계 최고라고 볼 수 있습니다.

이런 많은 양의 와인이 한 곳에서만 나지는 않겠죠. 보르도에는 와인에 특별히 관심이 있어 유심히 알아보는 사람이라도 생소한 생산지가 무척 많습니다. 오-메독이나 그라브 등 유명한 곳도 있지만, 앙트르 드 메르Entre-Deux-mers나 생 푸아 보르도Sainte-Foy Bordeaux 같은 곳은 와인에 관심이 많은 사람이라도 익숙지 않은 지역이죠. 생산지가 총 57개나 되고 그중에서도 AOC 지역이 20개나 되다 보니 다 외우고 다닐 수가 없습니다. 샤블리와 보졸레를 통틀어 다 해봐야 총 6개의 지역에서 생산되는 부르고뉴에 비교해 본다면 실로 어마어마한 숫자죠.

그렇기 때문에 이 모든 지역을 알 수도 없거니와, 사실 알 필요도 없습니다. 우리나라에 들어오는 건 대부분 이 중에서 다음 다섯 지역 정도니까요.

메독Médoc
포므롤Pomerol
그라브Graves-**페삭 레오냥**Pessac-Léognan
생테밀리옹Saint-Émillion
소테른Sauternes

그리고 그중에서도 1855년에 최초로 그랑 크뤼 등급을 받은 메독 지구가 특히 중요합니다. 부르고뉴 와인의 중심지가 코트 도르였다면, 보르도 와인의 중심지는 누가 뭐래도 메독 지구이기 때문이죠. 물론 다른 지역의 와인들도 뛰어난 것이 많지만, 부르고뉴가 코트 도르를 이해하면 절반은 이해한 것인 것처럼, 보르도도 메독을 이해하면 절반은 성공한 셈입니다.

보르도 와인의 메카라고 할 수 있는 메독 지역은 바-메독^{bas-}[^1]과 오-메독^{haut-Médoc} 두 곳으로 나누어져 있습니다. 프랑스어로 '낮은'이라는 의미의 bas를 쓰는 바메독 지역은 지롱드 강의 하류에 있어 이런 이름이 붙었고, '높은'이라는 의미의 haut가 붙은 오-메독은 상류에 위치하고 있기 때문에 이렇게 불리고 있죠. 그런데 아무래도 '낮음'이라는 의미의 bas를 쓰면 품질 또한 낮아 보이기도 하거니와, 대부분의 경우 낮음은 그다지 좋은 수식어가 아니어서 바-메독은 보통 bas를 쓰지 않고 '메독'이라고만 표기하고 있습니다. 그러므로 만약 보르도 와인을 샀는데 Médoc이라고만 쓰여 있으면 이건 바-메독의 와인이라고 생각하면 됩니다.

그런데 실제로도 바-메독과 오-메독의 와인은 품질에 어느 정도 차이가 있습니다. 일례로 오-메독에는 1등급 그랑 크뤼 클라세 샤토 4개를 포함하여 60개의 그랑 크뤼 샤토가 있는 반면에 바-메독에는 그랑 크뤼 샤토가 하나도 없죠. 그래서 보통 메독 지역에 관해 말할 때는 오-메독을 말하는 경우가 많습니다. 그러니까, 병에는 'Médoc'이라고만 쓰여 있으면 바메독 와인인데, 보통 말을 할 때나 책이나 팜플릿 등 일반적으로 사용할 때는 Médoc이 오-메독을 의미할 때가 많은 것이죠. 그러니 바-메독과 오-메독을 때에 따라 잘 파악하여 혼동하지 않고 사용하는 것이 좋습니다.

그림78. 오-메독 지도.

이런 오-메독 지역에는 특히 중요한 여섯 마을이 있습니다. 바로 생테스테프Saint Estéphe, 포이약Pauillac, 생줄리앙Saint Julien, 마고 Margaux, 물리Moulis, 리스트락Listrac입니다.

이 마을들은 오-메독 지구에서도 자신의 고유한 AOC를 가

생테스테프Saint Estéphe
포이약Pauillac
생줄리앙Saint Julien
마고Margaux
물리Moulis
리스트락Listrac

진 마을이죠. 부르고뉴에서는 그랑 크뤼 포도원에만 포도원 자체에 AOC를 부여할 수 있는 것처럼, 메독 지역에서는 이 여섯 개의 마을에만 AOC를 부여할 수 있습니다. 이것은 나중에 등급을 설명하면서도 언급하겠지만, 꽤 중요한 차이입니다. 그리고 이 중에서도 특히 포이약은 샤토 라피트 로칠드Château Lafite Rothschild, Pauillac, 샤토 라투르Château Latour, Pauillac, 샤토 무통 로칠드 Château Mouton Rothschild, Pauillac 등 5개의 그랑 크뤼 샤토 중 3개의 그랑 크뤼 샤토가 있는 곳이기도 합니다. 이렇게 외우기도 어려운 지역 이름이나 마을 이름을 설명하는 이유는 바로 이러한 지역과 마을을 기준으로 AOC 등급이 정해지기 때문이죠.

보르도 와인 등급

우선 간략하게 설명하자면, 보르도 와인의 등급에 있어서 가장 중요한 것은 앞서 짧게 설명한 그랑 크뤼 클라세입니다. 프랑스 전역에서 사용하는 AOC 등급을 보통 고급이라고 생각하는 경우가 있지만, 우리나라 입장에서는 AOC 외에는 수입이 거의 안 되다시피 하니 AOC를 그냥 일반 등급이라고 보는 게 더욱 편할 것입니다. 물론 AOC 밑에도 AO-VDQS^{Appellation d'Origin-Vins} ^{Délimités de Qualités Supérieure}와 VdT^{Vin de Table}, VdP^{Vin de Pays}가 있지만 국내에는 보기 힘든 실정입니다. 가격이 저렴하다 보니 수익성이 없기 때문이죠. 그래서 국내에서 만나는 프랑스 와인은 AOC가 대부분이라고 보면 됩니다.

이런 AOC 지구가 보르도에는 20개 있습니다. 그리고 그중에서 특히 유명한 곳이 바로 앞서 설명한 메독 지구와 그라브, 생테밀리옹, 포므롤, 소테른의 다섯 곳입니다. 포브롤을 제외한 다른 4개의 지역에는 공식적인 그랑 크뤼 등급이 있으며 마을명이나 지역명과 함께 그 등급을 라벨에 표시할 수 있죠.[24]

그런데 보르도는 부르고뉴와는 다르게 AOC 등급을 받은 포도밭이 없기 때문에 보르도의 등급 체계는 마을 단위까지 하여 아래와 같이 3단계로 구성되어 있습니다.

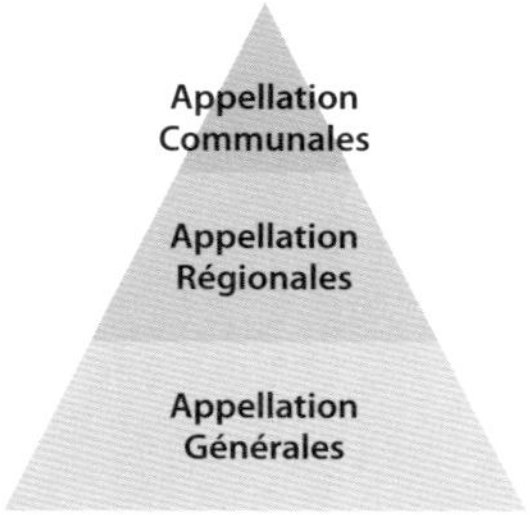

**Appellation
Communales**

**Appellation
Régionales**

**Appellation
Générales**

도표8. 보르도 와인 등급.

24. 『와인의 교본』, 코지마 하야토 CWE 지음, (주)교문사, 2011년, 90쪽.

1. 일반 AOC Appellation Générales

가장 넓은 단위인 지방Région, 즉 보르도라는 단위를 기준으로 AOC를 표기하는 등급입니다.

ex: **Appellation Bordeaux Contrôlée**
프랑스 중 보르도 지방에서 생산된 포도만을 사용하여 만든 와인

2. AOC 레지오날 Appellation Régionales

그다음 단위인 지역District 단위로 AOC를 표기하는 등급입니다. 앞서 언급한 20개의 지역명에 쓸 수 있는 단위죠.

ex: **Appellation Haut-Médoc Contrôlée**
보르도 지방 중 오-메독이란 지역에서 생산된 포도만을 사용하여 만든 와인

3. 마을 단위 AOC Appellation Communales

AOC 등급으로는 최소 단위인 마을Commune 단위로 표기하는 등급입니다. 보르도에는 샤토를 기준으로 AOC를 표기할 수 없기 때문에 AOC 등급으로는 가장 최소단위죠.

ex: **Appellation Pauillac Contrôlée**
오-메독의 포이악이라는 마을에서 생산된 포도만을 사용하여 만든 와인

이쯤 되면 눈치를 챘겠지만, 지역 단위가 좁아질수록 고급 와인입니다. 1보다는 2가, 2보다는 3이 더 고급 와인인 셈이죠. 그러니 혹여나 같은 가격이면 더 최소 단위로 AOC 표기가 되어 있는 것을 고르는 것이 좋겠죠.

그림79. Grand vin de Bordeaux.

그런데 강의를 가면 라벨에 "Grand vin de Bordeaux"(그림79 맨 위 붉은 점선)라고 쓰여 있는 건 뭐냐는 질문을 간혹 받기도 합니다. "Grand"이라는 단어가 있어 혹시나 좋은 와인이 아닌가 기대하기 때문이죠. 저렴하게 구입했는데도 "Grand"이라는 단어가 있으니 혹시나 횡재한 건 아닐까 하는 생각에 그런 질문을 하는 경우가 많죠. 하지만 아쉽게도 이 "Grand vin de Bordeaux"라는 표기는 거의 아무런 의미가 없다고 보아도 됩니다. 그냥 "보르도의 좋은 포도로 만들었다"라는 의미인데, 이건 아무런 법적 제약이 없기 때문에 누구나 사용할 수 있는 표기이죠. 심지어 테이블 와인인 VdT에도 쓸 수 있는 문장이죠. 예를 들면 제주도에서 생산한 농작물이라고 "청정 제주 감귤"이라고 쓰는 것 정도입니다. 보르도 와인이라는 것 외에는 거의 의미가 없죠.

그랑 크뤼 클라세

보르도에는 각 지역마다 이런 일반 AOC 중에서도 그랑 크뤼라고 불리는 고급 와인이 있습니다. 메독 지구에서는 앞서 언급했던 61개의 샤토가 그것이죠. 이 61개의 샤토는 1855년에 제정된이후로 샤토 무통 로칠드 하나만을 제외하곤 전혀 변함이 없습니다. 그렇기 때문에 이런 등급 분류에 이의를 제기하는 경우도많지만, 아직까지도 그 아성은 무너지지 않고 있죠. 이것을 마을별로 정리해 보면 아래와 같습니다.

마을	1등급	2등급	3등급	4등급	5등급	합계
마고	1	5	10	3	2	21
포이약	3	2	0	1	12	18
생쥘리앵	0	5	2	4	0	11
생테스테프	0	2	1	1	1	5
오-메독	0	0	1	1	3	5
그라브	1	0	0	0	0	1
합계	5	14	14	10	18	61

도표9. 마을별 그랑 크뤼 클라세.

그런데 1855년 당시 그랑 크뤼에 속하지 못한 와인 업자들이 이러한 구분을 고분고분 받아들이지는 않았겠죠? 더구나 품질에 문제가 있는 게 아니라 1855년 이후에 생긴 와이너리거나, 등급부여에 신경을 쓰지 않았거나, 혹은 그 외의 다른 이유가 있어 출품을 못 하였던 와인 업자들도 많았죠. 그들은 당연히 이런 등급부여에 동의하지 않았습니다. 하지만, 그렇다고 또다시 혁명을 일으킬 수는 없는 노릇이라 그들은 자체적으로 모여 크뤼 부르주아Cru Bourgeois라는 등급을 만들었습니다. 물론 이런 자기들만의 등급이 처음에는 공식 등급으로 제정되지 않았지만, 1932년 기어코 상농 회의소에 의해 444개의 샤토가 크뤼 부르주아 등급으로 인정받고, 1979년에는 유럽법의 보호도 받았습니다. 그리고 2003년 6월부터는 정부가 인정하는 공인 등급으로 개편되면서 공식적으로 247개의 샤토가 인정을 받았죠. 이렇게 인정받은 크뤼 부르주아Cru Bourgeois 등급은 다시 크뤼 부르주아 엑셉시오넬Cru Bourgeois Exceptionel이 9개, 크뤼 부르주아 쉬페리외르Cru Bourgeois Superieur가 87개, 크뤼 부르주아Cru Bourgeois가 151개로 나누어졌습니다.

하지만 역시 거기에서 떨어진 사람들도 가만있진 않겠죠? 당시 심사가 공정하지 못했다고 소송이 끊이지 않았고, 결국 2007년에는 보르도 법원에서 2003년의 등급이 무효라는 결정이 내려지면서 크뤼 부르주아라는 명칭은 공식적으로 사용하지 못하게 되었습니다.

그런데 이미 2007년 이전에 제정된 와인들이 있었습니다. 다행히 이 와인들은 이전의 등급 체계가 유지 되어 라벨에 표기할 수 있었죠. 그리고 재미있는 건, 이 9개의 크뤼 부르주아 엑셉시오넬이 그랑 크뤼의 4~5등급보다 높은 가격에 팔린다는 것이죠. 샤토 샤스-스플린Château Chasse-Spleen, 샤토 펠랑-세귀르Château

Phélan-Ségur, 샤토 오-마르뷔제Château Haut-Marbuzet, 샤토 포텡삭
Château Potensac, 샤토 라브고르스 제데Château Labégorce-Zédé, 샤토 푸
조Château Poujeaux, 샤토 레 조름 드 페즈Château Les Ormes de Pez, 샤토
시랑Château Siran, 샤토 드 페즈Château de Pez가 바로 이 아홉 개의 크

그림80. 크뤼 부르주아 엑셉시오넬 등급 중에서도 가장 유명한 샤토 샤스 스플린.
시인 보들레르가 이 와인을 마시고 우울증에서 벗어나서 와인의 이름을
"Chasse-Spleen〈슬픔이여 안녕〉"이라고 지었다. 그 때문에 몇 년 전까지는 보들레르
의 시를 라벨에 써넣었었다.

뤼 부르주아 엑셉시오넬입니다.

물론 메독 외의 지역에도 그랑 크뤼 클라세가 있습니다. 하지만 메독과는 다른 방식으로 제정되어 있죠.

1. 생테밀리옹

13개의 프리미에 그랑 크뤼 클라세와 53개의 그랑 크뤼 클라세가 있습니다. 그리고 프리미에 그랑 크뤼 클라세는 다시 두 개의 A급과 열한 개의 B급으로 나뉘죠. A급에는 샤토 오존Château Ausone과 샤토 슈발 블랑Château Cheval Blanc이 있습니다.

도표10.

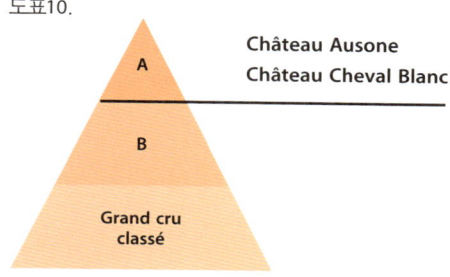

2. 포므롤

포므롤 지구에는 그랑 크뤼 클라세가 없습니다. 하지만, 여기에는 웬만한 1등급 그랑 크뤼 클라세보다 품질도 가격도 높게 평가되는 샤토 페트뤼스Château Petrus가 있죠.

3. 그라브

그라브에는 1855년 그랑 크뤼로 지정된 샤토 오 브리옹이 별개로 프리미에 그랑 크뤼로 제정되어 있습니다. 그리고 여기에서는 페삭 레오냥 지역이 중요한데, 1957년에 이 지역 레드 와인 12개와 화이트 와인 9개가 그랑 크뤼로 선정되었습니다. 레드와 화이트 와인 양쪽 모두가 그랑 크뤼로 제정된 샤토도 있기 때문에 샤토의 개수로 치면 11개의 샤토가 그랑 크뤼를 받은 셈이죠.

도표11.

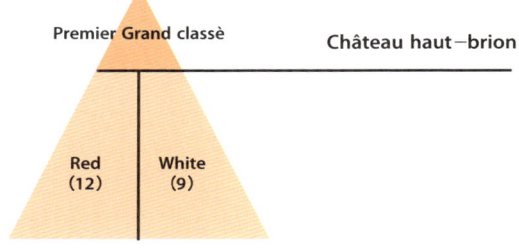

4. 소테른

스위트한 화이트 와인의 주산지인 소테른에서는 아예 그랑 크뤼라는 명칭이 없습니다. 하지만 그와 비슷한 프리미에 크뤼 슈페리에 하나와 프리미에 크뤼 11개, 되지엠 크뤼 14개가 있습니다. 프리미에 크뤼 슈페리에는 귀부 와인(botrytised wine, 貴腐 wine)의 대명사인 샤토 디켐(Château d'Yquem)이 있죠. 이에 관해서는 8장에서 자세히 다루도록 하겠습니다.

도표12.

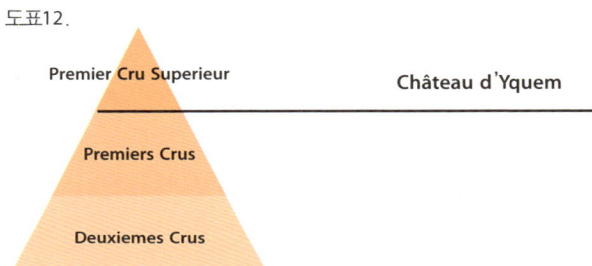

Premier Cru Superieur

Château d'Yquem

Premiers Crus

Deuxiemes Crus

보르도의 와인 품종

앞서 3장에서 와인을 고르기 위한 방법 중 하나로 품종을 기준으로 고르는 것에 대해 잠시 언급한 적이 있습니다. 품종을 중심으로 선택할 것인지, 아니면 지역을 중심으로 선택할 것인지를 먼저 결정하여 그다음에 지역을 좁혀 나가는 방식으로 와인을 선택하는 게 유용하다고 말이죠.

그런데 문제는 프랑스 와인뿐만 아니라 구대륙의 와인들은 하나같이 소비자에 대한 배려라고는 눈곱만큼도 없는지, 라벨에 품종을 표기하지 않습니다. 소비자가 알아서 골라야 하죠. 그런데 부르고뉴야 피노 누아와 샤르도네의 단일 품종으로 만들어져서 알기 쉽다고 하지만, 다른 곳들은 기본적으로 몇 가지 품종을 블렌딩하여 와인을 제조합니다. 보르도 역시 그렇죠. 그러니 소비자 입장에서는 이게 어떤 종류의 포도로 만들어졌는지 원래 알고 있던 게 아니라면 도무지 알아낼 방법이 없습니다. 그저 점원이나 소믈리에가 말하는 대로 주억주억 고개를 끄덕이며 골라야죠. 하지만 어쨌든 누군가는 보르도 와인이 어떤 포도로 만들어졌는지 알고 선택하니까 와이너리들도 이렇게 배짱을 부릴 수 있는 거겠죠? 그 사람들은 그 수많은 와인들의 품종을 어떻게 알고 선택하는 걸까요? 여기에는 정확하지는 않지만, 어느 정도의 팁이라고 할 만한 것이 있습니다. 보르도 와인의 블랜딩 규칙이죠. 물론, 규칙이라고 해봐야 법으로 정해진 것도 아니고, 다 그렇게 만드는 것도 아니지만, 대략적인 가늠은 할 수 있습니다.

보르도 지역은 지롱드 강과 도르도뉴 강을 중심으로 좌우로 나누어져 있습니다. 보통은 이렇게 나누어진 강의 좌우를 좌안과 우안이라 하여, 레프트 뱅크^{Left Bank}와 라이트 뱅크^{Right Bank}라고 부릅니다. 지도에서 보면, 블라이^{Blaye}, 포므롤, 생테밀리옹 등이 우안, 즉 라이트 뱅크가 되겠죠. 이곳에서는 보통 메를로를 중심으로 블랜딩하여 와인을 제조합니다. 그러니까, 보르도는 보통 카베르네 소비뇽, 메를로, 카베르네 프랑의 세 품종을 블랜딩하여 사용하니까 라이트 뱅크인 생테밀리옹에서는 메를로를 가장 많이, 그리고 그다음으로 카베르네 프랑을, 그리고 경우에 따라 카베르네 소비뇽이나 카르미네르를 추가하여 블랜딩하는 경우가 많습니다.

그럼 우안은 어떤 와인을 중심으로 블랜딩 할까요? 네. 당연히 카베르네 소비뇽입니다. 우안에서는 카베르네 소비뇽을 중심으로 메를로나 카베르네 프랑 등을 섞어 와인을 만듭니다. 그러므로 보르도의 와인을 선택할 경우에는 이렇게 강의 좌안과 우안으로 나누어 품종을 확인하는 것이 좋습니다.

보르도 라벨 읽기

끝으로, 그럼 이제 대략적인 보르도 와인에 관해 알았으니 라벨을 읽을 준비가 되었습니다. 라벨을 읽을 줄 알아야 내가 사고자 했던 와인을 제대로 골라 구입할 수 있죠.

보르도 와인의 라벨에는 몇 가지 정보가 표기되는 것이 일반적입니다. 그림에서 보다시피 보르도의 유명한 와인은 샤토 자체가 브랜드가 됩니다. 그래서 아래의 그림과 같이 가장 크게 자신들의 정체성을 샤토 이름으로 표기하고 있죠. 그리고 자신들의 등급과 지역, AOC 표기, 알콜 농도, 용량 등을 자세히 표기합니다.

그림81. 보르도 와인 라벨의 부위별 명칭.

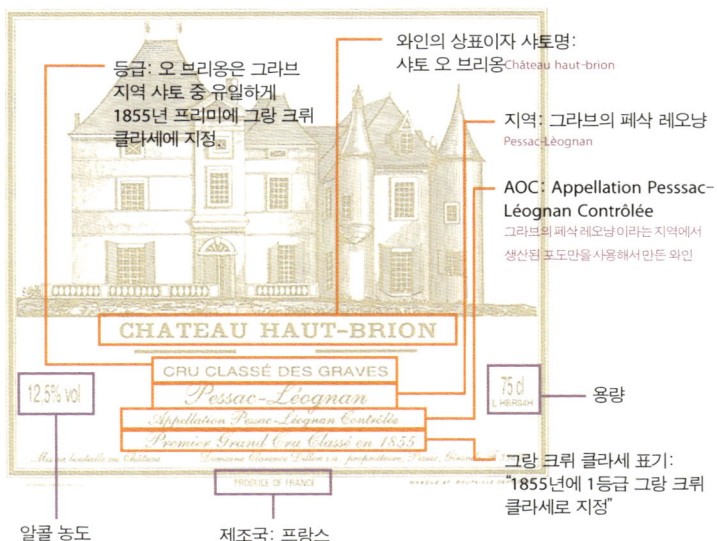

등급: 오 브리옹은 그라브 지역 샤토 중 유일하게 1855년 프리미에 그랑 크뤼 클라세에 지정.

와인의 상표이자 샤토명: 샤토 오 브리옹Château haut-brion

지역: 그라브의 페삭 레오냥 Pessac-Léognan

AOC: Appellation Pesssac-Léognan Contrôlée
그라브의 페삭 레오냥이라는 지역에서 생산된 포도만을 사용해서 만든 와인

용량

그랑 크뤼 클라세 표기: "1855년에 1등급 그랑 크뤼 클라세로 지정"

알콜 농도

제조국: 프랑스

그림81. 보르도 와인 라벨의 부위별 명칭.

와인의 상표이자 샤토명:
샤토 피숑 롱그빌 콩테스 드 라랑드
Château Pichon Longueville Comtesse de Lalande

제조국: 프랑스

CHATEAU PICHON LONGUEVILLE
2010 빈티지: 2010년
COMTESSE DE LALANDE

GRAND CRU CLASSE
PAUILLAC
APPELLATION PAUILLAC CONTROLEE

S.C.I. DU DOMAINE DE CHATEAU PICHON LONGUEVILLE COMTESSE DE LALANDE
PAUILLAC - FRANCE

MIS EN BOUTEILLE AU CHATEAU

병입표기: "샤토에서 병입함"
Baron Philippe de Rothschild 이후

등급: 그랑 크뤼 클라세
1등급 그랑크뤼 클라세가 아닌 경우 "Grand Cru Classe라고만 표기

지역: 포이약 France-Bordeaux-Haut Médoc-Pauillac

AOC: Appellation Pauillac Contrôlée
오메독의 포이약이라는 마을에서 생산된 포도만을 사용해서 만든 와인

TIP. 1

보르도 그랑 크뤼 클라세 리스트

*표기: 한글명불어, 마을

〔Premiers Crus〕

샤토 라피트 로칠드 Château Lafite Rothschild, Pauillac

샤토 라투르 Château Latour, Pauillac

샤토 마고 Château Margaux, Margaux

샤토 오 브리옹 Château Haut-Brion, Pessac, Graves

샤토 무통 로칠드 Château Mouton Rothschild, Pauillac

[Deuxi mes Crus]

샤토 로장 세글라 Château Rauzan-Ségla, Margaux

샤토 로장 가시 Château Rauzan-Gassies, Margaux

샤토 레오빌 라스 카스 Château Léoville-Las Cases, St.-Julien

샤토 레오빌 푸아페레 Château Léoville-Poyferré, St.-Julien

샤토 레오빌 바르통 Château Léoville-Barton, St.-Julien

샤토 뒤르포르 비방 Château Durfort-Vivens, Margaux

샤토 그리오 라로즈 Château Gruaud-Larose, St.-Julien

샤토 라콩브 Château Lascombes, Margaux

샤토 브랑 캉트낙 Château Brane-Cantenac, Margaux

샤토 피숑 롱그빌 바롱 Château Pichon Longueville Baron, Pauillac

샤토 피숑 롱그빌 콩테스 드 라랑드 Château Pichon Longueville Comtesse de Lalande, Pauillac

샤토 뒤크리 보카이유 Château Ducru-Beaucaillou, St.-Julien

샤토 코스 데투르넬 Château Cos d'Estournel, St.-Estèphe

샤토 몽로즈 Château Montrose, St.-Estèphe

[Troisièmes Crus]

샤토 키르완 Château Kirwan, Margaux

샤토 디샹 Château d'Issan, Margaux

샤토 라그랑쥬 Château Lagrange, St.-Julien

샤토 랑고아 바르통 Château Langoa-Barton, St.-Julien

샤토 지스쿠르 Château Giscours, Margaux

샤토 말레스코 생텍쥐페리 Château Malescot St. Exupéry, Margaux

샤토 캉트낙 브라운 Château Cantenac-Brown, Margaux

샤토 보이드 캉트낙 Château Boyd-Cantenac, Margaux

샤토 팔메 Château Palmer, Margaux

샤토 라 라귄 Château La Lagune, Haut-Medoc

샤토 데스미라일 Château Desmirail, Margaux

샤토 칼롱 세귀르 Château Calon-Ségur, St.-Estèphe

샤토 페리에르 Château Ferrière, Margaux

샤토 달렘므 Château d'Alesme, Margaux

[Quatrièmes Crus]

샤토 생 피에르 Château Saint-Pierre, St.-Julien

샤토 딸보 Château Talbot, St.-Julien

샤토 브라네르 뒤크뤼 Château Branaire-Ducru, St.-Julien

샤토 뒤아르 밀롱 로칠드 Château Duhart-Milon-Rothschild, Pauillac

샤토 푸제 Château Pouget, Margaux

샤토 라 투르 카르네 Château La Tour Carnet, Haut-Médoc

샤토 라퐁 로셰 Château Lafon-Rochet, St.-Estèphe

샤토 베이슈벨 Château Beychevelle, St.-Julien

샤토 프리외레 리쉰 Château Prieuré-Lichine, Margaux

샤토 마르키스 드 테름 Château Marquis de Terme, Margaux

〔Cinquièmes Crus〕

샤토 퐁테 카네 Château Pontet-Canet, Pauillac

샤토 바타이에 Château Batailley, Pauillac

샤토 오 바타이에 Château Haut-Batailley, Pauillac

샤토 그랑 푸이 라코스트 Château Grand-Puy-Lacoste, Pauillac

샤토 그랑 푸이 뒤카스 Château Grand-Puy-Ducasse, Pauillac

샤토 린치 바주 Château Lynch-Bages, Pauillac

샤토 린치 무사 Château Lynch-Moussas, Pauillac

샤토 도작 Château Dauzac, Margaux

샤토 다르마약 Château d'Armailhac, Pauillac

샤토 뒤 테스트르 Château du Tertre, Margaux

샤토 오 바주 리베랄 Château Haut-Bages-Libéral, Pauillac

샤토 페데스클로 Château Pédesclaux, Pauillac

샤토 벨그라브 Château Belgrave, Haut-Médoc

샤토 카망삭 Château de Camensac, Haut-Médoc

샤토 코스 라보리 Château Cos Labory, St.-Estèphe

샤토 클레르 밀로 로칠드 Château Clerc-Milon-Rothschild, Pauillac

샤토 크루아제 바주 Château Croizet Bages, Pauillac

샤토 캉트메를로 Château Cantemerle, Haut-Médoc

TIP. 2

가격대별 추천 보르도 와인

5만원 미만

무똥 까데 레드
Mouton Cadet Red

샤또 라 크로와 아르노
Chateau La Croix Arnaud

샤또 드 쎄겡
Chateau de Seguin

샤또 기봉 레드
Chateau Guibon Red

부에이 에 피스, 메독

Bouey & Fils, Medoc

노블 메독
Noble Medoc

5만원~10만원

뽀이약 바롱 나다니엘
Pauillac Baron Nathaniel

샤또 다가삭
Chateau d'Agassac

노통, 리제르바 카베르네 소비뇽
Norton, Reserva Cabernet Sauvignon

샤또 말레스까스
Chateau Malescasse

샤토 글로리아
Chateau Gloria

샤또 라퐁 로쉐
Chateau Lafon Rochet

샤또 오 바따이
Chateau Haut Batailley

샤또 샤스 스플린
Chateau Chasse Spleen

10만원~20만원

샤또 라로즈
Chateau Laroze

샤또 뽕떼 까네
Chateau Pontet Canet

샤또 딸보
Chateau Talbot)

샤또 스미스 오 라피드
Chateau Smith Haut Lafitte

샤또 시트랑
Chateau Citran

20만원~30만원

샤또 그뤼오 라로즈
Chateau Gruaud Larose

샤토 피송-롱그빌 콩테스 드 랄랑드
Château Pichon-Longueville Comtesse de Lalande

샤또 레오빌 라스 까즈
Chateau Leoville Las Cases

샤토 팔머
Chateau Palmer

30만원 이상

샤또 슈발 블랑
Chateau Cheval Blanc

샤토 오존
Château Ausone

샤또 페트뤼스
Chateau Petrus

기타 1등급 그랑 크뤼 클라세

2부.
새로운 시도,
새로운 질서,
새로운 와인

06

로티
Rôti.
로스트

새로운 인간,
새로운 와인

프리드리히 니체,
폴 세잔,
캘리포니아 와인

Opus One

제품명 : **오퍼스원**
제조사 : **오퍼스원**Opus One
품　종 : **카베르네 소비뇽**Cabernet Sauvignon, **메를러**Merlot,
　　　　카베르네 프랑 Cabernet Franc
지　역 : **캘리포니아**California, **나파밸리**Napa Valley
알　콜 : **14.5%**
종　류 : **레드**red

———

1979년 캘리포니아 와인의 거장 로버트 몬
다비Robert Mondavi와 샤토 무통 로칠드Ch.
Mouton Rothschild의 바론 필립 로칠드Barone
Philippine de Rothschild가 조인트 벤쳐로 최고의
보르도 스타일 레드 와인을 만들었다. 그리고
자신들의 옆얼굴을 와인의 라벨에 새겨 넣었
다. 미국 컬트 와인의 시초인 오퍼스 원의 탄
생 순간이었다.

수입원Importer :
수입업체 다수

그림83. 오퍼스 원.

로티

이제 또 하나의 메인 디시인 로티를 먹을 차례입니다. 무슨 식사가 이렇게 길고, 메인 요리는 두 개씩이나 되냐고 푸념하는 분들도 있겠지만, 사실 책을 쓰기 위해 8단계로 줄인 것도 상당히 간소화된 식사순서입니다.

프랑스의 전통 메뉴 구성을 바탕으로 만들어지는 프랑스 요리는 고객의 주문형태에 따라 테이블 도트^{Table d'hote}와 알라 카르트^{A La Carte} 메뉴로 나뉘는데, 알라 카르트는 흔히 접하는 단품 요리이고, 전자인 테이블 도트가 바로 우리가 다루는 프랑스 정식 코스요리죠. 그런데 이 테이블 도트는 풀코스로 한 끼 식사분이 전통적인 순서에 따라 준비되는 거라 원래는 이 책에서 다루는 것보다 훨씬 복잡하고 많은 순서로 진행되는 것이 원칙입니다. 아래와 같이 말이죠.

> **아페르티프** → **오르되브르** → **포타주** → **푸아송** → **소르베**(이건 앙뜨레 뒤에 나오기도 합니다) → **앙뜨레** → **로티** → **레귐** → **프로마주** → **데세르** → **프루츠** → **프티 프루츠** → **케이크 / 쿠키** → **커피 / 디제스티프**[28]

외우기도 어려울 정도로 길고 복잡한 순서입니다. 물론 이런 순서 역시 책의 서두에 언급했던 것처럼, 말하는 사람마다, 지역마다, 시기마다 조금씩 달라지기도 합니다. 심지어 고전적 방식에 따르면 이것보다 더 많아지는 경우도 있습니다. 하지만 현대

---

28. 『와인 교본』, 코지마 하야토 CWE 지음, (주)교문사, 2011년, 303쪽.

에 와서는 여러 측면을 고려하는 실용적으로 바뀌었죠. 대체로 3코스, 5코스, 7코스, 9코스 등으로 이루어져 있는데, 일반적으로 7코스를 사용하는 경우가 많습니다.

3코스: <u>오르되브르</u>(수프 포함) **→ 앙뜨레 → 후식**

5코스: <u>오르되브르</u> → 수프 → 앙뜨레 → 후식 → 음료

7코스: <u>오르되브르</u> → 수프 → 푸아송 → 앙뜨레 → 샐러드 → 후식 → 음료

9코스: <u>오르되브르</u> → 수프 → 푸아송 → 샤벳 → 앙뜨레 → 샐러드 → 후식 → 음료 → 식후 생과자 [29]

와인은 이러한 프랑스 요리 각자에 어울리는 것들이 있습니다. 오르되브르, 그중에서도 생굴에는 샤블리와 같이 매우 드라이한 화이트 와인이 어울리고, 따뜻하게 요리한 푸아그라의 경우는 코트 드 뉘의 고급 레드 와인이 어울리기도 하죠.[30]

로티는 보통 앙뜨레와 같이 취급되어 '육류요리'로 생각되는 경우가 많고, 또한 실제로도 많이 비슷하기 때문에 어울리는 와인도 비슷합니다. 앙뜨레가 그런 것처럼, 로티에도 견고하고 감칠맛이 살아있는 프랑스 와인들이 잘 어울리죠. 그리고 특히 캘리포니아의 묵직한 카베르네 소비뇽과도 무척 잘 어울립니다. 5장에서는 보르도 와인에 대해 다루었으니, 이번 장에서는 그럼

29.『정통 프랑스 요리 바이블』, 박정준 지음, 군자출판사, 2013년, 95쪽.
30. 6장 Tip부분 참고

캘리포니아 와인과 신대륙의 와인을 한번 다루어 보도록 하겠습니다. 물론, 철학과 예술도 함께 말이죠.

이번 장에서 캘리포니아 와인과 마리아주를 이룰 철학과 예술은 니체와 세잔입니다. 언뜻 생각하기에 니체와 세잔 사이에 무슨 관계가 있을까 싶지만, 더구나 캘리포니아 와인까지 거기에 끼면 도무지 어울리지 않는 조합처럼 느껴질 수 있지만, 이 세 가지에는 아주 중요한 공통점이 있습니다. 바로, '새로운 시도'를 했다는 점이죠. 물론, 모든 철학과 예술은 새로운 시도를 하려고 노력합니다. 중세를 제외하곤 말이죠. 하지만 그중에서도 특히 니체는 그 변화의 정도가 차원이 다릅니다. 이런 표현을 하는 게 약간 망설여지기는 하지만, 철학에서의 클라이맥스라고 할 수 있을 정도죠. 그리고 캘리포니아 와인 역시 그렇습니다. 와인의 클라이맥스라고 하긴 그렇지만, 새로운 세상, 즉 신대륙에서 새로운 시도를 한 와인이 바로 캘리포니아 와인입니다. 그래서 2부의 주제가 '새로운 시도, 새로운 질서, 새로운 와인'입니다.

언젠가 한 번은 철학 교수님들 몇 분과 함께 술자리를 가지게 되었던 적이 있습니다. 저도 그렇지만, 철학이나 예술에 종사하는 분들은 아주 특별한 경우를 제외하곤 하나같이 술을 좋아해서 이런 자리가 비교적 많죠. 아무튼 그 날도 역시 일이 끝나고 뒤풀이 겸하여 몇몇 교수님들과 술을 한 잔 하고 있을 때였습니다. 이런 자리의 특징이라면, 술자리에서까지 철학에 관련된 이야기를 한다는 점이죠. 그날도 마찬가지였습니다. 이런저런 대화가 오갔고, 그러다 누군가 한 가지 질문을 했죠.

"여기 계신 분들이 생각하시기에 천 년 후에도 기억될 철학자는 누가 될 거라고 생각하세요?"라고 말입니다.

아무래도 교수라는 직종 외에도 전부 철학에 관련된 일을 하는 사람들이라 각자의 생각이 오갔습니다. 칸트니 헤겔이니 데카르트니 쟁쟁한 철학자들의 이름이 거론 됐지만, 장기간의 설전이 지나고 나서 중론이 어느 정도 모였습니다. 천 년 후까지는 모르겠지만, 시간이 흐르고 우리가 지금 알고 있는 거의 모든 철학자가 잊힌다고 가정 한다면, 가장 마지막까지 남는 철학자는 아마 플라톤일 것이라고 말이죠.

뭐랄까, 너무나 싱거운 대답에 그저 고개를 끄덕이고 있었죠. 플라톤이야 따로 말할 필요도 없을 만큼 너무나 확실한 사람이니까요. 여기에는 대부분의 사람들이 이견을 달지 않았습니다. 그런데 한 교수님이 말을 거기서 끝내지 않고 더 이어 갔습니다. "그리고 두 명을 꼽아 본다면, 아마 니체일 거예요"라고 말이죠. 좌중에서는 약간의 이견이 있기는 했지만, 그래도 대부분 수긍하는 분위기였습니다. 이러한 개인적 일화가 어떤 명제의 근거가 되기는 힘들지만, 그래도 관련 종사자들 사이에서 이런 결과가 나오는 것에는 꽤 큰 의미가 있습니다. 데카르트와 칸트, 심지어 아리스토텔레스까지 쟁쟁한 경쟁자를 물리치고 니체가 플라톤에 이어 두 번째로 거론된 이유는 무엇일까요? 그의 어떤

생각이 현재의 사람들로 하여금 그를 플라톤 다음가는 철학자로
만들었을까요? 그것은 그의 혁명적인 파괴에 있습니다.

신은 죽었다

르네상스를 거쳐 데카르트가 "나는 생각한다. 고로 존재한다"라
며 외치고, 칸트가 세상을 보는 눈을 바꿨지만, 그래도 아직 현
대는 오지 않았습니다. 현대는 니체의 "신은 죽었다"라는 말과
함께 비로소 시작되죠.

그림84. 프리드리히 니체.
"신은 죽었다"라는 말로
새로운 세상을 열었다.

니체의 말 중 가장 유명한 말은 아무래도 "신은 죽었다"라는
명제입니다. 이게 바로 니체를 역사상 가장 유명하고 영향력 있
는 철학자 중 한 명으로 만든 말이죠. 이 선언으로부터 현대 철

학이 시작되었다고 말해도 과언이 아닐 정도이니까요. 물론, 아직은 탈근대, 즉 포스트모더니즘일 뿐이라고 말하는 경향도 있지만, 우리가 보통 현대라고 생각하는 세상의 이미지를 만들어 낸 것은 무엇보다 니체의 이 선언이 유효했습니다. 니체의 이 선언은 철학은 물론 예술과 문학과 사회 전반에 걸쳐 어쩌면 감당치 못할 '자유'를 주었죠.

그럼 이런 질문이 나올 수 있습니다. '도대체 니체가 가져다준 자유라는 게 뭐야?'라고 말이죠. 생각해 보면 앞서 칸트도 그랬고, 데카르트도 그랬고, 플라톤도 그랬던 것 같은데 굳이 왜 니체만이 그런 평가를 받을 수 있는 걸까요?

플라톤을 포함하여 앞의 사람들과 니체의 생각은 근본적으로 달랐기 때문입니다. 데카르트나 칸트, 혹은 그 밖에 니체 이전의 대부분의 철학자는 기본적으로 '정답'이 있었습니다. 그러니까 쉽게 말하자면 우리는 '어떤 무언가'를 가지고 태어난다고 보았던 것이죠. 그게 지금은 뭐가 뭔지 알 수 없지만, 어쨌든 우리가 원래부터, 태생적으로 가지고 태어나는 어떤 '본질' 같은 것이기 때문에 우리는 그것을 실현해야 한다고 보았습니다. 원래부터 가지고 태어나 그대로 살아야만 하는 '어떤 무언가', 즉 '삶의 정답'이 있다고 생각했던 것이죠.

예를 들어 플라톤에게는 그것이 '이데아^{Idea}'라는 것이었고, 아리스토텔레스에게 있어서는 그것이 '형상^{eidos}'이었고, 데카르트에게 있어서는 코기토^{Cogito}였습니다. 사람마다 다르게 말하긴 했지만, 그것의 이름이 뭐고, 어떤 것인지는 별로 중요하지 않습니다. 어쨌든 그들의 기준에서 보자면 인간은 뭔지는 모르겠지만, 어쨌든 뭔가를 가지고 태어난 존재라는 사실이 중요하죠.

그런데 이게 좀 이상하게 흘러가기 시작합니다. 뭔가를 가지고 태어났는데 그게 무엇인지는 몰라요. 그럼 어떻게 해야 할까요? 간단합니다. 그걸 찾아야죠. 그걸 찾고 아직 실현되지 않은 상태라면 실현해야 하는 것입니다. 사실 찾는 것 자체가 실현의 과정 중 하나이기도 하죠. 이것을 개인의 삶에 적용해 본다면, 흔한 예로 아마 '나의 본질' 같은 게 될 겁니다. 나의 본질, 그러니까 '있는 그대로의 나'라는 걸 찾아야 한다고 생각하고, 실제로 그렇게 살라고 말하는 것이죠. 그래서 이런 말을 쉽게 할 수 있는 겁니다. "나를 찾는 여행" 같은 것 말이죠.

하지만, 조금만 생각해 보면 이게 어딘가 좀 이상하다는 것을 느끼게 됩니다.

'나의 본질'이라...

이 말에는 '내가 원래부터 가지고 태어난 것'이라는 의미가 전제되어 있죠. 그리고 '원래 가지고 있던 것'은 내가 태어나기 전부터 있었던 것이든, 혹은 내가 태어나는 순간 생긴 것이든 여하튼 '지금의 나'라는 게 존재하기 전부터 있어야 하는 겁니다. 그런데 잠시 생각을 조금 바꿔 보죠. 나라는 사람이 원래 가지고 있고, 태어날 때부터 부여받은 그 뭔가는, 내가 있고 그것이 있는 걸까요? 아니면 그것이 있고 내가 있는 걸까요?

뭔가 말이 어려워졌습니다. 가능한 철학적 용어나 어려운 말을 하지 않으려고 노력하는데도 쉽지 않네요. 조금 더 쉽게 설명하기 위해 교회의 예를 들어 보도록 하겠습니다. 이렇게 원래 가지고 태어나는 것을 가장 많이 언급하는 곳이 교회이니까요. 바로 '미션', '사명', 혹은 '비전' 같은 것 말이죠. 교회에서는 하나님의 말씀을 언급할 때 이런 말을 많이 사용합니다. "당신은 이러저러한 하나님의 사명을 받고 이 땅에 태어났습니다"라고 말이죠. 그리고 하나님이 부여한 사명이니 당연히 그 사명을 완수하려고 노력해야겠죠. 그렇게 살아야 한다는 말입니다. 그러니 "당신은 사랑받기 위해 태어난 사람~"이라는 찬송가 가사가 있을 수 있는 것입니다. 저도 이 노래를 참 좋아하는데, 이 노래의 가사는 한 마디로 당신은 '사랑받음'이라는 사명을 받고 태어났다는 뜻입니다. 무척 아름다운 가사죠. 누구나 사랑을 받는 걸 좋아하니까요. 저도 마찬가지입니다.

이런 사고방식이 있기 때문에 교회에 가면 목사님께 이런 말을 듣게 됩니다. "당신은 무엇 무엇 하기 위한 사명을 가지고 있습니다"라고 말이죠. 그것이 무엇인지는 잘 모르겠지만, 여하튼 모든 사람에게는 그런 게 있다는 것이 교회의 입장입니다. 크게는 하나님의 뜻을 이루는 것, 즉 하나님의 성전을 이루는 것일 겁니다. 그것을 위해 각자가 주어진 바를 다하며 살아가야 하는 것이죠. 그런데 잘 생각해 보면, 목사님은 나를 보기 전에도 제 사명이 무엇인지 알고 있었을까요? 물론, 일반론으로 하나님의 사랑을 구현하고 속죄하기 위한 넓은 차원의 사명은 있겠죠. 하지만 이런 '인류보편'적 사명 말고 제 개인의 사명 말이죠.

두말할 나위 없이 목사님은 제 사명을 알지 못했을 겁니다. 당연하죠. 저라는 사람을 본 적도 없는데 제 사명이고 자시고를 어떻게 알 수 있겠습니까? 문성준이라는 사람을 보고 아, 이 사람은 이러저러한 사람이구나 하는 걸 판단하고 나서야 제 개인적 '사명'이라는 게 주어지죠. 그렇게 부여받은 사명이 실제로 목사님이 하느님과 소통하여 부여해준 것인지 아닌지는 모르겠습니다. 그럴 수도 있고 아닐 수도 있겠죠. 하지만 명백한 것은 목사님은 저를 직접 만나기 전까지, 그러니까 제가 목사님 앞에 실존해 있고 그것을 목사님이 인식하기 전까지는 전혀 알 수 없는 것입니다. 즉, 먼저 내가 있고, 거기에 나의 사명이나 비전이나 목적이나 뭐 그런 게 주어진다는 말이죠. 삶에 대입해 보면, 삶이 먼저 있고 삶의 목적이 있는 것이지, 삶의 목적이 있고, 그 목적을 위해 우리의 삶이 있는 것이 아니라는 것이 바로 니체의 생각이었습니다.

요컨대 니체 이전의 거의 모든 철학자들(아주 소수의 철학자들은 니체 이전에도 이와 비슷한 생각을 하긴 했었습니다. 하지만 니체처럼 체계화하거나 하나의 거대담론을 만들지는 못했죠)은 본질이 먼저 있고 내가 그것을 받아 태어난 것인 반면, 니체는 내가 먼저 있고, 본질은 나중에 만들어진 것이라는 생각이었습니다. 그러니까 이제 '나'는 '발견'하는 것이 아니라 '발명'하는 것이 되죠. 발견은 있는 것을 찾는 행위이고, 발명은 만들어 가는 행위이니까요. "나는 원래 그래"라는 말 따위는 통하지 않게 됩니다. "나는 이제 이렇게 하겠어"라는 말이 필요한 세상이 된 거죠.

그런데 이게 재미있는 것은, 이런 생각의 전환, 아주 간단한 생각의 전환이 앞서 말한 '자유'를 가져다준다는 것입니다. 그것도 거의 유례가 없을 정도로 막대한 자유를 말이죠.

본질이 있고, 사명이 있고, 비전이 있고, 목적이 있는 삶은 사실 '당위'가 있는 삶입니다. 쉬운 말로 바꿔 보자면 '숙제'가 있는 삶이죠. 숙제가 있기 때문에 인생이 그 숙제를 하기 위해 소모됩니다. 그런데 학교 숙제는 그나마 끝이라도 있지만, 이런 인생 숙제는 끝이 없다는 게 문제죠. 더군다나 자신의 삶인데 오히려 다른 사람이 숙제를 내준 꼴이라 더 문제가 됩니다. 숙제를 내줘야 공부를 하는 건 아직 어린아이, 즉 자기 스스로 생각할만한 수준이 되지 않은 아이일 때나 하는 것이죠. 스스로 생각하고 스스로의 삶에 책임을 져야 하는 어른이라면, 남이 내준 숙제를 하기에 급급한 공부는 이제 그만 해야 할 때입니다.

한 마디로, 니체는 우리에게 숙제가 없는 삶, 해야만 하는 것이 없는 삶을 가져다준 것입니다. '신'이라고 상징되는 것을 죽이면서 말이죠.

니체가 죽인 '신'이라는 것은 결국 이런 숙제 같은 겁니다.

현대미술의 아버지

이런 신의 죽음으로 도래한 자유는 예술계도 해방시켜 줍니다. 그 대표적인 인물이 폴 세잔이죠. 폴 세잔과 니체가 직접 아는 사이였다거나 세잔이 니체의 영향을 받았다는 기록은, 제가 아는 한에서는 없습니다. 다만 세잔이 에밀 졸라와 막역한 사이였으니(물론 나중에 결별하였지만요) 어느 정도 영향은 받았을지도 모르겠습니다.

여하튼 그들의 실제 관계를 정확히 알 수는 없지만, 그들이 추구했던 바는 비슷했습니다. 니체가 사상적인 측면, 그리고 더 나아가 삶의 측면에서 '정답'을 죽였던 것처럼, 세잔은 미술에서 '정답'을 죽여 버립니다. 그럼 세잔이 죽인 '정답'은 무엇일까요? 아무래도 세잔이라면 이 말, "나는 사과 하나로 파리를 놀라게 할 것이다"라는 말이 유명하니 거기에서부터 한 번 차근차근 알아보도록 하죠.

세잔의 그림은 모든 것이 다 중요하고 유명하지만, 그중에서도 정물화가 특히 중요합니다. 회화에서 정물이란 무척 유용한 도구입니다. 물론 정물이 회화의 대상이 된 것도 5장에서 칸트를 다루며 언급했던 것처럼 소재 선택의 자유가 생김으로써 보편화한 양식이긴 하지만, 정물이 회화의 대상이 됨으로써 화가들은 자신들의 테크닉을 마음껏 실험할 수 있는 도구가 생긴 것이죠. 인물화나 풍경화 등은 아무리 화가가 구도를 잡고 포즈를 바꾸고 해 봐도 한계가 있습니다. 사람과 자연이 그렇게 화가 마음대로 될 턱이 없으니까요. 반면 정물은 화가가 마음대로 배치도 할 수 있고, 구도를 바꿀 수도 있고, 애당초 정물 자체를 바꿔 버릴 수도 있습니다. 마음껏 자신이 표현하고자 하는 것을 실험해 볼 수 있다는 말이죠.

세잔의 정물도 그런 도구였습니다. 세잔은 테이블 위에 접

그림85.
「사과 바구니」,
폴 세잔, 1895.

그림86. 「벨뷔에서 본 생트 빅투아르 산」, 폴 세잔, 1885년.

시와 컵, 사과나 포도, 나이프와 포크 등을 놓고 자신이 추구하
는 회화를 구현하기 시작했습니다. 이렇게도 놓고 저렇게도 놓
고, 이런 식으로도 그려보고 저런 식으로도 그려보았죠. 하지만

그가 정물을 그리기 위해 가장 많은 시간을 할애한 것은, 구도 도 아니고 색도 아니고 형태도 아니었습니다. 그는 말하죠. "나 는 사과를 그린 시간보다 사과를 들여다본 시간이 더욱 많았다" 라고 말입니다. 마치 생트 빅투아르 산을 그리기 위해 같은 산을 60번 이상 오르며 관찰했던 것처럼 말입니다.

세잔에게 사과는 단지 대상에 불과했을 뿐입니다. 중요한 것 은 자신의 '관찰'이고, 그것을 '어떻게' 표현하는가 하는 것이었 죠. 그리고 그런 끝없는 관찰의 결과, 한 가지에 대해 의문을 가 지게 되는 것이죠. 바로 '원근법'입니다. 아직 르네상스의 입김 이 많이 남아있었던 19세기 말, 인상파를 위시하여 표현방식에 많은 변화와 시도가 있었지만, 그래도 아직은 거의 절대적인 회 화의 정답, '원근법'이 존재했습니다. 인상파조차도 원근법을 완 전히 무시할 수는 없었죠. 하지만 세잔의 정물을 자세히 관찰해 보면 명확하게 그 '정답'이 무너지고 있는 것을 볼 수 있습니다.

원근법이란, 한마디로 고정된 시각입니다. 고정되어 변치 않 는 정답이죠. 예를 들어 여러분이 방 안에 있는 사람들을 그린다 고 가정해 보겠습니다. 그럼 여러분이 가장 먼저 해야 할 것은, 그리고 당연하게 하는 것은 나에게 멀리 있는 사람은 작게 그리 고 가까이 있는 사람은 크게 그리는 것입니다. 우리는 그렇게 그 리라고 배워 왔기 때문에 그렇게 그린 그림을 너무나 당연하게 맞는 것, 즉 '사실 그대로' 그린 것이라고 생각합니다.

하지만, 이때의 사실이란 아주 협소한 사실이죠. 르네상스적 인 사실일 뿐입니다. 사실 여러분에게 있어서 중요한 것은 저 사람은 멀리 있고 이 사람은 가까이 있다는 '사실'이 아닐지도 모릅니다. 방에는 어쩌면 내가 사랑하는 연인이 있을 수도 있고, 어쩌면 가족이 있을 수도 있습니다. 혹은 반대로 증오하는 원수가 있을 수도 있겠죠. 여러분에게 진짜 중요한 '사실'은 어쩌면 그런 것들인지도 모릅니다. 하지만 그런 여러분의 필요나 중요도와는 아무 상관 없이 원근법의 중요도로 그림을 그리는 것이 맞다고 배우며, 여태껏 그렇게 알고 살아왔습니다. 이것은 마치 나의 삶에서 중요한 것을 내가 정하는 것이 아니라 다른 사람이 정해 주는 것과 마찬가지죠. 그래서 그런 것들을 배우지 않은 아이들의 그림은 크고 작음이 다채롭습니다. 엄마가 가장 멀리 있지만, 아이의 그림에서는 엄마가 가장 크게 그려지는 것이죠. 그 아이에게는 엄마가 세상에서 가장 중요한 존재이기 때문입니다. 심지어 엄마의 모습을 그릴 때 얼굴을 가장 크게 그리는 것도 마찬가지입니다. 아이는 언제나 엄마의 얼굴을 바라보고 표정 하나하나에, 눈빛 하나하나에 반응하며 그것이 그 아이에게는 가장 큰 의미이기 때문이죠. 어쩌면 아직 아무것도 배우지 못한 그 아이가 자기의 삶에 가장 충실한 것인지도 모르겠습니다.

세잔은 이러한 회화의 정답에 대한 실험을 자신의 정물에 시도합니다. 그래서 그의 정물을 보면 사과나 테이블이나 접시나 포크 등의 원근법, 즉 시각이 다 제각각이죠. 그것을 굳이 하나의 시각으로만 볼 필요가 없기 때문입니다.

5장에서 다룬 쿠르베와 밀레의 그림이 세상을 보는 시각의 전환에서 내용적인 측면의 변화라면, 세잔의 그림은 방법적인 측면에서의 변화이죠. 그리고 이런 세잔의 시도는 얼마 후, 역사상 가장 유명한 화가인 파블로 피카소의 그림과 입체파, 야수파를 탄생시킵니다. 우리는 피카소의 그림에서도 세잔의 그림처럼 역시 원근법의 소멸이나 시각의 다양함을 확인할 수 있죠.

이런 니체와 폴 세잔의 사고는 그야말로 세계관의 신대륙을 발견한 것에 버금가는 사건이었습니다.

그림87. 「램프 아래의 정물」, 파블로 피카소, 1962년.

신대륙 와인

와인 산업계에서도 신대륙의 발견은 무척 큰 의미를 갖습니다. 물론, 신대륙이라는 명칭은 어디까지나 유럽 중심주의에 의해 만들어진 명칭입니다. 아메리카 대륙이나 오스트레일리아 등 유럽인들이 새로운 대륙을 발견하였다고 그곳을 신대륙이라고 부르는 것일 뿐이니까요. 아메리카대륙이나 오스트레일리아대륙

은 이전에도 있어왔고, 앞으로도 계속 있을 것입니다. 유럽인들
이 발견하였든 말았든 전혀 상관없이 말이죠. 그러므로 어쩌면
이렇게 인간중심적이고 서구중심적인 '신대륙'이라는 용어를 니
체와 폴 세잔을 다루면서 함께 쓴다는 게 무척 꺼려지기는 합니
다. 그들의 철학이나 예술은 다름 아닌 그런 근대성의 자기중심
적 사고를 탈피하고자 했던 작업이었으니까요. 하지만, 안타깝
게도 언어라는 것이 사회적인 약속이고 도구이기 때문에 우선
여기에서도 신대륙이라는 용어를 사용할 수밖에 없습니다. 다
만, 그것을 사용함에 있어 앞서 말한 부분들을 언급하고 가는 것
이 최소한의 장치라고 생각하여 일단 이렇게라도 언급을 하고
시작해 보겠습니다.

  보통 와인에서 신대륙 와인이라 하면 미국과 캐나다, 칠레, 아
르헨티나, 호주, 뉴질랜드, 남아공 등을 일컫는 게 일반적입니다.
이것은 앞서 말한 것처럼 무척 유럽 중심적인 발상이죠. 프랑스,
이탈리아, 스페인, 독일, 포르투갈 등 와인의 유명 생산지라고
일컬어질 만한 유럽의 몇몇 나라들을 제외한 거의 모든 나라를
말하는 것이기 때문이죠. 이런 태도는 '유색인종'이라는 단어와
도 비슷합니다. 유색인종이라는 말은 기본적으로 백인 외의 모
든 인종이라는 말이니까요. 자신들만이 기준이고 나머지는 변두
리라고 생각하는 것이죠.

  이렇게 변두리라고 생각되는 지역의 와인 생산은 이곳에 정
착하기 시작한 유럽인들로부터 시작됐습니다. 신대륙이 기독교

도들의 식민지가 되면서 제례의식에 반드시 미사용 와인이 필요했기 때문이었죠. 하지만 그런 와인 생산이 순조롭지는 않았습니다. 아무리 와인 기술이 있더라도 주원료였던 포도가 와인을 생산하기에 적합하지 않았기 때문입니다. 당시에 와인은 유럽 포도종인 비티스 비니페라Vitis vinifera라는 품종으로 만들어지고 있었죠. 비티스 비니페라종은 당도가 높고 과일과 꽃향기가 강해 와인으로 만들기 가장 적합한 종이었습니다. 우리가 흔히 알고 있는 카베르네 소비뇽이나 메를로, 피노 누아 등이 바로 비티스 비니페라종이죠.

그런데 아메리카 대륙에서 자생하던 포도는 비니페라가 아니라 비티스 라브루스카Vitis labrusca종이었습니다. 하지만 라브루스카 품종은 와인을 만들기에 적합하지 않았죠. 우리가 흔히 먹는 식용 포도가 라브루스카 품종인데, 이런 포도들은 과육이 풍부해 먹기는 좋지만 그만큼 수분이 많아 당도가 떨어져 와인을 만들기에는 별로 좋지 않습니다. 게다가 이주 초기에는 와인을 생산할 수 있는 기반도 마땅치 않았습니다. 그래서 라브루스카 품종을 사용해 원시적인 방법으로 와인을 만들었기 때문에 미사에 쓰는 데는 문제가 별로 없었지만, 일상적으로 마시기에는 많이 부족했습니다.

게다가 유럽 본토의 지배자들은 식민지 또한 자신들의 시장이었기 때문에(애당초 이것 때문에 식민지 개척을 한 거죠) 식민지에서 와인 산업이 자생하는 것을 그다지 탐탁지 않게 여기기도 했고, 미국, 멕시코, 아르헨티나, 칠레 등의 신대륙 국가들은 독립 전쟁과 쿠데타 등 정치적으로도 혼란한 상황이라 유럽인들이 신대륙으로 이주한 이후에도 오랜 시간 동안 제대로 된 와인이 생산되지 않았습니다. 더군다나 필록세라^{phylloxera}[31]와 금주법은 특히 미국 내에서 와인 산업의 맥을 거의 끊어 놓을 뻔했죠. 1933년에 금주법이 끝나면서 간신히 다시 성장하기 시작했지만, 그래도 여전히 미국의 와인은 자국 내에서 항아리에 넣고 대량으로 판매하는 저그와인$^{jug\ wine}$이 대부분이었습니다. 산업이라고 할 만한 규모로는 전혀 성장하지 못했었죠.

하지만 이러한 상황은 20세기 중반 이후부터 달라지기 시작

그림88.
당시 필록세라 사태를 풍자한 만평들.

31. 포도나무 뿌리 진드기. 1860년 미국에서 건너와 전 유럽의 포도밭을 초토화시켰다.

했습니다.

　1, 2차 세계대전을 거치고 냉전이 끝나갈 무렵부터 확장된 세계화는 와인 산업에도 지대한 영향을 주었습니다. 신대륙의 와인들도 이제 유럽의 토종 와인들과 경쟁을 해야 했던 것이죠. 이것은 비단 신대륙과 그들의 와인만의 문제는 아니었습니다. 2차 세계대전 이후 냉전의 분위기가 가라앉기 시작하자 팍스 아메리카를 위시로 대부분의 나라에서 시장을 개방할 수밖에 없었고, 이것은 이탈리아나 스페인, 독일 등의 와인 역시 마찬가지였죠. 그래서 그때를 즈음하여 이탈리아와 스페인, 독일의 와인 산업도 부쩍 성장하게 됩니다. 바야흐로 와인의 세계경쟁이 시작된 것이죠. 하지만 여전히 신대륙의 와인은 구대륙의 와인에 비해 저평가되어있었습니다. 몇몇 와이너리들이 선전을 하기는 했지만, 유럽진출은 꿈도 못 꾸고 오히려 국내 와인 시장도 잠식당할 위기에 처했죠.

　상황이 이렇게 되어가자 신대륙의 와인도 뭔가 조치를 취해야 했습니다. 그리고 이들이 취할 수 있는 방법에는 두 가지가 있었죠.

　첫째는 가격대비 성능비, 즉 코스트 퍼포먼스라고 할 수 있는 가격경쟁력을 갖추는 것이었습니다. 이것은 너무나 당연한 결과였죠. 전통이 없는 신대륙의 와인은 가격과 성능으로 극복하는 수밖에 없었습니다.

　이를 위해 신대륙, 그중에서도 특히 미국 와인이 취했던 방식은 무척 재미있습니다. 계급장 떼고 1:1로 붙자는 것이었죠. 이

것이 바로 그 유명한 파리의 심판입니다.

 1976년, 한 와인 업자가 미국의 독립선언 200주년을 기념해 고급 와인의 대명사로 알려진 프랑스 와인과 미국 내 와인인 캘리포니아 와인을 비교하는 시음회를 열었습니다. 공정성을 기하기 위해 상표를 가린 채로 블라인드 테스트 진행했죠. 고정관념을 버리고 와인 그 자체로만 겨뤄보자는 것이었습니다. 물론 시음을 위해 참석한 사람들은 와인계에서도 권위자로 정평이 난 사람들이었습니다. 더구나 형평성을 위해 장소도 파리에 있는 인터컨티넨탈호텔에서 진행했고, 평가단도 전원 프랑스 출신의 평가단으로 구성했죠. 시음 분야조차 샤르도네의 화이트 와인과 카베르네 소비뇽 위주의 레드 와인으로 공평하게 선정했습니다. 시음이 시작되기도 전부터 사람들은 당연히 프랑스 와인의 압승일 거라고 예상했습니다. 결과가 어떻게 되었을까요? 사람들이 예상했던 것과 정반대로 나왔죠. 캘리포니아 와인의 완승이었습니다. 프랑스의 평가단들이 위대한 프랑스 와인이라고 생각했던 와인이 여지없이 캘리포니아산이었고, 향이 없다고 폄하한 화이트 와인이 알고 보니 부르고뉴 최고의 화이트 와인인 몽라셰였습니다. 순위 역시 별반 다르지 않았죠. 화이트 와인 분야에서는 캘리포니아의 샤토 몬텔레나Chateau Montelena 1973년 빈티지가, 레드 와인 분야에서는 캘리포니아의 스택스 립 와인 셀러Stag's Leap Wine Cellars 1973년 빈티지가 우승을 차지했습니다. 프랑스 와인의 자존심이 완전히 꺾이는 순간이었고, 호사가들은 이 사건을 일컬어 흔히 '파리의 심판'이라고 부릅니다.

　프랑스 와인계가 가만있지 않았겠죠? 3년이 지난 1979년에 프랑스의 음식 잡지 골 밀로^{Gault Milau}가 복수전이라고 할 만한 와인올림픽을 개최합니다. 이번에는 33개국에서 330종의 와인이 참가하고 10개국 26명의 와인 전문가가 블라인드 테스팅을 진행했죠. 결과는 어떻게 되었을까요? 이번 역시 마찬가지였습니다. 그리고 또다시 복수전이랄 만한 대회가 1986년에 열렸고... 결과는? 이번에는 심지어 미국 와인이 1위부터 5위까지 싹쓸이합니다. 지치지도 않는 프랑스는 20년이 지난 2006년에 다시 한번 블라이드 테스트를 엽니다. 1979년은 어중이 떠중이가 다 모인 와인 올림픽이니 그렇다 치고, 1976년과 1986년에 있었던 대회에서 사용됐던 프랑스 와인들이 다들 어린 와인이라 제대로 된 테스트가 아니었다는 것이 이유였죠. 결과는 어떻게 되었을까요? 역시 이번에도 1위부터 5위까지가 전부 미국 와인이었죠. 이로 인해 캘리포니아 와인에 대한 시선이 완전히 바뀌기 시작했고, 프랑스 와인들도 전통에만 매달리는 것에는 문제가 있겠다는 반성을 하는 계기가 되었습니다.

　신대륙 와인이 택한 두 번째 방법은 소비자들이 와인을 좀 더 쉽게 접할 수 있도록 라벨을 쉽게 표기하는 것이었습니다. 이것도 어찌 보면 당연한 선택이었죠. 우리도 그렇지만, 유럽 와인 하면 가장 학을 떼는 부분이 바로 이 두 가지, 즉 가격과 난해함이기 때문입니다.

　구대륙의 와인 라벨을 보면 일단 이게 무슨 품종으로 만들어졌는지조차 알 수 없습니다. 여기에는 몇 가지 이유가 있죠. 전통적으로 한 곳에서 생산하던 구대륙의 와인은 산업화와 세계화가 진행되며 수출되기 전까지는 가까운 거리에서만 팔리는 정도였습니다. 수백 년을 그렇게 지내왔죠. 그러다 보니 굳이 라벨에 품종을 표기하지 않아도 알 사람은 다 알아서 사 먹을 수 있었습니다. 그래서 이게 누가 만들었고, 언제 만들어진 것 정도만 표기되어있어도 소비자들은 별로 불편함이 없었죠. 애당초 다른 곳의 와인은 구입조차 불가능하기 때문이었습니다. 그런 관습이 굳어지다 보니 그게 전통성을 강조하는 것처럼 되었고, 그렇게 현재까지 이어지고 있는 것이죠. 그래서 구대륙의 와인은 품종이 적혀 있지 않더라도 알아서 사야 합니다. 예를 들어 부르고뉴 레드 와인이라면 당연히 피노 누아로 만든 와인이고, 보르고 레프트 뱅크의 와인이면 카베르네 소비뇽을 메인으로 멜롯과 카베르네 프랑 등을 블랜딩 한 와인이라고, 소비자가 알아서 구매해야 했죠.

그런데 신대륙의 와인들은 그런 전통도 없을뿐더러, 구대륙과의 경쟁에서도 우위를 점할 수 있는 분야가 필요했기 때문에 소비자 친화적인 정책을 취합니다. 라벨에 지역과 생산자, 빈티지를 표기하는 것과 더불어 품종도 표기하기 시작하는 겁니다. 카베르네 소비뇽이 몇 프로 들어갔고, 메를로가 몇 프로 들어갔다는 것을 써두는 것이죠. 그럼 소비자는 대략 이 와인이 어떤 맛일 거라는 기대를 하고 선택할 수가 있기 때문입니다. 고고하고 도도한 구대륙의 와인들에 비해 상당히 실용적인 태도를 취했던 것입니다.

그렇다고 신대륙의 와인이 대중적이고 친화적인 태도만을 취했느냐 하면 그건 또 아닙니다. 고급화 전략도 동시에 취하죠. 브랜드 와인을 생산하는 것입니다. 와인에 개별적인 상표를 붙임으로써 기존의 모든 기준을 무시하여 새로운 필드에서 경쟁하겠다는 것이죠. 모든 제약과 룰을 파괴하여 자신의 게임의 규칙을 만들었던 니체와도 비슷합니다. 이렇게 브랜드를 달고 출하되는 와인들은 심지어 동일한 와이너리의 다른 와인들과도 차별화할 수 있었습니다. 그 대표적인 사례가 이번 장에서 주로 설명해야 할 캘리포니아 와인, 그중에서도 메리티지 와인과 나파 밸리 와인이죠.

캘리포니아 와인

캘리포니아 와인은 미국에서 생산되는 와인의 총 90%를 차지하는 주요 산지입니다. 그림89의 지도를 보면 알 수 있듯이 캘리포니아는 북구 해안지대, 북중부 해안지대, 남중부 해안지대, 샌와킨 밸리 네 구역으로 구분하는 것이 보통입니다.

이 중에서 특히 중요한 지역은 소노마 밸리sonoma valley와 나파 밸리napa valley죠. 이곳에서는 미국 와인을 대표하는 고급 와인들이 생산됩니다. 이 두 지역에서 생산되는 와인은 모두 합해봐야 캘리포니아 와인 중에서도 10% 정도에 불과하지만, 판매액 기준으로 보자면, 나파 밸리의 와인 판매액만 해도 캘리포니아 전체의 30% 이상의 판매액을 기록할 정도입니다. 한 마디로 엄청나게 비싸게 팔리는 고급 와인이라는 말이죠.

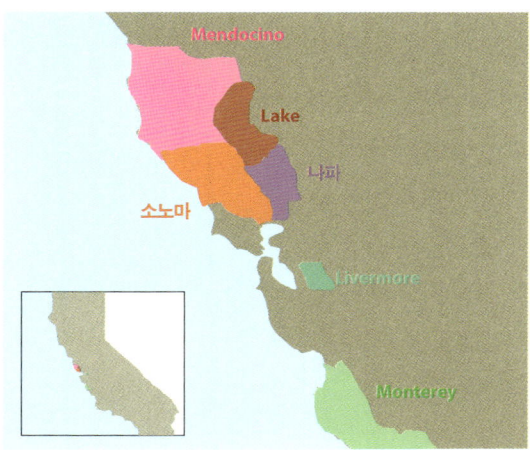

그림89. 캘리포니아 와인 지도.

AVA

그런데 캘리포니아 와인을 설명하기 위해서는 먼저 미국 정부 승인 포도 재배 지역 규정, 즉 AVA^{American Viticultural Areas}를 알아 볼 필요가 있습니다. AVA란 1980년대부터 시작된 제도로써, 연방 정부에 승인되고 등록된 주나 지역 내에 속하는 특정 포도 재배 지역을 말합니다. 쉽게 말해 우리가 앞에서 다루었던 프랑스의 AOC 제도나 이탈리아의 DOC 제도와 비슷한 것이라고 보면 됩니다. 예를 들어 나파 밸리는 캘리포니아 주에서 승인받은 AVA이고, 컬럼비아 밸리는 워싱턴 주에서 승인받은 AVA이죠. 이런 AVA가 라벨에 표기되어 있다면 그 와인을 만드는 데 사용된 포도의 85% 이상은 그 지역에서 재배된 포도라는 뜻입니다.

하지만, AVA와 AOC 등의 구대륙 등급제한은 근본적으로 차이가 있습니다. AOC와 DOC 등 구대륙의 생산지통제 명칭은 무척 까다롭게 제조 과정을 통제합니다. 원산지 명칭에 따라 지역도 무척 세분화되어 있고, 와인에 사용할 수 있는 포도의 품종도 무척 한정적인 데다가 샤토니 도멘이니 이것저것 신경 써야 할 게 한두 가지가 아니죠. 이런 제약은 전통성과 그에 따른 정체성을 확립해줄 수 있다는 점에서는 긍정적인 효과를 주지만, 반대로 새로운 시도가 힘들다는 점에서는 부정적입니다. 그래서 슈퍼투스칸 같은 와인이 등장하기도 하는 것이고요. 그래도 AOC나 DOC 등급을 받았다는 것은 일정 수준 이상의 품질을 보증한다는 의미입니다.

하지만, 미국의 AVA는 이와는 다릅니다. AVA는 그 지역의 와인을 85% 이상만 사용하면 되고, 품종 표기도 동일한 품종을 75% 이상만 사용하면 기재할 수 있습니다. 그런데 이런 품종 표기나 지역 표기는 그저 '그래도 됨'이지, '그래야 함'은 아닙니다. 미국의 와인들은 어떤 품종을 얼마나 사용하여 와인을 제조하든 전혀 상관하지 않죠. 그래서 AVA는 어느 지역에서 나온 포도로 사용했다는 것 정도만 알려줄 뿐입니다. 지역 한정일 뿐 품질과는 무관하다는 소리죠. 전통에서 주어지는 정체성이냐, 아니면 모든 것에서 해방된 자유냐의 선택에서 미국은 후자를 택한 셈입니다.

이런 AVA가 캘리포니아에는 109개가 있습니다. 그리고 그중에서도 우리나라에 수입되는 와인 중에서는 다음의 AVA가 유명합니다.

물론 이러한 지역이 와인의 질을 100% 보증해 주는 것은 아니지만, 이것을 참고하여 캘리포니아 와인을 고르면 비교적 실패 확률이 낮겠죠.

나파 밸리 Napa Valley

소노마 밸리 Sonoma Valley

러시안 리버 밸리 Russian River Valley

알렉산더 밸리(Alexander Valley)

드라이 크릭 밸리 Dry Creek Valley

로스 카네로스 Los Carneros

앤더슨 밸리 Anderson Valley

산타크루즈 마운틴 Santa Cruz Mountain

리버모어 밸리 Livermore Valley

파소 로블스 Paso Robles

에드나 밸리 Edna Valley

스택스립Stag's Leap

초크 힐 Chalk Hill

하웰 마운틴 Howell Mountain

메리티지^{Meritage} 와인

이런 자유로움 때문에 미국 와인은 브랜드 와인으로 발전하게 됩니다. 전통으로 정체성을 드러낼 수 없으니 성능과 브랜드로 자신의 차별성과 그에 따른 정체성을 보여줘야 하는 것이죠. 이런 와인을 보통 'Merit'와 'Heritage'를 합쳐 메리티지^{Meritage}와인이라고 부릅니다. 품종명을 표기하기 위한 최소 조건인 75%의 사용도 포기하고 와인의 맛을 최대로 뽑아내기 위해 자신만의 블랜딩을 찾아내 만든 와인들이죠.

하지만 이런 메리티지 와인도 자기 마음대로 "나는 메리티지 와인이다"라고 말하고 다닐 수는 없습니다. The Meritage Association에 등록되어야만 이런 명칭이 사용할 수 있죠. 여기에 등록하기 위해서는 다음의 조건들을 충족해야 합니다.

1. Red Meritage: 주요 레드 품종 두 가지 이상이 블랜딩 되어야 하며 한 가지 품종이 90%를 넘어서는 안 됩니다.
2. White Meritage: 역시 두 가지 이상이 블랜딩 되어야 하며 한 가지 품종이 90%를 넘어서는 안 됩니다.
3. 한 해 생산량이 25,000케이스가 넘지 않아야 합니다.
4. 고품질을 유지하기 위해 생산되는 와이너리에서 가장 고가이거나 두 번째로 비싼 와인이어야 합니다.

기준을 보면 알겠지만, 생산을 통제하여 가치와 가격을 올리려는 의도가 다분하죠. 희소성을 획득하는 것입니다. 이와 비슷한 와인으로는 흔히 컬트 와인이라고 불리는 가라지 와인Garage wine이 있죠. 차고에서 만들 수 있을 정도로 소규모 생산되는 와인이라는 의미의 가라지 와인은 생산량이 극히 적어 돈이 있어도 사기 힘든 희귀 와인의 대명사이기도 합니다. 이에 관해서는 다음 장에서 자세히 다루도록 하겠습니다.

아무튼 고급 미국 와인의 대명사라고 할 수 있는 메리티지 와인에는 중 가장 유명한 것은 바로 오퍼스 원Opus One이죠. 나파 밸리 와인의 거장이라고 불리는 로버트 몬다비Robert Mondavi와 그 유명한 샤토 무통 로칠드의 소유주인 필리프 로칠드 남작Baron philippe de Roschild이 합자해 조인트 밴처로 만든 와인이죠. 그래서 와인 라벨도 몬다비와 로칠드의 얼굴을 합성하여 만든 로고가 그려져 있죠.

그림90. 오퍼스 원.

그리고 그 외에도 도미누스Dominus, 인시그니아Insignia, 앤솔로지 Anthology, 말스톤Marlstone, 캐스크 23Cask 23, 생 수페리 엘루St-Supery ELU, 마그니피카트Magnificat 등의 와인들도 유명한 메리티지 와인 들입니다.

나파 밸리

나파 밸리는 이 글을 쓰는 2016년 시점에서 그야말로 가장 빠르 게 성장하는 지역입니다. 캘리포니아로 모여든 와이너리들은 골 드러시와 필록세라, 금주령 등 많은 우여곡절을 겪으면서도 기 어이 살아남았고, 결국 1960년대에 이르러 비로소 진정한 와이 너리로 거듭나게 되었죠. 그리고 그 이후로 50년 만에 유럽의 와 인들을 이미 따라잡았고, 앞으로도 계속 성장할 예정입니다.

이런 경향을 명확히 보여주는 수치로는 나파 밸리의 와이너 리 숫자가 있겠네요. 1970년에는 27개에 불과했던 와이너리 가 2013년에는 400개 이상으로 늘어났고, 현재도 계속 늘어나 고 있습니다. 물론, 숫자만 늘어난 것이 아니죠. 제품도 다양해 졌고, 매출도 그에 비례하게 높아졌습니다. 또한, 수량과 매출만 이 아니라 인지도 역시 비교도 안 될 정도로 상승하였습니다. 앞 서 언급했던 파리의 심판 이후로 캘리포니아 와인, 그중에서도 나파 밸리의 와인들은 세계적으로도 인정받게 되었죠. 당연한 결과였습니다. 1986년과 2006년 두 번에 걸쳐 진행된 시음회에 서 1위부터 5위까지 중 4개의 와인, 즉 스택스 립 와인 셀러Stag's

Leap Wine Cellars, 헤이츠 와인 셀러즈 마사스 빈야드Heitz Wine Cellars Martha's Vineyard, 마야카마스 빈야드Mayacamas Vineyards, 클로 뒤 발Clos du Val이 모두 나파 밸리의 와인이었기 때문이죠. 그래서 나파 밸리는 최근 몇십 년간 와인 역사상 가장 격렬한 호황을 누리고 있습니다.

우리나라도 그렇지만, 화제가 되는 곳은 언제나 돈이 몰립니다. 나파 밸리의 땅값이 오른 것도 당연하겠죠? 1970년에는 1에이커, 그러니까 1,225평에 2,000~4,000달러 정도 하던 나파 밸리의 포도원이 영화 대부로 유명한 프란시스 포드 코폴라 감독이 2002년에 구입했을 즈음에는 무려 35만 달러에 이르렀습니다. 30년 사이에 땅 값이 대략 100배 가까이 오른 것입니다. 강남의 노른자 땅이나 밀집 주거지역도 아닌 밭이 이렇게 많이 오른 사례는 드물죠. 어쨌든 그만큼 나파 밸리는 지금 가장 핫한 지역 중 하나입니다.

이런 나파 밸리는 아메리칸드림이랄까요? 미국 와인 기적의 상징과도 같습니다. 더구나 구대륙의 무겁고 진중한 와이너리와는 다르게 마치 관광지처럼 대중에게 열려있는 나파 밸리의 와이너리들은 엔터테인먼트라는 또 다른 사업 분야에서도 수익을 올리고 있는 실정이죠. 실제로 캘리포니아의 와이너리에는 2013년 한 해 동안 2,100만 명의 방문객들이 다녀갔습니다. 캘리포니아 내에서는 디즈니랜드 다음으로 인기 있는 관광지가 되었죠.

또한 자유로운 성향의 나파 밸리의 와이너리들은 구대륙의 와이너리들과 합자한 조인트 벤처로 새로운 브랜드의 고급 와인을 생산하고 있기도 합니다. 앞서 언급했던 로버트 몬다비는 샤토 무통 로칠드와의 조인트 벤처인 '오퍼스 원'뿐만 아니라, 이탈리아의 프레스코발디와 손잡고 '루체 델라 비테' 와이너리도 세웠으며, 칠레의 에라주리즈와도 '세냐'라는 프리미엄 와인을 생산하고 있습니다. 가장 역동적이고 창조적인 지역이 되어가고 있는 것이죠.

캘리포니아 와인 고르기

급속히 다양해진 캘리포니아는 덕분에 와인의 종류도 무척 많아졌습니다. 하지만, 그럼에도 불구하고 와인을 선택하는 것이 그다지 어렵지는 않죠. 우선 라벨을 보겠습니다.

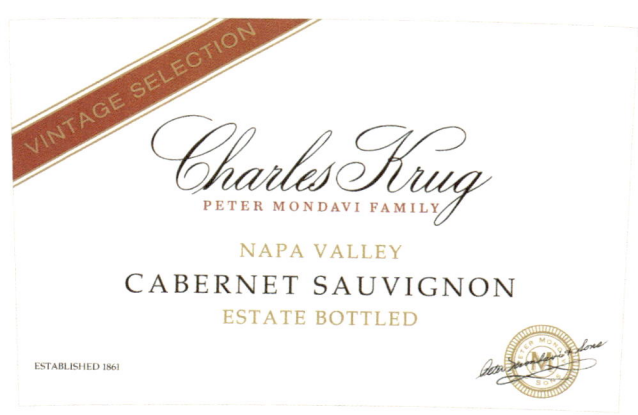

그림91. 캘리포니아 와인 라벨 읽는 법.

1) 생산자: 라벨에서 가장 중요한 부분은 생산자의 이름입니다. 예시로 나와 있는 이미지의 생산자는 찰스 크러그Charles Krug입니다. 로버트 몬다비의 동생인 피터 몬다비 가문이 운영하는 회사이죠. 그러고 보니 피터 몬다비 패밀리라고 적혀 있군요.

2) 품종: 미국 와인의 라벨에 품종이 명시되어 있다면 그 와인은 명시된 품종을 최소한 75% 이상 사용했다는 의미입니다. 그런데 1983년 이전의 빈티지들은 51%의 규제였을 때 생산된 거라 조금 차이가 있습니다. 위의 이미지는 카베르네 소비뇽이라고 적혔습니다. 카베르네 소비뇽을 75% 이상 사용한 와인이라는 의미입니다.

3) 병입: Estate bottled라는 표기는 와인의 100%가 생산자가 소유한 포도원에서 생산되어 병에 담겼다는 뜻입니다. 이건 생각하기에 따라 장점이 될 수도 있고 단점이 될 수도 있지만, 보통은 정통이랄까요? 순정이랄까요? 다른 곳의 포도가 섞지 않고, 자신들이 직접 관리한 포도로만 빚었다는 의미로 사용됩니다. Produced and bottled by라고 적혀있는 경우도 있는데 이것은 75% 이상을 한 와이너리에서 발효시켰을 경우 사용할 수 있습니다.

4) AVA: 나파 밸리Napa valley의 와인입니다. AVA에 따르면 85% 이상 나파 밸리에서 생산된 포도로 만들어졌을 때만 사용할 수 있습니다. 이런 AVA 표기는 각 지역의 특색을 반영할 수 있죠.

5) 빈티지: 위의 이미지에는 빈티지가 명시되어 있지 않습니다. 미국 와인에 빈티지가 명시되었다면 그건 그해의 포도를 95% 이상 사용했다는 의미입니다. 단, AVA가 아닌 지역의 와인은 85% 이상만 되어도 그해의 빈티지 표기를 할 수 있습니다.

6) reserve: 구대륙의 와인에는 reserve가 법적으로 명시되어 있어 특별한 의미를 가지는 곳이 많지만, 미국은 그런 법 규정이 없으니 큰 의미를 갖지 않아도 됩니다

이 외에 또 다른 방법은 뒷면의 라벨을 확인하는 것입니다. 2016년 현재에도 여전히 실험적인 시도가 계속되는 캘리포니아 와인의 모든 것을 다 파악한다는 것은 불가능합니다. 하지만, 역시 신대륙 와인들은 친절하죠. 뒤쪽 라벨을 보면 와인에 대한 자세한 사항들이 나와 있습니다. 음용 시기, 맛, 어울리는 음식, 숙성 여부 등 혼자 와인을 즐기는 사람들을 위한 최적의 코멘트가 달려있죠.

TIP. 1

음식과 와인

와인 강연을 가면 가장 많이 듣는 질문이 몇 가지 있는데, 첫 번째는 다 마시지 못한 와인은 어떻게 보관해야 하느냐는 질문이고, 두 번째가 어떤 음식에는 어떤 와인이 잘 어울리냐는 질문입니다.

하지만 본문에서도 언급했던 것처럼 이것은 무의미한 질문일 수도 있죠. 누군가는 피자에 우유를 마시는 사람도 있고, 치킨에 막걸리를 마시는 사람도 있습니다. 지극히 개인의 취향 차이라는 것이죠. 요리가 생선이든 굴이든 샤또브리앙이든, 그냥 자기가 가장 좋아하는 와인을 곁들여 마시는 것이 가장 좋을 수도 있습니다.

그런데도 우리는 마치 어떤 음식에는 반드시 이런 와인을 마셔야 할 것 같은 강박증을 가지고 있죠. 이런 조합이 마치 아주 오래된 전통이라서 반드시 지켜야 할 것이라고 여기면서 말이죠. 하지만 옛날, 그러니까 와인이 물을 대신하는 음료로 여겨지던 시기에는 원래 와인과 음식의 마리아주를 그다지 고려하지 않았습니다. 이 시기에는 와인과 음식을 어떤 규칙에 따라 매칭하기보다는 그저 인근에서 쉽게 구할 수 있는 와인을 사용하였죠.

그러다가 음식 문화와 와인 양조 기술이 발전함에 따라 와인과 음식이 서로 맞춰가게 되었고, 이런 관계에서부터 우리가 생각하는 마리아주가 탄생한 것입니다. 그리고 같은 지역의 음식과 와인을 매칭하는 것에서부터 시작된 마리아주가 경험적으로 검증을 받아왔고, 요리의 전설이라고 일컬어지는 호텔 조리사 에스코피에(Escoffier, 1846~1935)나 미슐레 가이드 등에 의해 발전되어 지금에 이르게 된 것이죠. 특히 피에르 앙드리외Pierre Andrieu는 1939년에 『프랑스 와인들과 이용방법Les vins de France et d'ailleurs』이라는 책에 음식과 와인의 마리아주에 대한 체계적 이론을 세우기도 했습니다.

한 마디로 사람들이 본격적으로 와인과 음식의 만남에 관심을 가지고, 그 방식과 원리를 연구하여 지금과 같은 마리아주 법칙이 만들어진 것은 극히 최근에 와서였던 것이죠. 더구나 냉전이 종식되고 팍스 아메리카가 시작되면서 와인을 고급문화로 인식하기 시작한 미국 사람들에 의해 이런 마리아주가 전 세계적으로 퍼져나갔던 것이죠.

그러니 사실 경험을 통해 자신에게 가장 잘 맞는 마리아주를 찾는 것이 더 좋습니다.

하지만, 그렇다고 여기에서 "그냥 마음대로 드세요"라고 말하는 것은 무책임한 짓이겠죠. 그래도 조금이라도 새로운 시도를 하고자 하는 분들을 위해 일반적으로 받아들여지는 공식 몇 가지를 소개해 보도록 하겠습니다.

마리아주의 고려사항

1) 첫 번째로, 생선 요리에는 화이트 와인, 육류 요리에는 레드 와인이 좋습니다. 이건 너무 유명한 마리아주죠. 특히 산도가 높고 드라이한 화이트 와인은 생선의 비린 맛을 잡아주기 때문에 가장 잘 어울리는 조합 중 하나죠. 또한 마찬가지로 카베르네 소비뇽처럼 바디감이 있는 와인은 그 거친 타닌으로 인해 육류에 잘 어울립니다.

2) 가벼운 음식에는 가벼운 와인, 무거운 음식에는 무거운 와인을 마리아주 하는 것이 좋습니다. 기본적으로 음식보다 와인이 가벼우면 좋질 않죠. 예를 들어 진한 양념이 들어간 로티나 스테이크에 화이트 와인은 어울리지 않는 것과 비슷합니다. 하지만 그렇다고 와인이 음식보다 무조건 무겁다고 좋은 것도 아닙니다. 마찬가지로 생굴에 견고한 레드 와인은 어울리지 않죠. 비슷한 정도의 무게를 가진 음식과 와인이 좋습니다. 샤도네이 화이트에는 연어나 생선 같은 음식이, 반면에 쉬라나 멜롯, 카베르네 소비뇽 레드처럼 탄탄하고 무거운 와인에는 육류나 양념이 많이 가미된 음식이 어울리죠.

3) 고급 식재료에는 고급 와인을 마리아주 하는 것이 좋습니다. 기본적으로 음식값보다 싼 와인은 마리아주 하지 않는 것이 보통이죠. 와인은 음식의 맛과 향을 더욱 풍부하게 느낄 수 있게 만들어주기 위해 곁들여지는 것인데 음식에 비해 와인의 질이 많이 떨어지면 음식의 향취까지 같이 떨어트려 버리는 경우가 나타날 수도 있습니다.

4) 지방 고유의 음식에는 같은 지방 와인. 이건 앞서 언급했던 것처럼, 마리아주라는 개념이 처음 생겼을 때부터 시작된 조합입니다. 그 지역의 음식에는 그 지역의 와인이 제격이죠. 마치 파전에 막걸리가 제격인 것처럼 말이죠.

5) 신맛이 있는 음식에는 산도가 있는 화이트 와인. 하지만 음식의 산미가 너무 강하면 어떤 와인에도 매칭하기 어렵습니다.

6) 기름진 음식에는 타닌이 많은 레드 와인. 타닌은 지방을 중화시켜주는 역할을 하므로 기름진 음식을 먹을 때 잘 어울립니다.

적절하지 않은 마리아주

와인과 잘 어울리지 않는 음식과 식재료도 있습니다.
하지만, 물론 이런 매칭에도 예외가 있긴 하죠.

1) 어패류, 갑각류의 음식에 고급 레드 와인
2) 붉은 고기, 가금류의 음식에 고급 화이트 와인
3) 디저트류에 드라이 화이트 와인 (스파클링은 맞는 경우도 있습니다)
4) 수프류+고급 와인
5) 자극적이거나 유분, 산미, 감미 등의 맛의 요소가 강한 음식에는 어울리는 와인이 별로 없습니다.[32]

32. 『와인 교본』, 코지마 하야토 CWE 지음, (주)교문사, 2011년, 303쪽.

가격대별 추천 미국 와인

5만원 미만

로버트 몬다비 프라이빗 셀렉션 멜롯
Robert Mondavi Private Selection Merlot

죠셉 펠프스, 이니수프리 카베르네 소비뇽
Joseph Phelps, Innisfree Cabernet Sauvignon

콜롬비아 크레스트 그랜드 에스테이츠 메를로
Columbia Crest, Grand Estates Merlot

델리카토 카베르네 소비뇽
Delicato Cabernet Sauvignon

베린저, 진판델
Beringer, Zinfandel

5만원~10만원

로버트 몬다비, 나파 밸리 멜로
Robert Mondavi, Napa Valley Merlot

로버트 몬다비 나파 밸리 카베르네소비뇽
Robert Mondavi Napa Valley Cabernet Sauvignon

켄달 잭슨, 빈트너스 리저브 메를로
Kendall-Jackson, Vintner's Reserve Merlot

켄달 잭슨, 그랑 리저브 카베르네 소비뇽
Kendall-Jackson, Grand Reserve Cabernet Sauvignon

갤로 패밀리, 프라이 브라더스 리저브 카베르네 소비뇽
Gallo Family, Frei Brothers Reserve Cabernet Sauvignon

루이 마티니, 나파 벨리 카베르네 소비뇽
Louis M. Martini, Napa Valley Cabernet Sauvignon

뷰캐넌, 카베르네 소비뇽
Beaucanon, Cabernet Sauvignon

10만원~20만원

조단 샤르도네
Jordan Chardonnay

베린저, 나이츠 밸리 카버네 소비뇽
Beringer, Knights Valley Cabernet Sauvignon

샤또 몬텔레나, 나파 밸리 샤도네
Chateau Montelena, Napa Valley Chardonnay

20만원~30만원 이상

로버트 몬다비, 나파 밸리 리져브 카베르네 소비뇽
Robert Mondavi, Napa Valley Reserve Cabernet Sauvignon

도미누스 에스테이트, 나파눅
Dominus Estates, Napanook

30만원 이상

도미누스 에스테이트, 도미누스
Dominus Estates, Dominus

실버 오크 나파 밸리
Silver Oak Napa Valley

오퍼스 원
Opus One

릿지, 카베르네 소비뇽 몬테 벨로
Ridge, Cabernet Sauvignon Monte Bello

케이머스 카베르네 소비뇽 스페셜 셀렉션
Caymus Cabernet Sauvignon Special Selection

파 니엔테, 카버네 소비뇽
Far Niente, Cabernet Sauvignon

죠셉 펠프스, 인시그니아
Joseph Phelps, Insignia

07

살라드 / 프로마주
Salade / Fromage.
샐러드 / 치즈

중심으로부터의
탈피

질 들뢰즈,
프랜시스 베이컨,
컬트 와인

Two Hands, Zippy's Block Shiraz

제품명 : **투핸즈, 지피스 블록**
제조사 : **투핸즈**Two Hands
품　종 : **쉬라즈**Shiraz
지　역 : **호주**South Australia, **바로사 벨리**Barossa Valley
알　콜 : **12.5%**
종　류 : **레드**red

———

"Two Hands"는 Michael Twelftree와 Richard Minch가 가능한 최고로 좋은 쉬라즈 와인을 만들기 위해 1999년 설립한 와이너리이다. 건설업에 종사했던 Michael Twelftree와 공인 회계사 출신인 Richard Minch는 독특한 이력에도 현재는 호주에서 가장 인정받는 와인을 생산하고 있는 양조업자가 되었다.

2000년 17톤의 포도로부터 와인을 제조하기 시작한 투핸즈였지만, 그들의 와인은 처음부터 소비자들에게 환영받았고, 급기야 2004년에는 Robert M. Parker로부터 "남반구에서 최고로 훌륭한 와인"이라는 평을 듣게 되었다.

수입원Importer :
빈티지코리아

그림92. 투핸즈, 지피스 블록.

살라드

이제 식사가 거의 끝나가고 있습니다. 식사의 중심, 클라이맥스를 벗어나 상쾌한 마무리를 위해 해야 할 일은 뭘까요? 네. 입가심으로 뭔가를 또 먹는 겁니다. 아이러니하죠. 식사를 마치기 위해 또 먹다니 말이죠. 프랑스 요리에서 로티 다음으로 제공되는 것은 놀랍게도 살라드입니다. 영어로는 샐러드라도 불리는 것이죠. 샐러드야 너무 흔한 음식이나 따로 설명을 안 해도 되겠죠. 다만 다른 점이라면, 우리나라뿐만 아니라 이탈리아나 미국식 식사에서도 샐러드가 메인 디시 앞에 나오는데, 프랑스 요리에서는 메인 디시 다음에 나온다는 점이 독특합니다.

그리고 또 하나 빠질 수 없는 것이 바로 치즈입니다. 사실 치즈는 진작부터 다루어야 했었는지도 모르겠습니다. 우리나라에서는 와인 하면 역시 치즈죠. 하지만 어쩌다 보니 책의 흐름상 프랑스 요리 순서에 따라 진행되다 보니 이렇게 뒤에 위치하게 되었네요.

치즈와 와인의 마리아주는 웬만해서는 실패하지 않는 조합입니다. 오늘 와인은 마시고 싶은데 뭘 안주로 먹어야 할지 모르겠다 싶으면 치즈를 꺼내 들면 반쯤은 성공하는 격이죠. 하지만, 치즈에도 여러 가지가 있고, 와인에도 그보다 많은 종류가 있으니 치즈마다 더 잘 어울리는 와인들이 분명 있겠죠. 그럼 잠시 그걸 설명해 보도록 하겠습니다.

치즈와 어울리는 와인

치즈를 분류할 때는 일반적으로 수분의 함유량이나 원재료의 종류, 또는 제조에 쓰이는 곰팡이의 종류 등을 고려해 7가지로 구분됩니다. 하지만, 이걸 전부 다룰 수는 없고, 우리나라에서 가장 흔히 접하게 되는 것 몇 가지만 설명해 보도록 하죠.

먼저 숙성을 시키지 않는 프레시 치즈fresh fromage 종류가 있습니다. 숙성을 시키지 않기 때문에 이런 종류의 치즈는 담백한 것이 많죠. 대표적으로는 이탈리아의 모차렐라Mozzarella 치즈가 있습니다. 그렇다고 프레시 치즈는 모차렐라처럼 담백한 것만 있는 것은 아닙니다. 후추나 허브가 가미되어 감칠맛이 나는 부르생Boursin 같은 것도 있죠. 이런 치즈들의 특징은 상당히 무른 성질을 가지고 있어 그냥 먹는 것은 쉽지 않습니다. 그래서 빵이나 비스킷 같은 것들에 발라 카나페로 먹는 경우도 많습니다. 이런 프레시 치즈의 담백함은 대부분의 드라이 화이트나 로제와 잘 어울리며, 역시 드라이한 샹파뉴와도 잘 어울립니다.

그리고 두 번째로는 우리에게 카망베르Camembert로 잘 알려진 흰 곰팡이 치즈가 있죠. 흰 곰팡이 치즈는 말 그대로 치즈를 숙성시킬 때 표면에 흰색 곰팡이를 심어 밖에서 안으로 숙성을 시키는 것입니다. 그래서 카망베르는 표면이 하얗죠. 이런 치즈는 맛이 순하고 부드럽기 때문에 치즈를 처음 접하는 사람들도 먹기 편합니다. 흰 곰팡이 치즈는 미디엄 수준의 바디를 가진 레드 와인이나 그보다 좀 더 가벼운 레드 와인, 혹은 무난한 화이트 와인과 잘 어울립니다.

흰 곰팡이 치즈가 나왔으니 푸른곰팡이 치즈도 나와야겠죠. 푸른곰팡이 치즈는 흰 곰팡이 치즈와 마찬가지로 푸른곰팡이를 사용하여 숙성시키는 치즈입니다. 다만 표면에 흰 곰팡이를 심어 발효시키는 카망베르와는 다르게 푸른곰팡이 치즈는 치즈에 균일하게 푸른곰팡이를 심어 넣죠. 이탈리아의 고르곤졸라 Gorgonzola가 대표적입니다. 이것 외에도 고르곤졸라와 함께 세계 3대 푸른곰팡이 치즈라고 불리는 영국의 스틸톤stilton이나 프랑스의 로크포르roquefort도 있죠. 이런 푸른곰팡이 치즈들은 요즘에는 흔해져서 자주 볼 수 있지만, 아직도 그 독특한 맛과 향 때문에 꺼리는 사람들이 꽤 있습니다. 그래서 이런 독특함과 어울리는 와인을 잘 골라야 합니다. 푸른곰팡이 치즈에는 묵직한 레드와인이나 바디감이 있는 스위트 와인인 소테른이 비교적 잘 어울리는 편입니다.

다음으로는 아마도 우리나라에서는 가장 많이 소비될 것 같은 반경성半硬性 치즈가 있습니다. 반경성, 말 그대로 반쯤 딱딱한 이런 치즈는 제조 과정에서 곰팡이를 사용하지 않고 만들기도 편하기 때문에 국내에서도 많이 만들어지고 있죠. 그 덕분에 쉽고 싸게 구입할 수 있는 것은 당연하고 말이죠. 보통 영국의 체다 치즈나 네덜란드의 고다 치즈가 이런 반경성 치즈의 대표적인 치즈입니다. 반경성 치즈는 맛이 순하기 때문에 온화한 풍미의 화이트 와인이나 레드 와인 모두와 잘 어울리죠.

카망베르처럼 무른 치즈도 나왔고, 고다나 체다처럼 반경성 치즈도 나왔으니 이제 딱딱한 경성 치즈가 등장해야겠죠. 압착

과정에서 반경성보다 수분을 더 제거하기 위해 가열 공정을 한 번 더 거친 치즈가 경성 치즈입니다. 손이나 포크로 그냥 먹기에는 어려워 전용 칼이 필요할 정도로 딱딱한 치즈죠. 우리나라에서는 스위스의 에멘탈emmental이나 네덜란드의 에담edam 치즈가 유명하죠. 이런 경성 치즈는 강하게 압착되었기 때문에 맛이 진해 바디감이 있는 드라이 레드 와인이 좋습니다.

이렇게 샐러드와 치즈를 즐길 단계가 오면 식사가 어느 정도 정리가 되어가는 분위기이겠죠. 이런 분위기에 맞는... 이라고 하기는 좀 그렇지만, 식사도 중심에서 벗어난 것처럼, 철학의 중심에서 벗어난 철학, 예술의 중심에서 벗어난 예술, 그리고 와인의 중심에서 벗어난 와인이 있습니다. 바로 들뢰즈와 베이컨, 그리고 컬트 와인이죠.

이들은 중심에서 벗어난 것들인데도 중심보다 더 강력한 힘으로 각자가 몸담고 있는 세계를 뒤흔든다는 공통점이 있습니다. 들뢰즈도, 베이컨도, 그리고 컬트 와인도 어쩌면 소수이고 변두리에 자리 잡고 있는데도 이제는 누구도 무시하지 못하는, 아니 완전한 주류가 되어버린 철학자이자 화가이자 와인이죠.

이 셋을 묶는 또 하나의 공통적인 키워드는 바로 '차이'입니다. 무척 아이러니한 일이죠. 차이가 공통점이라니. 하지만, 이건 이 셋의 존재 이유 같은 것일 수도 있습니다. 하나씩 설명해 보도록 하죠.

철학자 들뢰즈와 화가 베이컨

역사를 강줄기에 비유하는 것처럼 철학사와 미술사도 강물에 비유를 해보자면, 큰 강줄기를 유지하면서 흘러왔던 철학과 미술의 역사가 니체 이후에 완전히 산산조각 나서 제각각의 작은 물줄기로 흘러간다고 볼 수 있습니다. 니체 이전에는 그래도 어떠한 맥락, 즉 이성이든, 신화든, 종교든, 신이든 뭔가 '정답'이라는 게 있었고, 그것에 의지하여 역사는 흘러왔습니다. 하지만, 그 정답 자체를 파괴해버린 니체 덕분에 역사의 물줄기는 갈가리 흩어져 어디로 가는지, 또한 어디로 가야 하는지 모르는 혼돈의 상태가 되어 버렸죠.

이런 상태는 앞장에서 말했다시피 거대한 자유를 선물로 가져다준 것일 수도 있고, 반대로 회의주의에 빠지게 만들었다고 생각될 수도 있습니다. 분명한 것은, 어느 쪽이건 니체의 영향력을 벗어날 수 없다는 것이죠. 그래서 질 들뢰즈는 이렇게 말합니다.

"현대 철학은 대부분 니체 덕으로 살아왔고, 여전히 니체 덕으로 살아가고 있다"[33]라고 말이죠. 물론 이 문장 바로 뒤에 들뢰즈는 한 마디를 덧붙입니다. "그러나 아마도 니체가 원했던 식은 아니었을 것이다"[34]라고요. 니체는 자신이 어떤 파장을 가지고 오게 될지 아마 알고 있었을 겁니다. 그의 책을 보면 알 수 있죠. 그리고 어떤 방식으로든 그의 의도는 실현이 되었습니다. 들

33. 『니체와 철학』, 질 들뢰즈 지음, 이경신 옮김, 민음사, 2015년, 15쪽.
34. 앞의 책, 15쪽.

뢰즈의 말처럼 현대의 거의 모든 철학, 예술 등 문화 전반은 니체에게 빚지고 있다고 볼 수 있기 때문이죠. 그리고 니체가 박살내버린 세상 속에서 그의 유전자를 이어받은 사생아들은 각자 자신만의 '정답'을 찾아가야 했습니다. 들뢰즈와 베이컨도 그런 니체 사생아들이라고 말할 수 있습니다. 어쩌면 그런 사생아들 중에서도 적자에 가까운 사람들이죠.

그런데 니체와 이 둘의 관계를 설명하기 위해서는 먼저 철학자와 예술가의 관계부터 대략 설명해야겠습니다. 아, 물론 이번 장에서 다루는 사람이 들뢰즈이기 때문에 이런 예술가와 철학자의 정의는 들뢰즈의 정의일 뿐이라는 것을 유의하며 읽어주시길 바랍니다.

철학자, 예술가를 만나다

들뢰즈가 생각한 철학자란 어떤 사람일까요? 한마디로 말해보자면, '말을 하는 사람'입니다. 다만 일반적인 사람들과는 조금 다르게 좀 더 정리된 말을 하는 사람이었죠. 그런데 잠시 생각을 해보면, 철학자뿐만 아니라 일반적으로, 말을 한다는 행위는 무척 신기한 일입니다. 한순간, 혹은 긴 시간 동안 머릿속에 우글거리는 것들을 정리하여 단어를 만들고 그것들을 연결하여 입 밖으로 끄집어낸다는 것은 무척 신기한 일이죠. 이 머릿속 우글거림은 이미지일 수도 있고, 추상적인 어떤 무언가일 수도 있는데, 이것이 어떻게 단어가 되고, 단어가 말이 되어 언어로 만들어지는지에 대한 메커니즘은 아직도 명쾌하게 풀리지 않고 있습니다. 아마 앞으로도 긴 시간 동안 풀리지 않을 것 중 하나이겠죠. 아무튼 철학자들이란 이 과정, 즉 우리가 세상을 인식하고 그것을 말로 엮어내는 과정을 좀 더 면밀하고 정확하게 하는 사람입니다.

그런데 화가도 이와 비슷합니다. 다만 화가는 자신의 안에 있는 것을, 그 혼돈의 우글거림을 말 대신 형태와 색으로 구현해내는 사람입니다. 이 과정 역시 우리가 말을 하는 것처럼 신비롭기 이를 데 없는 일이 아닐 수 없습니다. 하지만 어쨌든 화가는 그것을 해내는 사람이죠.

도대체 어떻게 생각이 말이 되고, 감각이 그림이 되는지 전혀 알지도 못한 채로 우리는 습관적으로, 그리고 아무런 의심 없이 말을 하고 그림을 그립니다. 물론, 이 과정에서 능숙한 사람이 있고 그렇지 않은 사람이 있지만, 아주 특별한 경우가 아니라면 이런 과정에서 어색함이나 힘겨움을 느끼지 않습니다. 물론, 모국어에서 말이죠.

철학, 예술을 만나다

철학자와 화가가 이런 작업을 하는 사람이니, 철학과 예술이 무엇인지도 이제 알 수 있겠죠. 들뢰즈가 생각하는 철학이란, 세계에 대한 인식입니다. 철학자는 세계를 인식하고 그것을 말로 만들어내는 사람이니까요. 다만, 철학은 언어를 통해 세계를 인식하는 행위입니다. 정제된 언어, 즉 개념을 통해 세계를 인식하고, 그런 인식을 말로 만들어내 외부의 세계와 소통하는 것이 들뢰즈가 생각하는 철학이죠.

예를 들어 보죠. 최초의 철학자라고 여겨지는 탈레스는 세상은 물이라고 말했습니다. 즉 그는 세상을 물로 인식했던 것이죠. 그리고 그의 제자랄 만한 아낙시만드로스는 세상은 아페이론apeiron으로 되어있다고 말했습니다. 그는 세상을 아페이론이라는 독특한 것으로 인식한 것이죠. 마찬가지로 수학자로 유명한 피타고라스는 수로 인식했고, 헤라클레이토스는 불로 인식했고, 아낙시메네스는 공기로 인식했습니다. 역사상 철학자라고 불리는 사람들은 이렇게 세상을 뭔가로 인식했던 사람들이죠. 물론 여기에서의 물이나 수나 불같은 것들은 우리가 생각하는 것들과는 조금 다릅니다. H_2O나 Number가 아니죠. 이것들은 어떤 원형적인 것, 그리스어로는 아르케arche라고 말하여질 만한 것입니다. 고도로 추상화된 개념이죠. 뭐 이걸 설명하려면 또 한세월이 흐를 거라 여기서 이걸 다 설명하기는 힘듭니다. 들뢰즈를 설명하기 위한 것이니 계속 들뢰즈에 초점을 맞춰 보도록 하겠습니다.

들뢰즈는 철학이라는 것이 이런 과정이라고 생각했던 겁니다. 세상이 어떻게든 있긴 있습니다. 존재한다는 말이죠. 인간은 이게 뭔지 잘 모릅니다. 그래서 어떻게든 이걸 해석해야 하죠. 그리고 해석하기 위해서는 세상과 대면해야 합니다. 그런데 사람마다 대면의 방식이 다릅니다. 세상을 영성으로 대면하는 사람도 있고, 그저 회피하려는 사람도 있죠. 모든 사람은 어떻게든 세계와 대면하는데, 그 과정에 있어 언어적 개념을 도구로 사용하는 세계를 인식하는 것이 철학이라고, 들뢰즈는 생각했습니다. 물론 철학자들은 똑똑한 사람들이니 무척 논리적이고 정제된 언어로 세상을 인식하겠죠. 어떤 사람은 그 개념이 물이라고 표현하고, 어떤 사람은 불, 또 어떤 사람은 공기라고 표현할 수는 있어도 근본적인 것은 세상을 언어적 개념으로 인식하고 그것을 다시 정제된 언어로 엮어내는 것이 철학이라고 생각했죠. 그러니 철학자란, 자신들이 인식한 세상을 어떻게든 언어를 통해 엮어낸 사람이고 할 수 있습니다.

그런데 들뢰즈는 여기에서 더 나아가. 철학이란 '새로운 개념을 생성하는 작업'이라고 말했습니다. 새로운 개념을 생성해야 하는 이유는 뭘까요? 세상을 물이라고 하든, 불이라고 하든 아니면 또 다른 무엇이라고 하든, 이미 다른 누군가가 만들어 놓은 개념으로 세상을 본다는 것은 나의 눈으로 보는 것이 아니라 그 사람의 눈으로 세상을 보는 것이기 때문입니다. 그러므로 나의 세계를 가장 잘 나타내주는 언어-개념을 스스로 창조해내는 것이 들뢰즈에게 있어서는 철학이죠.

그렇다면, 들뢰즈도 자신의 정체성을 철학자로 생각했으니 어쨌든 자기도 세상을 보는 방법이 있을 겁니다. 들뢰즈에게 있어서 그런 인식 방법은 무엇일까요? 여러 가지가 있겠지만, 가장 핵심적인 것은 바로 '차이'와 '반복'입니다. 하지만 이때의 차이와 반복은 당연히 우리가 일상생활에서 쓰는 그런 차이와 반복이 아니죠. 차이^{Difference}와 반복^{Repetition}이라는 단어를 사용하긴 하였지만, 들뢰즈에게 있어서 그 의미는 우리의 일상 언어와 완전히 다르죠. 이것이 그가 창조해낸 새로운 개념입니다. 그는 이것으로 세상은 보았죠.

요약하자면, 들뢰즈가 말하는 철학, 즉 자신이 세상을 보기 위해 했을 어떤 행위의 내막을 들여다보면, 1) 자신이 창조한 개념을 통해 세계를 인식하고, 2) 그 인식한 것을 다시 개념을 사용하여 소통하는 것이라고 할 수 있죠.

그럼 들뢰즈에게 있어 예술은 무엇일까요? 예술가는 감각으로 세계를 인식하는 사람이라고 앞서 말했죠. 그러므로 예술은 세계를 감각으로 인식하고, 그것을 감각으로 구현하는 것입니다. 사실 철학과 비슷하죠. 다만 도구가 좀 다를 뿐입니다. 한쪽은 감각을 사용하고 한 쪽은 언어적 개념을 사용하는 것이죠. 화가들은 시각적으로 세계를 인식하고 그것을 이미지로 표현하여 소통합니다. 가수는 청각적으로 세계를 인식하고 그 세계를 춤이나 노래로 소통하는 사람들이죠. 즉 감각으로 세계를 인식하고, 그렇게 인식한 세상을 감각적인 질료로 구현하여 타자와 소통하는 것이 예술가입니다. 어떻게 본다면 예술과 철학 모두 일종의 커뮤니케이션인 것이죠. 그런데 모든 커뮤니케이션이 그렇듯 철학과 예술도 '제대로' 인식되고 표현되어야 커뮤니케이션이 가능합니다.

철학과 예술, 철학자와 예술가가 이런 것이라는 정의가 내려졌으니, 이제 둘 사이의 관계를 봐야겠죠. 결론부터 말하자면,

철학은 예술이 건설하고 창조한 것을 개념화하는 것입니다. 커뮤니케이션이라는 것은 기본적으로 말하는 사람과 듣는 사람 사이에 교집합이 있어야 소통이 가능합니다. 그런데 보통 예술가들의 감각적 언어는 일반인과의 교집합이 별로 없죠. 그래서 예술가와 관람자 사이에 소통이 제대로 이루어지지 않는 경우가 많습니다. 한 마디로 그림을 봐도 도대체 뭘 그려 놓은 건지 모르는 사태가 발생하는 것이죠.

이것을 해소해 주는 것이 철학자의 역할입니다. 예술가의 감각적 언어를 철학자나 비평가는 우리에게 익숙한 언어로 바꾸어 줍니다. 쉽게 말해 예술가의 말을 번역하는 것이 철학자의 역할이죠. 뭐, 물론 철학자나 비평가의 말이 작품보다 더 어려울 때도 많긴 하지만, 들뢰즈가 생각하기에는 그런 것이 철학의 역할이라 생각하였죠. 다만, 거기에서 명심해야 할 것이 있습니다. 철학은 예술에 관여하지 않아야 한다는 것이죠. 철학이 예술에 이래라저래라 하는 순간, 월권을 행사하는 게 되어버립니다. 요컨대 정리하자면 이렇게 될 수 있습니다.

**예술은 예술가의 세계를 감각으로 구현한 것이며,
철학은 예술가가 구현한 감각의 세계를 개념화한 것이다.**

그럼 철학자 들뢰즈는 화가 베이컨과 어떤 관계일까요? 네. 베이컨의 그림을 들뢰즈가 개념화하는 것입니다. 그런데 알고 보면 사실 이 둘 사이에는 이렇다 할 개인적인 관계가 없습니다.

그런데도 들뢰즈는 베이컨의 그림으로 책을 한 권 쓸 정도로 애착을 가지고 개념화하죠. 왜 그랬을까요?

예술, 철학을 만나다

일반적인 경우라면 화가가 말도 잘하고 그림도 잘 그리는 일은 별로 없기 때문에 자신의 작품에 대해 직접 글을 쓰는 경우는 많지 않습니다. 그런 작업을 대신 해주는 사람이 바로 철학자나 비평가들이죠. 이런 둘 사이의 관계는 크게 두 가지로 진행되는데, 첫째는 비평가나 철학자가 화가의 작품과는 그다지 관계가 없는데, 어떤 이유로 인해 화가의 작품에 대해 글을 쓰는 경우입니다. 일반적인 미술 비평이 여기에 속하겠죠. 철학자나 비평가(앞으로는 그냥 철학자라고 하겠습니다)가 자신의 사상이나 생각과는 별로 관계가 없음에도 불구하고 화가의 부탁을 받든, 아니면 그냥 뭔가 다른 사정이 있든 해서 화가의 작품을 해석하는 것이죠. 이때 작품은 그저 철학자에게 있어서 어떤 연구의 대상이나 해석의 대상, 혹은 노동의 대상이 됩니다.

하지만 들뢰즈와 베이컨의 관계는 이런 방식이 아니었습니다. 화가의 작품과 철학자의 두 번째 관계, 화가의 작품이 철학자로 하여금 글을 쓸 수밖에 없게 만드는 경우였죠. 베이컨과 들뢰즈의 관계는 앞서의 첫 번째 관계와는 사뭇 다릅니다. 그 둘 사이에는 어떤 거래 관계나 부탁 관계가 없었죠. 그 둘이 실제로 만났는지 어땠는지도 명확하지 않습니다. 그런데 들뢰즈는 베이컨의 그림에 대해 글을 썼죠. 글뿐만이 아니라 그것으로 책을 한 권 내기도 했습니다. 『감각의 논리Logique de la sensation』가 바로 그 것이죠.

들뢰즈는 베이컨의 그림을 보고 쓸 수밖에 없었던 겁니다. 들 뢰즈식으로 말해보자면, 베이컨의 그림이 들뢰즈에게 강렬하게 감각으로 와 닿았던 것이죠. 그리고 들뢰즈는 그 그림에서 자신 의 철학을 봅니다. 화가는 시각적 이미지로 '무언가'를 표현하 고, 철학자인 자신은 언어로 '무언가'를 표현하기 때문에 얼핏 보기에 달라 보일 수도 있지만, 결국 그 '무언가'가 자신과 같다 고, 들뢰즈는 생각했던 겁니다. 다만 도구가 달랐을 뿐 베이컨과 자신은 거의 비슷한 이야기를 하고 있다고 보았던 거죠. 그러니 쓸 수밖에요. 쓰지 않고는 배기지를 못하는 겁니다. 자기가 백 마디 말로 할 것을 베이컨은 한 장의 그림으로 보여주고 있었기 때문이죠. 그래서 그는 베이컨의 그림으로 자신의 철학을 조금 더 구체화합니다.

그런데 사실 들뢰즈는 이런 작업을 베이컨의 그림으로만 한 것은 아닙니다. 여러 가지 매체와 예술에서 자신의 철학과 동일 한 것들을 발견했고, 그래서 썼죠. 카프카의 소설을 보고는 『카 프카Kafka』를 썼고, 푸르스트의 소설을 보곤 『푸르스트와 기호들 Proust et les Signes』이라는 책을 씁니다. 그리고 영화라는 매체 자체 를 보고는 『시네마1:운동-이미지Cinema Ⅰ: L'Image-Movement』와 『시 네마2:시간-이미지Cinema Ⅰ: L'Image-Temps』를 쓰죠. 이것 외에도 많 이 있습니다. 예술가나 예술 매체만도 아닙니다. 들뢰즈는 철학자에 대해서도 이런 식으로 글을 많이 쓰죠. 왜 굳이 이렇게 글을 썼던 걸까요? 들뢰즈는 그런 것들이 자신의 철학을 표현하고 발전시키기 위한 도구로 무척 적합하다고 보았기 때문입니다. 그래서 사실 그는 베이컨의 그림 이야기를 하면서도 자신의 철학 이야기를 하고, 카프카의 소설을 쓰는 것 같은데 결국 자기 철학을 이야기하죠. 철학자에 대해서도 마찬가지입니다. 앞서 다룬 니체도 역시 들뢰즈가 무척 중점적으로 다룬 철학자인데, 이 사람의 이야기를 하는 이유도 결국에는 자신의 철학을 설명하기 위해서였던 것이죠.

그러니까, 우리가 이번 장에서 다룰 들뢰즈와 베이컨은 '베이컨'이며, 동시에 '들뢰즈'입니다. 그리고 결국 더 나아가면 '들뢰즈-베이컨'이고, '베이컨-들뢰즈'입니다. 이게 참 애매하기도 하고 신기하기도 하고 재미있기도 한 들뢰즈의 '철학 방식'이며, 동시에 그 방식이 들뢰즈의 '철학'이며, 또한 베이컨의 '그림'이죠.

그럼 이제 프랜시스 베이컨과 들뢰즈의 관계도 얼추 해석될 수 있겠죠.

들뢰즈와 베이컨은 같은 세계를 인식한 두 사람입니다. 그리고 동시에 다른 세계를 같은 방식으로 인식한 두 사람이죠. 이 두 문장은 뭔가 모순처럼 보일 수도 있지만, 들뢰즈와 베이컨의 기준으로는 같은 말입니다. 두 사람은 다른 공간 다른 시간 속에 있는 사람입니다. 그러니 다른 세계를 인식하죠. 하지만, 인식의 방법이 같았기 때문에 같은 모습으로 세계가 인식된 것입니다. 둘이 하나이며, 하나가 둘인, 뭔가 아리송하고 신비주의적인 느낌의 해석이죠. 이것은 그들의 세계관이 내재적이고 일의적인 세계관이기 때문입니다. 이에 관해 그럼 좀 설명해 보도록 하죠.

들뢰즈와 베이컨이 세계를 인식한 방법은, 그리고 그렇게 인식한 세계는 합리적이고 이성적인 질서에 대한 거부, 근대적 이성주의 인간관에 대한 거부, 그리고 감각적 세계에 대한 긍정입니다. 이건 어디선가 본 것 같죠? 네. 니체의 세계관과 거의 유사합니다. 그래서 이들을 니체의 적자라고 했고, 들뢰즈도 그래서 니체를 가지고 자신의 철학을 했죠.

그런데 한 사람이 일관된 하나의 세계관을 가진다는 말은 어떤 의미일까요? 그것은 그 사람이 세상을 보는 일관된 방식이 존재한다는 말입니다. 세계의 질서와 논리를 자신만의 방법으로 해석한다는 것이죠. 철학자는 그런 세계관을 가진 사람 중에서도 무척 면밀하고 치밀한 논리를 가지고 있는 사람들입니다. 뛰어난 예술가들 역시 마찬가지죠. 그들에게는 나름의 세계관이 정립되어 있습니다. 들뢰즈와 베이컨의 세계관은 여러 가지로 해석될 수 있겠지만, 가장 대표적인 것으로는 '일의적 세계관', 혹은 '내재적 세계관'이라고 말할 수 있겠습니다.

이것을 설명하기는 너무 많은 말과 글이 필요하니 한 가지 예를 들어보도록 하죠. 여러분의 앞에 구겨진 A4용지가 있다고 가정하겠습니다. 그 종이 마구 구겨져 있다 보니 그 종이 표면에는 구겨진 주름이 있겠죠. 주름은 식별할 수 있습니다. 우리가 알아볼 수 있다는 말이죠. 그럼 이제 다른 질문을 던져 보도록 하겠습니다. 주름은 종이에서 떨어져 나올 수 있을까요? 즉, 종이와 주름이 분리될 수 있을까요? 당연히 불가능합니다. 종이가 없는 종이 주름은 말도 안 되는 것이죠.

들뢰즈와 베이컨의 세계관은 이와 같습니다. 종이는 존재이고, 주름은 존재자이죠. 이것은 식별되기는 하지만, 분리되지 않습니다. 존재니 존재자니 하는 명칭은 뭐가 뭔지 모르겠으니 좀 더 쉽게 '삶'과 대입해 보조. 우리는 '삶'이 있고 그와 따로 '삶의 목표'가 있다고 생각합니다. 하지만 이것은 종이와 주름의 관계와 비슷하죠. 종이가 삶이라면, 주름은 삶의 목표입니다. 삶과 삶의 목표는 분리될 수 없죠. 좀 더 일상적인 예로 바꿔 보자면, 일상과 이벤트라고 말할 수도 있겠습니다. 삶은 일상이고, 이벤트는 삶의 목적이라고 볼 수 있죠. 어떤 한 순간, 생일이든 기념일이든, 취업이든, 입학이든, 우리 일상 속 이벤트가 삶의 목적이라고 생각하는 경우가 많습니다. 하지만, 이런 이벤트들은 일상이 없다면 존재할 수 없는 것들이죠. 들뢰즈는 이것들이 다르지 않다고 보았습니다. 식별은 되지만 분리되지는 않는 것, 즉 삶 자체가 삶의 목적이며 이벤트이고, 그것이 일상인 것이죠.

일상과 이벤트는 어느 쪽이 더 가치 있고, 어느 쪽은 더 가치가 없다고 말할 수 없습니다. 둘은 하나기 때문이죠. 이걸 맞는 것이라고 생각할 수도 있고 아니라고 생각할 수도 있습니다. 다만, 들뢰즈는 그렇게 세상을 보았다는 것이죠. 그리고 베이컨도 마찬가지라고, 자신과 동일하게 세상을 보았다고, 들뢰즈는 생각했던 것입니다.

이런 세계관은 기본적으로 플라톤적 세계관으로는 설명 불가능한 세계관입니다. 플라톤의 세계관은 이데아와 현실이 식별은 안 되지만 분리되어있는, 정반대의 세계관이죠. 들뢰즈의 세계관은 존재와 존재자, 삶과 삶의 목적, 일상과 이벤트가 가치적으로 동등하지만, 그리고 둘 다 결국 같은 것이지만 플라톤은 이데아와 현실이 완전히 다릅니다. 그리고 이데아가 훨씬 가치 있는 것이죠. 그리고 모든 세상은 이 이데아를 중심으로 나란히 나란히 줄을 지어 1등부터 꼴등까지 순위가 매겨져 있습니다. 쉽게 말해 선별적인 세계관이죠.

하지만 들뢰즈와 베이컨의 세계관은 존재와 존재자의 관계에서도 가치적 우위가 없지만, 존재자들 사이에서도 가치의 차이가 없습니다. 나란히 줄 서 있는 게 아니라 모두 흩어져서 자신들의 삶을 살고 존재하고 있는 것이죠. 모두 ^(식별되므로) 다르지만, 모두가 고귀한 가치를 가지고 있는 것들이 그들의 세계입니다.

요약하자면, 플라톤의 세계관은 데카르트의 세계관과 마찬가지로 원근법적 세계관, 즉 누군가에 의해 성립된 기준에 따라 가치가 전부 다르게 정해지는 세상이며, 그것을 인간의 이성으로 파악할 수 있다고 보는 세계관입니다. 재현해야 할 세계와 그 기준이 객관적으로 존재하고, 이성이 그 진실을 투명하게 담아낼 수 있다는 믿음에 바탕을 둔 세계관이죠.

반대로 들뢰즈의 세계관은 그런 차별과 선별이 없는, 중심이 없는, 그러므로 각자가 중심인 평면적인 세계관입니다. 그래서 베이컨의 그림을 보면 정부 평면적이죠. 대상 사이에 차별이 없습니다.

앞서 언급한 것처럼, 구분^{distinguer} 가능하지만, 분리^{discerner} 불가능하다는 그들의 세계관은 존재와 존재자 사이에만 해당되는 것이 아닙니다. 그러한 일의성, 내재성은 존재자들 사이의 관계에도 동일하게 적용되죠.

베이컨의 「디에고 벨라스케스의 인노첸시오 10세에서 시작한 습작」은 인간 중 최고의 존재적 가치를 지녔다고 할 수 있는 교황과 그 반대인 원숭이(인지 뭔지 모를 기괴한 형태)가 존재론적으로 분리 불가능함을 뜻하는 그림입니다. 이는 당연히 이 둘의 존재론

그림93.
「디에고 벨라스케스의 인노첸시오
10세에서 시작한 습작」,
프랜시스 베이컨, 1953년.

그림94.
「인노첸시오 10세」,
디에고 벨라스케스, 1650년.

적 가치도 동일하다는 것을 의미하죠. 쉽게 말해, 원숭이의 얼굴로 울부짖는 교황의 모습은, 그 안의 원숭이는, 그리고 교황은 동일한 가치를 가지고 있다는 것입니다. 그래서 베이컨의 다른 그림들을 보면 원숭이의 얼굴을 하고 있는 사람이나 반대로 사람의 얼굴을 한 괴물이나, 아니면 일그러진 얼굴을 한 자화상처럼 경계가 무너진 그림들이 대부분입니다.

이는 차등적이고, 선별적인 플라톤-기독교적 세계관과 완전히 반대되는 대척점에 서 있는 세계관이죠.

하지만, 이런 가치론적 동등함은 이 둘이 같음을 의미하는 것은 아닙니다. 이들은 완전히 다르며, 그래야만 이 둘은 존재 가치가 있죠. 구분distinguer되는 이들은 다만, 차별적이지 않을 뿐입니다.

인간은 균등하지 않고, 모두 다르며 그러므로 고귀한 것인 것처럼 말이죠.

그리고 와인도 다르기 때문에 가치가 있는 와인이 있습니다. 다름이야말로 가치인 와인이죠.

비주류의 반란

아쉽게도, 세상의 거의 모든 것에는 주류와 비주류가 있습니다. 이렇게 나누는 것이 인간의 본능인지 뭔지는 모르겠지만, 어쨌든 세상은 보통 다수를 차지하는 주류와 소수를 차지하는 비주류가 있죠. 이건 철학이나 예술이나 와인에도 마찬가지입니다.

무척 문화적일 것 같고, 다양성을 인정할 것 같은 철학이나 예술에도 엄청난 주류와 비주류의 장벽이 있죠.

보통, 철학에서 주류라 하면 소크라테스와 플라톤, 아리스토텔레스의 계보를 잇는 이성주의, 합리주의 계열입니다. 대표적인 철학자로는 데카르트, 칸트, 헤겔 등이 있겠죠. 그에 반해 비주류의 철학자라면, 헤라클레이토스로 시작하여 스피노자와 니체, 그리고 이번 장에서 다룬 들뢰즈 등이 있습니다. 예술계에도 마찬가지로 이런 주류와 비주류가 있습니다. 예술계에서는 보통 권력을 잡은 집단을 중심으로 주류가 형성되며 거기에 낄만한 스펙이나 인맥 등이 충족되지 않는 사람들이 비주류를 형성하고 있죠.

이런 주류와 비주류의 구분은 와인에도 마찬가지로 적용됩니다. 와인에서의 주류라면 어떤 게 있을까요? 당연히 프랑스 와인입니다. 물론 이것만은 아니죠. 이탈리아 와인, 미국 와인, 스페인 와인 등 몇몇 나라의 유명 와인들이 주류를 차지하고 있습니다. 아, 인물로는 가장 유명한 와인 평론가인 로버트 파커가 있겠네요. 잡지로는 「와인 스펙테이터Wine Spectator」나 「디켄터Decanter」가 있겠고요. 우리가 와인 하면 떠올리는 이미지의 와인들은 대부분 여기에 속합니다. 국내에서는 이런 주류를 차지하는 유명 와인이 아니고서야 수입이 잘 안 되다시피 하니 '다른' 걸 볼 일이 없기 때문이죠.

하지만 와인에도 역시 비주류가 존재합니다. 그것도 무척 강력한 존재감으로요. 대규모 생산과 고비용의 마케팅을 하는 와인과 '다른' 와인이죠. 물론 모든 와인이 다 다르기도 하지만, 이 와인들은 다름 그 자체가 바로 존재의 이유랄까요? 가치의 원천이랄까요? 그런 와인입니다. 그 대표적인 예가 바로 이번 장에서 설명할 컬트 와인Cult Wine입니다.

그런데 사실 컬트 와인은 원래 가라지 와인garage wine 중 일부를 일컫는 말입니다. 특히 미국의 소규모 고급 와인을 뜻하는 경우가 많죠. 하지만 정작 가라지 와인조차도 명확한 정의가 있는 것은 아닙니다. 프랑스 와인이나 이탈리아 와인 같은 지역 와인은 각 지역에서 일정한 조건을 충족시키는 와인이라는 명확한 정의가 있지만, 가라지 와인은 딱히 그런 게 없죠. 심지어 칠레의 한 가라지 와인은 와인 이름 자체가 가라지 와인인 경우도 있습니다. 기존의 방식에 얽매이지 않고 획기적이고 우수한 품질의 와인을 만드는 소규모 와이너리라는 공통점이 있기는 하지만, 이것만으로 가라지 와인이라고 하기에는 아무래도 무리가 있습니다.

어떻게 본다면 들뢰즈와 베이컨의 세계관과 무척 비슷한 와인이죠. '이건 가라지 와인이다'라고 말할 수는 있지만, 즉 식별할 수는 있지만, '가라지 와인은 이것이다'라고 분리해서 정의할 수는 없는, 그런 와인이 바로 가라지 와인입니다.

그래도 이 명칭이 언제부터 쓰였는지 정도는 알 수 있습니다.

가라지 와인은 1980년대 말, 특히 1990년대 초반에 그 장르가 형성되었다고 보는 게 정설입니다. 특히 프랑스의 작가 니콜라

바비가 샤토 르팽Chateau Le Pin이 허름한 건물의 차고 안에서 위대한 와인을 만들었던 것을 일컬어 가라지 와인이라고 부르며 시작되었다고 보는 것이 일반적이죠. 하지만 니콜라 바비가 르팽을 가리켜 가라지 와인이라는 명칭을 먼저 쓰기는 했지만, 이 명칭이 대중화된 것은 다름 아닌 장 뤽 뚜느뱅Jean-Luc Thunevin의 샤토 발란드로Château Valandraud로 인해서라고 볼 수 있습니다.

그림95. 샤토 발란드로.

1989년, 승진 누락으로 사표를 던지고 생테밀리옹 시내에서 조그만 레스토랑을 운영하던 전직 은행원 뚜느뱅은 자신의 아내와 함께 생테밀리옹에 0.6헥타르의 조그만 포도원을 매입합니다. 전문적으로 와인 양조를 배운 것도 아니고, 전통 와인 가문 출신도 아닌 뚜느뱅이었지만, 와인의 원재료가 되는 포도만은 편집적으로 신경을 쓰죠. 그리고 2년만인 1991년에 철저하게 관리된 포도원의 포도로 허름한 차고에서 간신히 1,500병의 와인을 만들어 냅니다.

이 무명의 와이너리가 만든 와인에 시장은 격렬하게 반응했습니다. 샤토 발란드로는 나오자마자 200프랑이 넘는 판매가격이 형성되었고, 높은 가격에도 소비자들은 기꺼이 발란드로를 구매했죠. 그리곤 대만족. 뚜느뱅의 샤토 발란드로는 나날이 인기가 높아져 갔습니다. 하지만 언제 어느 곳에나 기득권은 있는 법. 생테밀리옹의 기존 샤토들은 이런 뚜느뱅의 와인을 폄하하기 시작했습니다.

그러나 그런 샤토들과는 달리 시장의 반응은 무척 호의적이었고, 그런 인기에 기폭제 역할을 하는 사건도 발생하죠. 2년 뒤인 1993년에 세계적인 와인 평론가 로버트 파커가 발란드로에 특급 와인에 준하는 93점이라는 점수를 준 것입니다. 로버트 파커의 평가를 날개 삼아 샤토 발란드로와 뚜느뱅은 순식간에 와인계의 신데렐라로 떠오르게 되었고, 아직까지도 뚜느뱅은 보르도 와인계에서 가장 핫한 인물 중 한 명으로 남아있죠.

뚜느뱅과 발라드로의 탄생과 부각은 여러 가지 의미를 갖게 됩니다. 우선, 와이너리들이 다양한 실험을 할 수 있는 계기가 되었죠. 등급이 낮거나 없어도 노력과 창의력에 의해서 최고의 와인을 만들 수 있다는 가능성을 보여준 것이었으니까요. 그로 인해 생테밀리옹의 다른 와이너리들도 앞다퉈 새로운 시도를 하게 되었습니다. 그리고 그 결과 샤토 라 고메리Château la Gomerie, 샤토 라 몽도트Château la Mondotte, 마그레즈 퐁브로즈magrez fombrauge, 샤토 페비 포제르Chateau Peby Faugeres, 벨뷔 몽도트Bellevue-Mondotte, 샤토 롤 발렝탱Chateau Rol Valentin 등의 와이너리가 탄생하였죠.

그야말로 비주류의 반란이었습니다.

더불어 이런 새로움의 물결은 생테밀리옹에서 그치지 않았습니다. 구대륙에서는 대표적으로 스페인 리베라 델 듀에로의 핑구스Pingus 와인이 이런 가라지 와인의 영향을 받아 생산된 와인입니다. 로버트 파커가 '환상적이고 거의 완벽에 가깝다'고 칭송하기도 했던 와인이죠. 재미있는 건, 핑구스의 와이너리는 실제로 차고를 개조해 만들었다는 점입니다. 그리고 『신의 물방울』에 등장해 화제가 되었던 이탈리아의 미아니 로쏘Miani Rosso와 마시 캄포롱고 디 토르베 아마로네 델라 발폴리첼라 클라시코Masi Campolongo di Torbe Amarone della Valpolicella Classico, 혹은 테누타 디 트리노로Tenuta di Trinoro도 대표적인 가라지 와인이죠.

그림96.
라벨을 일일이 손으로 작성한 이탈리아의 가라지 와인인
마시 캄포롱고 디 토르베 아마로네 델라 발폴리첼라 클라시코.

하지만 신대륙에서는 생테밀리옹의 가라지 와인과는 조금 다르게 발전하게 됩니다. 호주의 컬트 와인 몰리 두커Molly Dooker도 그렇지만, 미국에서는 오퍼스 원을 필두로 또 다른 유형의 가라지 와인, 즉 컬트 와인이 탄생하죠.

그림97. 호주의 컬트 와인 몰리 두커.

미국의 컬트 와인

1980년대 이후 미국에서는 새로운 재배양조 기술의 발달과 영향력 있는 와인메이커의 등장으로 컬트 와인이라고 불리는 슈퍼 프리미엄 와인들이 등장합니다.[35] 슈퍼 프리미엄 와인이라는 명칭에 걸맞게 컬트 와인도 가라지 와인처럼 소규모로 생산되고 있는 최상급 명품 와인들을 말합니다.

---

35. 『와인 교본』, 코지마 하야토 CWE 지음, (주)교문사, 2011년, 216쪽.

이런 미국 컬트 와인의 효시를 보통은 6장에서도 잠시 언급했던 오퍼스 원으로 봅니다. 로버트 몬다비와 샤토 무통 로칠드가 손을 잡고 만들어 낸 오퍼스 원의 1983년 첫 번째 빈티지는 품질도 품질이었지만, 당시 시중 와인의 10배가 넘는 가격이 더 센세이션이었죠. 생산자의 명성과 품질, 그리고 높은 가격까지 더해지자 당연히 와인 평론가들의 극찬도 뒤따랐고요. 그러자 그 뒤를 이어 나파 밸리에서도 소규모 최고급 와인들이 우후죽순처럼 생겨나기 시작했고, 그것이 지금의 컬트 와인이 되었습니다.

하지만 컬트 와인 역시 가라지 와인처럼 정확히 '이런 게 컬트 와인이다'라는 정의는 없습니다. 다만 암묵적인 기준은 있죠. 일단 연간 생산량이 2,000 케이스를 넘지 말아야 합니다. 쉽게 말해 희소성이 있어야 한다는 것이죠. 그러다 보니 당연히 일반 마트에서는 팔지 말아야 합니다. 일반 마트에 와인이 입고되기 시작하면 그건 더 이상 컬트 와인이라고 부를 수 없게 되죠. 그리고 참 웃긴 불문율이기는 한데, 「디켄터」나 「와인 스펙테이터」 등의 유명잡지에서 지속적인 고득점을 받아야 합니다. 실제로 컬트 와인은 「와인 스펙테이터」가 2000년에 집중적으로 소개하면서 유명해졌죠.

2000년 「와인 스펙테이터」가 선정한 컬트 와인 Top 9

스크리밍 이글Screaming Eagle	달라 발레Dalla Valle
할란 이스테이트Harlan Estate	마르까상Marcassin Vinyard
그레이스 패밀리Grace Family	아라우호Araujo
콜긴Colgin	브라이언트 패밀리Bryant Family
셰이퍼 빈야드Shafer Vinyard	

물론, 이런 몇 가지 조악한 기준이 법적으로 명시된 건 아니라 꼭 이걸 따라야 하는 건 아니지만, 기본적으로 이런 기준 밖으로 나가는 것은 컬트 와인이라고 불리지 않죠.

컬트 와인의 또 다른 특징 중 하나는 돈이 있어도 구하기가 쉽지 않다는 점입니다. 이런 희소성 전략은 로버트 파커가 컬트 와인 몇몇에 100점 만점을 주는 것과 맞물려 무척 유효하게 작용하였습니다. 순식간에 추종자들이 줄을 서기 시작했죠. 그러자 컬트 와인의 생산자들은 영악한 전략을 사용하기 시작합니다. 바로 컬트 와인의 구매자 명단인 메일링 시스템이었죠. 소량밖에 생산되지 않는 컬트 와인은 각 와이너리의 구매자 명단에 등록이 되어 있어야 구입을 할 수 있습니다. 그런데 문제는 이 구매자 명단이 업그레이드가 안 된다는 점이었죠. 기존 회원의 사망이나 파산 등 더 이상 회원자격을 유지할 수 없을 때에만 그 수에 맞게 한정적으로 신규 회원을 받았습니다.

그림98.
할란 이스테이트.

　이렇게 되니 와인의 품질을 떠나서 그 희소성을 소유하고자 하는 사람들이 와이너리별로 수백 수천 명씩 줄을 서게 되었죠. 한 마디로 만들기만 하면 팔리는, 모든 제조업자가 꿈에 그리는 판매 채널이 형성된 것입니다. 심지어 미국 최상류층에서는 아직 태어나지도 않은 아이의 이름을 대기자 리스트에 올리는 사람도 생길 지경이었습니다.

　컬트 와인은 그 이름 그대로 컬트, 즉 숭배의 대상이 되어 버렸죠.

　이런 컬트 와인과 가라지 와인에 관해서는 여러 가지 시각이 있겠지만, 그저 와인은 즐기는 소비자의 입장에서 독특하면서도 다양한 와인이 등장하는 것은 분명 환영할만한 일입니다.

　그러나 와이너리 입장에서는 이런 와인을 만들어 내는 것이 그다지 편한 일은 아닙니다. 가내수공업이랄까요? 극단적으로 가지를 치고, 결벽증이 있는 사람처럼 포도를 관리해야 하다 보니 컬트 와인이나 가라지 와인을 만드는 와이너리들은 일 년 내내 포도원에서 살다시피 하죠.

　하지만 모든 예술 작품들이 그런 것처럼, 그들의 그런 수고가 예술품과 같은 와인을 만들어내는 게 아닐까 싶기도 합니다.

TIP. 1

와인 셀러 고르는 법

가끔 인터넷을 하다 보면 그런 게시물을 보게 됩니다. "집안을 망하게 만드는 3대 취미생활" 같은 게시물 말이죠. 보통 이런 게시물에는 자동차, 음향기기, 카메라가 리스트에 올라있습니다. 세 가지 모두 손을 댔다 하면 갖춰야 할 것들이 끝없이 생겨나기 때문에 그런 별명이 붙은 것이죠.

위의 세 가지 정도는 아니지만, 와인도 그에 못지않게 돈이 많이 들어가는 취미가 아닐까 싶습니다. 조금씩 와인의 맛을 알게 되면서 '좀 더 좋은 와인, 좀 더 좋은 와인...' 이라는 욕망을 이겨내지 못한다면 순식간에 지갑이 바닥을 드러내는 경우가 허다하죠. 그리고 이런 '와인 애호가[?]'의 경로를 걷는 사람들이 필수적으로 거쳐 가는 코스가 있습니다. 바로 와인 수집이죠.

국내에도 수많은 와인 수입사들이 생겨나면서 경쟁적으로 와인 할인 행사를 하는 요즘은 와인 애호가들에게 둘도 없는 호시절이자 유혹의 시대입니다. 우연히 샤토 무통 로칠드가 20만원이라는 말도 안 되는 가격을 발견하게 되면 도저히 그냥 넘어갈 수 없는 사람들이 이런 사람들, 한 마디로 저 같은 사람들입니다.

하지만 이렇게 하나씩 수집하게 된 고가의 와인들을 아무 때나 마실 수는 없습니다. 특별한 의미가 있는 날을 기념하기 위해 이벤트 삼아 여는 것이 보통이죠. 그러다 보니 차곡차곡 쌓이는 와인을 보관해야 하는 상황이 도래하게 됩니다.

그런데 처음에는 한두 개씩 대충 서늘한 곳에 보관하기 시작하겠지만, 점차 와인의 개수도 많아지고, 와인의 보관 상태에도 민감할 정도로 와인을 즐기기 시작하면 상황이 달라집니다. 거금을 들여 수집한 와인을 애지중지 보관해야 할 텐데, 기존의 방식이나 일반 냉장고로는 한계가 발생하는 것이죠.

이때 선택할 수 있는 방법 중 대표적인 것이 지하 카브cave를 만들거나 와인 셀러를 구매하는 것입니다. 땅을 파서 지하 카브를 만들 수 있는 공간과 재력을 가진 사람이라면, 별로 고민할 필요도 없이 가장 최상의 것들을 준비하면 될 테니 그에 관해서는 여기에 쓸 필요가 없겠죠.

그래서 여기서는 예산에 맞게 와인 셀러를 고르는 방법에 대해 잠시 언급해 보도록 하겠습니다.

먼저 와인 셀러를 구입할 때 중점을 두어야 할 부분은 '온도를 일정하게 유지할 수 있는가', '모터나 그 외의 기계에서 발생하는 진동이 와인에 영향을 주지 않는가', 그리고 '직사광선을 차단할 수 있는가'입니다. 온도와 진동과 직사광선은 와인 보관에 있어서 가장 기본이 되는 점이자 가장 중요한 부분이기 때문이죠. 그런데 이 중에서 진동과 직사광선은 구입을 원하는 셀러의 제원을 보면 쉽게 확인할 수가 있습니다. 정말 중요한 것은 온도의 문제죠. 그리고 이와 함께 대두되는 것이 바로 용량입니다. 셀러의 용량 문제는 의외로 중요합니다. 그럼 온도와 용량을 중심으로 하나씩 설명해 보도록 하죠.

1. 온도

온도는 와인을 즐길 때 가장 중요한 부분 중 하나입니다. 아무리 뛰어난 화이트 와인이라도 한여름에 실온에서 마시는 것은 팔팔 끓인 수박화채를 먹는 것만큼이나 무의미한 일이죠. 그래서 와인 셀러 내부의 온도를 일정 온도로 유지해줄 수 있는 것을 골라야 합니다. 이러면 보통 '아니, 와인 셀러가 일정 온도 유지는 기본 아니야?'라고 생각할 수도 있지만, 의외로 온도 유지가 안 되는 셀러들이 무척 많습니다. 아쉽게도 저가, 소형 셀러들은 더욱 그렇죠. 생각해 보면 가정에서 사용하는 일반 냉장고도 사실 온도 조절과 유지가 쉽지 않습니다. 보관하는 음식의 양과 종류, 그리고 내부 공기의 순환에 따라 많이 달라지죠. 와인 셀러의 온도도 마찬가지입니다. 일정한 온도를 유지하는 게 쉬운 일이 아니죠. 그래서 와인 셀러 회사들이 가장 신경을 많이 쓰는 부분이 온도 유지입니다.

와인 셀러가 내부의 온도를 유지하기 위해 사용하는 냉각 방식으로는 보통 디지털 반도체 냉각방식과 컴프레셔 냉각방식이 있습니다.

반도체 냉각방식은 말 그대로 반도체 판넬을 사용하여 냉각하는 방식이라서 기계적인 요소가 없기 때문에 부피도 작고, 소음도 낮으며, 진동도 별로 없습니다. 이렇게 설명하면 모든 게 다 좋아 보이므로 당연히 반도체 냉각방식을 사야 할 것이라고 생각할 수도 있습니다. 하지만 동시에 냉각 효율이 떨어지는 것이 가장 큰 단점입니다. 저전압, 대전류의 직류전류가 필요한 것은 둘째 치고, 냉각부 반대편의 발열부를 충분히 냉각시켜주지 않으면 냉각효율이 낮기 때문에 온도 유지에 무척 취약하죠. 그래서 보통 외관을 중요시하거나 용량이 적은 30병 이하의 셀러에 많이 쓰이는 방식이지만, 여름에는 외부 온도보다 내부 온도가 더 높아지는 불상사가 간혹 발생하기도 합니다.

반면 컴프레서 냉각방식을 사용한 셀러는 냉각 효과는 좋지만 진동과 소음이 비교적 많습니다. 그런데 와인은 이런 진동과 소음에 무척 취약하죠. 소음은 둘째 치더라도 진동은 와인의 맛을 떨어뜨리는데 주된 원인을 제공합니다. 그래서 이런 문제점을 해결한 방식이 스테디 컴프레서 냉각방식입니다. 스프링을 사용해 진동의 주범인 컴프레서를 공중에 띄워 놓아 진동을 해결한 것이죠.

이 둘 중 무엇을 사야 한다는 것은 없습니다. 상황이 허락한다면 스테디 컴프레서 방식의 셀러를 구매하면 좋겠지만, 언제나 그렇듯이 상황이 여의치 않은 경우가 많죠. 예산이 모자라는 경우도 있고, 무엇보다 공간이 비좁아서 어쩔 수 없는 경우도 있습니다.

또한 온도 조절에 있어서 중요한 고려의 대상이 되는 것은 레드 와인을 보관하는 부분과 화이트 와인을 보관하는 부분의 온도를 개별적으로 조절할 수 있는가 하는 점입니다. 레드 와인과 화이트 와인은 적정시음 온도가 다릅니다. 물론 품종에 따라 다르기는 하지만, 일반적으로 레드 와인은 13도씨에서 18도씨 사이에서 마시는 것이 좋고, 화이트 와인은 6도씨에서 10도씨 사이에서 마시는 것이 좋습니다. 그렇기 때문에 온도 조절이 각각 분리된 것이 더욱 좋죠.

2. 용량

앞서 온도와 연관되는 것이기도 하고, 다른 차원에서도 와인 셀러의 선택에 있어서 용량의 문제는 무척 중요합니다. 와인을 자주 즐기는 사람들 사이에서는 이런 말이 있을 정도이죠. '애당초 사질 말거나, 살 거라면 가능한 한 크게'라고 말이죠.

여기에는 크게 두 가지 이유가 있습니다. 우선, 와인병의 문제죠. 와인병을 유심히 관찰해본 사람들은 알겠지만, 전 세계 모든 와인병이 똑같은 크기에 똑같은 모습인 것은 아닙니다. 토카이 와인의 경우는 기본이 750mL가 아니라 500mL가 기본이죠. 그리고 그 유명한 샤토 오브리옹도 일반적인 병의 모양과 조금 다릅니다. 포트 와인이나 셰리, 마데이라 등의 디저트 와인들도 모양이 모두 제각각이죠. 컬트 와인은 또 어떻고요. 미국 컬트 와인의 대명사라고 불리는 시네 콰 논Sine Qua Non은 해마다 라벨뿐만 아니라 병 모양이 바뀌기도 합니다. 그러다 보니 30병짜리 셀러를 구입했더라도 정작 와인을 담다 보면 20병 남짓 들어가는 불상사가 발생하기도 하죠.

그리고 두 번째는 '인간의 욕심'이라는 것 때문입니다. 와인을 즐기다 보면 자연스레 할인 행사나 와인 장터 같은 곳에 눈이 가게 마련인데 이럴 때마다 그레이트 빈티지이거나 그랑 크뤼 급의 와인인데도 가격이 싼 와인, 이른바 '득템'이라고 불릴 수 있는 와인들이 눈에 밟힙니다. 그리고 열에 아홉은 그런 득템 와인을 위해 지갑을 열게 되죠. 그런데 문제는 그렇게 좋은 와인들은 평범한 날에 아무렇게나 마시지 않고 특별한 이벤트를 위해 아껴두게 된다는 점입니다. 그러다 보니 와인이 한 병씩, 한 병씩 셀러에 차곡차곡 쌓이기 시작하죠. 결국 얼마 지나지 않아 셀러에 와인이 가득 차 있는데도 또 와인숍 주변을 둘러보는 자신을 마주할 수 있게 될 것입니다. 그때 가서는 후회하게 됩니다. '아, 처음부터 큰 걸 살걸'이라고 말이죠.

그래서 보통은 30병 이하의 와인 셀러를 구입한 사람들 중 절반 이상이 그보다 큰 셀러를 구입하게 됩니다. 더구나 앞서 1)에서 설명한 것처럼 소형 셀러는 온도조절이 쉽지 않다는 점에서 후회하는 경향도 있습니다.

그리고 여기에 한 가지를 더 하자면 습도가 조절되는 것이 좋습니다. 와인은 코르크를 통해 숨을 쉬는 물질이죠. 그렇기 때문에 습도나 냄새에 비교적 취약합니다. 특히 와인을 5년 이상 보관하며 숙성시킬 계획이라면 습도에 더욱 신경을 써야 합니다. 그렇다고 습도가 낮다고 좋은 것도 아닙니다. 너무 습도가 낮으면 코르크가 말라버려 와인이 병 밖으로 샐 우려가 있기 때문이죠. 그리고 와인이 밖으로 샐 수 있다는 말은 당연히 공기도 들어갈 수 있다는 소리겠죠. 이렇게 되면 와인은 순식간에 상해버립니다. 와인을 보관할 때는 보통 상대습도 75% 정도가 좋습니다. 그리고 셀러는 당연히 이런 습도를 유지할 수 있는 것이 좋겠죠.

여러 가지를 설명했고, 말하자면 끝이 없지만, 역시 무엇보다 가장 중요한 것은 자신에게 맞는 셀러를 구입하는 것이겠죠. 여건과 상황에 맞게 좋은 셀러를 구매하여 즐거운 와인 생활이 되기를 바랍니다.

TIP. 2

가격대별 추천 컬트 와인

10만원 미만

몰리두커, 더 복서
Mollydooker, The Boxer

핑구스, 피에스아이
Pingus, PSI

10만원~20만원

마운트 비더 까버네 소비뇽
Mount Veeder Cabernet Sauvignon

헤스 마운트 비더 카베르네 소비뇽
Hess Mount Veeder Cabernet Sauvignon

몰리두커, 기글팟
Mollydooker, Giggle Pot

몰리두커, 블루 아이드 보이
Mollydooker, Blue Eyed Boy

투핸즈, 벨라스 가든
Two Hands, Bella's Garden Shiraz

버지니 드 발란드로 블랑
Virgnie de Valandraud Blanc

20만원~30만원

라데라, 호웰 마운틴 나파 밸리 카베르네 소비뇽
Ladera, Howell Mountain Napa Valley Cabernet Sauvignon

카디날레 카베르네 소비뇽
Cardinale Cabernet Sauvignon, 미국 가격 기준

샤토 롤 발렝탱
Chateau Rol Valentin

팔메이어 샤도네이
Pahlmeyer Chardonnay

30만원 이상

마시 캄포롱고 디 토르베 아마로네 델라 발폴리첼라 클라시코
Masi Campolongo di Torbe Amarone della Valpolicella Classico

키슬러, 키슬러 빈야드 피노 누아
kistler, Kistler Vineyard pinot noir

로코야 수프링 마운틴
Lokoya Spring Mountain, 미국 가격 기준

로코야 다이아몬드 마운틴
Lokoya Diamond Mountain, 미국 가격 기준

샤또 발란드로
Chateau Valandraud

버지니 드 발란드로
Virginie de Valandraud

할란 이스테이트
Harlan Estate

콜긴, 9 이스테이트 시라
Colgin, IX Estate Syrah

그레이스 패밀리, 카버네 소비뇽
Grace Family, Cabernet Sauvignon

달라 발레, 마야
Dalla Valle, Maya

핑구스
Pingus

아로호, 알타그라시아 레드
Araujo, Altagracia Red

씨네 쿼 넌 B20
Sine Qua Non B20

씨네 쿼 넌 스릴
Sine Qua Non the Thrill

08

데쎄르 / 디제스티프
Dessert / Digestif.
디저트 / 디제스티프

정상과
비정상

미셸 푸코,
르네 마그리트,
귀부 와인

Château d'Yquem

제품명 : **샤토 디켐**
제조사 : **샤토 디켐**Château d'Yquem
품   종 : **세미용**Semillon, **소비뇽 블랑**Sauvignon Blanc
지   역 : **프랑스**France, **소테른**Sauternes
알   콜 : **13.7%**
종   류 : **화이트**white

———

샤또 디켐은 소테른 지역의 언덕 정상에 자리하고 있다. 명성뿐만 아니라 지리적으로도 디켐은 소테른의 정상에 자리하는 것이다. 또한 샤토 디켐은 역경 속에서 피어난 와인이다. 9월 말부터 시작되는 안갯속에서 곰팡이를 이겨낸 포도만이 샤토 디켐이 될 수 있다.

그래서 1950년과 1977년 수확은 추운 날씨로 반으로 감소하였으며 1951년과 1952년에는 우박으로 수확을 전혀 할 수 없었다. 그리고 1964년은 10월 초부터 한 달 동안 내린 비로 디켐을 만들 수 없었으며 1972년, 1974년, 1992년, 2010년 또한 와인을 전혀 생산하지 못했다.

하지만 그런 역경을 딛고 탄생하게 되면, 디켐은 상상을 초월하는 달콤함을 선사한다.

수입원Importer :
수입원 다수

그림99. 샤토 디켐.

데쎄르

드디어 마지막 장입니다. 길고 긴 식사도 이제 마지막이군요. 언제나 그렇듯이 식사의 마지막은 역시 디저트죠. 프랑스 요리에서도 식사의 마지막은 데쎄르, 즉 디저트가 장식합니다. 다만 한 가지 다른 점이랄까요? 독특한 점은 디저트와 함께, 혹은 디저트 다음에 나오는 게 또 하나 있다는 점입니다.

바로 디제스티브죠. 식후주라고 말할 수도 있는 디제스티프는, 아페르티프와 정확히 반대되는 개념의 음식입니다. 아페르티프가 식욕을 돋우는 술이라면, 디제스티프는 소화를 시키는 술이죠.

디저트와 디제스티프로용 와인으로는 보통 달콤한 것들을 많이 사용합니다. 대표적인 것이 보르도 소테른에서 유명한 귀부 와인과 스페인의 주정 강화 와인인 셰리, 그리고 역시 마찬가지로 주정 강화 와인인 포르투갈의 포트가 있습니다. 그리고 그중에서도 가장 유명한 와인으로는 소테른이나 헝가리의 토카이 아수Tokaji Aszú 등으로 유명한 귀부 와인이 있죠.

그런데 샤토 디켐으로 유명한 귀부 와인은 일반적인 와인과 다른 방식으로 수확된 포도로 생산됩니다. 보통의 포도보다 한 단계 더 거쳐야 하는 고통스러운 과정이 있죠. 이 과정을 통해야만 일반적인 화이트 와인이 아니라 귀한 부패, 즉 귀부貴腐 와인이 생산되는 것입니다. 이 과정이란 말 그대로 부패, 즉 썩는 과정을 말합니다. 포도가 한 차례 썩어서 비정상적인 포도가 되었다가 다시 태어나야 하는 것이죠.

　이번 장에서는 역경이랄까요, 질병이랄까요? 비정상을 딛고 탄생한 와인인 귀부 와인과 마찬가지로 비정상 속에서 탄생한 철학자 푸코, 그리고 우리에게 정상과 비정상의 균열을 가져다 줄 마그리트에 관하여 말해 보도록 하겠습니다.

이것은 파이프가 아니다

우리는 마그리트의 그림을 보면서 감동하지 않습니다. 생각하죠. 그의 그림은 항상 그렇습니다. 관람자로 하여금 감동하게 만들려는 의도가 없어 보입니다. 대신 질문을 하게 만들죠.

그림100. 「레슬러의 무덤」, 르네 마그리트, 1960년.

이 그림도 마찬가지입니다. 작품의 제목인 「레슬러의 무덤」과 그림은 어느 것 하나 비슷해 보이는 것조차도 없습니다. 이런 그림을 보고 '와! 기가 막히게 아름다운 장미다!'라거나 '붉은색이 너무 황홀해'라면서 감동하는 사람은 없습니다. 있다면 뭔가 보통 사람(이라고 생각되는 나)과는 조금 다른 미적 감각을 가진 사람일 겁니다. 이런 그림을 보면 보통 가장 먼저 떠올리는 생각은 하나입니다. "뭐지?"라는 생각 말이죠.

이상하기 때문입니다. 일단 그림을 보곤 아마 이런 생각을 할 것 같습니다. '뭐야 이건? 장미가 왜 이렇게 커?'라고 말이죠. 방 안에 가득 찬 장미는 우리가 익히 알고 있는 장미와 완전히 다릅니다. 인습적인 대상이었던 장미가 우리의 그런 인습을 배반하고 이렇게 커져 버리면 그건 더 이상 아름답게 보이지 않죠. 오히려 끔찍하거나 흉측해 보일 수도 있습니다. 예컨대 코끼리만 한 쥐며느리를 보는 느낌이랄까요? 그 정도까지는 아니라도 다소 거북해 보이는 것은 사실입니다.

그런데 우리의 시선을 잡아끄는 것이 하나 더 있습니다. 이 작품의 제목이죠. 「레슬러의 무덤」이라는 제목을 보고 우리는 다시 한 번 고개를 갸우뚱해야 합니다. '이게 도대체 무슨 소리야'라고 말이죠. 그림에는 레슬러도 없고, 무덤도 없습니다. 그림과의 공통점을 억지로라도 찾아본다면, 아마 레슬러처럼, 아니 레슬러보다 더 거대한 장미 정도랄까요? 어쨌든 제목과 그림이 어떻게든 연관될 가능성은 없어 보입니다. 마그리트의 그림은 이렇게 하나같이 관객의 습관적 인식, 즉 인습을 배반합니다.

그것이 그의 목적이기 때문이죠.

사물을 평범하지 않게 보여주는 방법에 관해 고민했다고 자신의 편지에 적었던 것처럼, 레슬러나 무덤이 전혀 등장하지 않는 이 거대한 장미꽃 그림은 관람자의 오랜 인습에 시각적 충격을 던져줍니다.

다른 그림도 한 번 보죠.

이 그림은 마그리트의 그림 중에서도 가장 유명한 그림입니다. 이 그림이 보여주는 바는 명백합니다. 파이프죠. 지금에야 이런 파이프를 물고 담배를 피우는 사람이 없어서 익숙지 않을지도 모르겠지만, 그림이 그려졌던 당시에는 가장 일상적인 사물이었을 겁니다. 지금으로 치면 그저 담뱃갑 정도가 되겠네요.

그런데 그 밑에 무슨 글자가 보입니다. "Ceci n'est pas une

그림101. 「이미지의 반역」, 르네 마그리트, 1929년.

pipe", 번역하자면 "이것은 파이프가 아니다"라는 의미의 글자이죠. 그럼 우리는 생각하게 됩니다. '이게 뭔 소리야?'라고요. 부끄러우니 아마 입 밖으로는 내지 않고 그저 속으로만 생각하고 있을지도 모르겠습니다. 저도 그러니까요. 그리곤 조금 더 생각해 봅니다. 그리곤 아하! 유레카! 뭔가를 발견해냅니다. '그렇지, 이건 파이프가 아니야. 그저 파이프를 그린 그림일 뿐이지'라고 말입니다. 그렇습니다. 이건 파이프가 아니라 그저 파이프를 그린 한 점의 그림에 불과하죠. 그런데 그렇게 되면 또 문제가 발생합니다. '파이프가 아니라 파이프를 그린 이미지에 불과하다면, 그럼 그 밑에 쓰인 글자도 글이 아닌 그림일 뿐이잖아'라고 말이죠. 이제 뭔가 혼란스러워집니다. 이건 파이프일까? 파이프를 그린 그림일까?^(의미를 갖는) 글자일까?^(의미가 없는) 글자 모양의 그림일까? 쉽게 답을 내릴 수 없는 문제죠.

　이를 통해 마그리트가 말하고자 한 것은, 아니, 정확히 말하면 제가 이 그림을 통해 읽어내고자 하는 마그리트의 생각은 그런 겁니다. 미술가가 대상을 매우 사실적으로 묘사한다 하더라도 그것은 그 대상의 재현일 뿐이지, 그 대상 자체일 수는 없다는 것 말입니다. 앞서 7장에서 설명했던 것처럼, 화가는 이미지로 자신이 인식한 세상을 구현, 즉 재현하고 철학자는 그것을 언어적 개념으로 재현합니다. 요컨대 우리는 세상의 '존재 방식'에 대해 이야기하는 것입니다. 화가가 되었든, 철학자가 되었든, 보통의 사람이 되었든, 아니면 저처럼 보통에 조금 못 미치는 사람이 되었든, 모두가 자신이 인식한 세상을 재현합니다. 그런데 그

재현, 구현, 말이 사실은 사실이 아니라는 것이죠.

우리가 너무나 당연하게 사실이라고 생각하고, 정상이라고 생각하고, 상식적인 것이라고 생각하는 것들이 사실은 전혀 사실적이지도, 정상적이지도, 상식적이지도 않은 것일 수도 있다는 말입니다. 이것은 영화 매트릭스처럼 가상의 세계에서 살고 있다는 말이 아닙니다. 우리가 일상적으로 보아왔던 것들, 그럼으로써 당연하다고 여겼던 것이 사실은 전혀 당연하지도, 일상적이지도 않게 만들어진 '인습'일 뿐이라고 말하는 것입니다.

마그리트가 인식한 세상은 그런 것이었다고, 저는 생각합니다. 그는 세상의 사실, 당연함, 정상이 사실도, 당연함도, 정상도 아니라고 보았기 때문에 거기에 균열을 일으키기 위해 이런 그림으로 우리에게 질문을 던지는 것이죠.

그런데 질문을 던지면 어떻게 해야 할까요? 대답해야 합니다. 대답하지 않겠다고 마음을 먹는 것, 즉 노코멘트도 결국에는 대답이죠. 질문은 그러므로 상대를 강제하는 것일 수도 있습니다. 그리고 마그리트의 그림은 관람자를 능동적으로 참여하라고 강제합니다. 그저 구경만 하는 것이 아니라 그림에 참여하게 만들어 버리죠. 그림을 보면 사유할 수밖에 없게끔 만들어 버리는 것입니다. 무엇을 참여하게 하냐고요? 당연함을 당연하지 않게 보는데 동참하게 만드는 것이죠.

그리고 푸코의 철학도 이와 비슷하죠.

인간, 그 애매한 존재[36]

푸코의 철학도 질문하는 철학입니다. 문제가 아닌 것, 혹은 정상, 상식 등 문제라고 생각하지 못했던 것을 문제로 만드는 것이 그의 철학이죠.

　그런데 이것은 사실 인간은 어떻게 형성되어 왔는가의 역사를 고발하는 것이기도 합니다. 여기에서 주의해야 할 점은 '인간은 무엇인가?'라는 질문이 아니라는 것이죠. 질문의 방식이 바뀌는 것입니다. 푸코의 철학은 '인간'이라는 개념에 숨겨진 함정을 파헤치는 작업입니다.

　우리가 보통 '철학적 물음'이라고 생각하는 것은 대개 이런 방식입니다. '삶이란 무엇인가?', '정의란 무엇인가?', '진리란 무엇인가?' 등등 '무엇이란 무엇인가?'라는 방식의 물음이죠. 인간에 대한 철학적 생각도 이런 것이라고 생각합니다. '인간이란 무엇인가?'라는 질문이죠. 이런 질문은 '정의definition'하는 질문 방식입니다. 인간에 대한 정의를 하는 것이죠. 그리고 어떻게 보면 앞서 말한 삶, 정의, 진리 등도 결국에는 '인간'이라는 것과 연관된 질문입니다. 그러니까 쉽게 말해 이제까지 철학의 역사는 '인간'에 대해 정의하는 과정이었죠. 인간에 대해 정의하고, 그러니까 우리는 어떻게 살아야 한다는 것을 말하려는 작업이 철학이었습니다.

---

36. 1966년에 들뢰즈가 푸코에 관해 쓴 비평
　「L'homme, une existence douteuse」의 제목을 변형.

그런데 인간을 정의한다는 말은 사실 인간을 한계짓는다는 말입니다. 한 마디로 모든 인간의 모습, 쉽게 말해 온갖 인간 군상 중에서 몇몇의 특정한 인간의 모습만을 인간이라고 생각하겠다는 말입니다. 그리곤 거기에 속하지 않는 것들은 인간이 아니라고 생각하겠다는 것이죠. 즉, '정상적인 인간', '올바른 인간', '좋은 인간' 등을 만든다는 말입니다. 그리고 그 외에는 비정상, 올바르지 못한, 나쁜 인간이라고 정의하겠다는 것이죠.

그런데 사실 잘 생각해 보면, 어쩌면 인간은 정의할 필요가 없는 것일 수도 있습니다. 우리가 보는 모두가 인간이기 때문이죠. 그럼에도 불구하고 인간을 인간으로 만든다는 것은, 언어적 정의로써나 실존적 정의로써나 그 이외의 것은 배제하겠다는 의미입니다. 이 많은 종류의 인간 중 어떤 종류의 사람만을 인간이라고 인정하여 나머지는 잘라 내거나 없애버리거나 치료하거나 교정하거나 교도한다는 말이죠. 이때 전자는 정상이라는 이름으로, 그리고 후자는 비정상이라는 이름으로 불린다고 푸코는 생각했습니다.

푸코는 이 점에 주목했습니다. '도대체 그 '인간'이라는 것이 뭐길래 사람을 이렇게 끼워 맞추는 것일까' 하고 말이죠. 그리고 그는 생각합니다. 영화 「올드보이」에서 이우진(유지태 분)이 오대수(최민식 분)에게 하는 대사처럼, 질문이 잘못되었기 때문에 제대로 된 대답이 나오질 않았다고 말이죠. 그래서 이제 질문을 바꿉니다. '인간이란 무엇인가?'에서, '우리가 인간이라고 생각하는 인간은 어떻게 인간이 되었을까?'라고 말입니다. 그것에 대한 대답을 찾는 과정이 그의 철학 전반이죠.

그럼 이제 질문이 확장되기 시작합니다.

앞서 '인간이란 무엇인가?'라는 질문에는 '정상적인 인간이란 무엇인가?', '바른 인간이란 무엇인가?'. '옳은 인간이란 무엇인가?' 등의 전제가 숨겨져 있다고 했죠? 그러므로 푸코의 질문도 이제 '정상은 어떻게 정상이 되었을까?'로 확장되는 것입니다. '도대체 어떻게 정상이 정상이 되었기에 사람을 이렇게 괴롭히는 걸까?'라고 생각하게 되는 겁니다. 사회의 거의 모든 문제가 여기에서 비롯되었다고 푸코는 보았던 것이죠.

사실 이런 질문은 우리의 삶에도 적극적으로 적용되는 문제입니다. 어떻게 보면 푸코에게 와서야 비로소 철학이 진짜 유용한 도구가 되었을지도 모르죠. 예를 들면 '정상 체중'이라는 말이 있죠. 도대체 정상 체중은 어떻게 형성되었기에 이 수많은 사람을 다이어트라는 억압의 굴레로 끌고 들어가는지, 어쩌면 심각하게 고민해봐야 할 문제일 수도 있다는 거죠. 그 '정상'이라는 것이 생겼기 때문에 우리는 가장 먼저 누가 뭐라고 하기 전에 자신을 억압하거든요. 늦은 밤 치킨을 먹을 때, 친구들과 피자를 먹을 때, 삼겹살에 소주를 한 잔 곁들일 때, 우리는 누구보다도 가장 먼저 내가 나를 채찍질합니다. '아, 이렇게 먹으면 안 되는데', '이러면 살찌는데' 등등 말입니다. 이건 우리의 거의 모든 삶에 적용되는 문제라고 푸코는 보았습니다.

그리고 반문하죠.

"그건 누가 정했고, 그 누군가가 정했으면 내가 그걸 따라야 하는가?"라고 말입니다.

그럼으로써 그는 우리를 죄책감에서 해방시켜 주기 위해 노력하죠. 죄책감은 개가 돌을 무는 것만큼이나 무의미한 것이라는 니체의 말을 인용하면서 말입니다.

푸코는 이렇게 철학이 아니었던 것들을 철학의 영역으로 가지고 옵니다. 그리고 그러한 것들에 새로운 질문을 던집니다. 이제까지 문제가 아니었던 것들을 문제 삼는 것이죠. 마치 마그리트의 그림이 우리가 당연하게, 인습적으로 받아들이는 것들을 다른 각도로 생각해 볼 수 있도록 질문을 던지는 것처럼 말입니다. 그리곤 비정상이었던 우리에게 정상 따위는 없다고, 그건 그저 만들어진 것에 불과하니 신경 쓰지 말라고 하는 것이죠.

그리고 비정상이라고 생각했던 우리의 삶을 가장 아름다운 정상으로 만들어 줍니다.

고귀한 비정상, 귀부 와인

푸코와 마그리트처럼, 정상과 비정상에 대한 질문과 새로움이 만들어낸 와인이 있습니다. 비정상 속에서 탄생한 가장 달콤한 와인이죠. 바로 곰팡이 핀 포도에서 탄생한 귀부 와인입니다.

귀부 와인이란, 귀할 귀貴에 썩을 부腐라는 이름 그대로, 정상적인 포도가 아니라 썩은 포도로 만든 와인을 일컫는 말입니다. 프랑스 보르도의 소테른과 헝가리의 토카이, 그리고 독일의 모젤이나 라인가우처럼 강을 인접해 있는 포도밭 중에는 기온이나 습도 차이 때문에 저녁 무렵이면 항상 안개가 끼는 지역이 있는데, 바로 이런 안개 때문에 생긴 곰팡이로 인해 쪼그라든 포도로 만드는 와인이 바로 귀부 와인이죠. 얼핏 생각하기엔 곰팡이가 핀 포도로 만든 와인이기 때문에 와인의 질이나 맛과 향이 다소 떨어질 것으로 생각하기 쉽지만, 귀부 와인은 모든 와인 중에서 가장 달콤하고 풍부한 향을 가진 최고급 와인입니다. 심지어 그 환상적인 달콤함과 화려한 황금빛 때문에 흐르는 황금Liquid gold 이라고 불리기까지 하는 와인이죠. 그야말로 역경을 극복해 새로 탄생한 와인입니다.

이런 거창한 수식어를 가진 것들에는 역시 여러 가지 전설이 덧붙여지게 되죠. 귀부 와인에도 이런 전설이 몇 가지 있습니다.

토카이

첫 번째 이야기는 17세기 중반의 헝가리로 거슬러 올라갑니다. 세계에서 귀부 와인을 가장 먼저 만든 나라는 귀부 와인으로 가장 유명한 샤토 디켐이 있는 프랑스가 아니라 의외로 헝가리라는 말이 있습니다. 사실 알고 보면, 디켐과 소테른이 너무 유명하기 때문에 우리나라에서는 귀부 와인 하면 소테른과 디켐을 떠올리지만, 헝가리의 토카이 와인과 독일의 트로켄베렌아우스레제Trockenbeerenauslese도 소테른의 귀부 와인과 어깨를 나란히 하는 세계 3대 디저트 와인이죠. 그만큼 세계적으로는 소테른에 못지않게 헝가리의 토카이 와인도 유명합니다. 그리고 이런 토카이 중에서도 헤잘라_{Tokaj-Hegyalja}가 바로 귀부 와인이 처음으로 만들어진 곳이죠. 토카이 귀부 와인의 역사를 알아보기 위해서는 한 가문과 성직자에 대한 이야기로부터 시작해야 합니다.

그림102. 라코치 페렌츠 2세.

오스만튀르크와 오스트리아 제국 사이에서 분할통치를 받던 시기인 17세기 중반, 헝가리의 독립운동가 가문이었던 라코치_{Rákóczi} 가문에는 섭쉬_{Szepsy}라는 이름의 한 성직자가 있었습니다. 그런데 우리가 1장에서 샴페인의 창시자 피에르 페리뇽을 통해서도 보았다시피 이 당시의 성직자들은 팔자 좋게 기도만 하고 있을 수는 없는 처지였습니다. 섭쉬 역시 마찬가지였죠. 그는 라코치 가문을 위해 교회를 관리하고 기도를 하는 것뿐만 아니라, 당시의 성직자들이 으레 그랬던 것처럼 와인을 생산하고 관리하기도 하였습니다.

그런데 어느 날 피치 못할 사정으로 수확이 늦어지게 되었고, 강가에 낀 안개 때문에 포도에 곰팡이가 슬어 쪼그라들어 버렸죠. 원래대로라면 이런 포도를 와인을 만드는 데 쓴다는 것은 상상도 할 수 없는 일이지만, 어째서인지 셉쉬는 그것으로 와인을 만들었습니다. 전설이 항상 그렇듯이 여기에도 뭔가 이유가 있었겠지만, 셉쉬가 도대체 무슨 생각으로 그런 썩은 포도로 와인을 만들려고 했는지는 알 수 없습니다. 그냥 그랬었다더라~ 정도로만 알려져 있죠. 한 가지는 이야기는 오스만튀르크 제국이 헝가리 왕국을 점령하고 끊임없이 침략하며 약탈하였기 때문에 그런 약탈을 피하기 위해 일부러 수확을 늦췄다가 와인을 빚었다는 말도 있지만 확실하지는 않습니다. 어쩌면 그냥 손 놓고 있을 수만은 없으니 지푸라기라도 부여잡는 심정으로 만들었는지도 모릅니다.

아무튼 곰팡이가 핀 포도로 만든 이 와인은 예상과 달리 엄청난 당분을 함유하고 있어서 그 이전까지는 상상할 수도 없었던 달콤함을 선사해 주었죠. 바로 이때 셉쉬가 오레무스^Oremus 수도원에서 만든 와인이 최초의 귀부 와인이라고 알려져 있습니다.

라코치 가문이 자신 소유의 수도원에서 나온 이 뛰어난 와인을 그냥 놔두었을 리가 없겠죠? 라코치 가문에서는 그 이후로 셉쉬의 와인을 최고의 와인으로 여기며 즐겼습니다. 그리고 이런 토카이 와인이 오스트리아의 속국이라는 운명에서 헝가리를 구원하는데 메신저 역할을 하게 됩니다.

훗날 1704년 민족회의로부터 트란실바니아공☿이 된 라코치 페렌츠 2세Rákóczi Ferenc II가 이 와인을 한 사람에게 선물로 보냅니다. 바로 태양왕으로 일컬어지는 루이 14세였죠. 자신들을 정치적으로 도와준 프랑스의 루이 14세를 향한 감사의 인사이기도 했지만, 앞으로도 더 원조를 바란다는 의미의 뇌물이었던 것이죠. 와인을 선물로 받은 루이 14세는 이때 마신 토카이 귀부 와인에 극찬을 보냅니다. "왕들의 와인이자 와인들의 왕Vinum Regum, Rex Vinorum"이라고 말이죠. 이것이 귀부 와인에 대한 최초의 전설입니다. 이후로, 헝가리에서는 곰팡이가 생겨 말라버리는 병, 즉 귀부병에 걸린 포도로 만든 와인을 아수Aszú라고 불렀습니다. dried라는 의미의 단어죠. 그래서 토카이의 귀부 와인을 토카이 아수Tokaj Aszú라고 부르죠.

이렇게 탄생한 토카이 아수는 달콤한 맛이 특징입니다. 그래서 그 달콤함을 구분하기 위한 등급이 있죠. 바로, "푸토뇨쉬Puttonyos"라는 등급입니다.

푸토뇨쉬란, 토카이 와인에 귀부 포도가 얼마만큼 들어갔느냐 하는 기준입니다. 토카이 아수를 만들기 위해서는 먼저 귀부 포도를 따로 수확해 모아두는 것에서부터 시작되죠. 이때 보통 와인은 수확된 포도에 인위적으로 압력을 가해 원액을 뽑아내지만, 토카이 와인은 포도 자체의 무게로 인해 짓이겨지게 만드는 것이 차이점입니다. 그리고 이렇게 만들어진 아수 원액을 에센시아eszenzia, 혹은 아수 도우Aszú Dough라고 부르죠. 이런 아수 원액은 수분함량이 무척 적고 당도가 극단적으로 높아 리터당 당분 함량이 900그램에 이르는 것도 있을 정도입니다. 아무튼 이것을 와인의 베이스가 되는 드라이 와인에 첨가하여 발효시킨 것이 바로 토카이 와인이 되는 것입니다.

이때 아수 원액을 얼마만큼 넣었는가 하는 것을 기준으로 토카이 아수의 등급이 형성되는데, 이 기준이 바로 푸토뇨쉬입니다. 포토뇨쉬라고 이름이 붙은 이유는 전통적으로 아수 원액을 넣을 때 사용하던 바구니 이름이 푸토뇨쉬이기 때문이죠.

요컨대 136리터 기준의 드라이 와인에 아수 원액을 세 바구니, 즉 세 푸토뇨쉬를 넣으면 등급이 3 푸토뇨쉬가 되는 것이고, 다섯 푸토뇨쉬를 넣으면 5 푸토뇨쉬가 되는 것입니다. 이때 당연히 아수 원액을 많이 넣으면 넣을수록 고급 와인이 되겠죠. 그래서 등급이 아래와 같이 구분됩니다.

Aszú 3 Puttonyos : 잔류 당도 60g/L 이상
Aszú 4 Puttonyos : 잔류 당도 90g/L 이상
Aszú 5 Puttonyos : 잔류 당도 120g/L 이상
Aszú 6 Puttonyos : 잔류 당도 150g/L 이상

물론, 6 푸토뇨쉬 이상 되는 것도 있습니다. 심지어는 드라이 와인을 섞지 않고 만드는 아수 에센시아Aszú-Eszencia도 있죠. 이런 아수 에센시아는 잔류 당도가 리터당 900그램이 넘는 것도 있어 사실 와인이라기보다 고농도의 주스에 가깝다고 볼 수도 있습니다. 게다가 이렇게 당도가 높은 아수 에센시아는 당분으로 인한

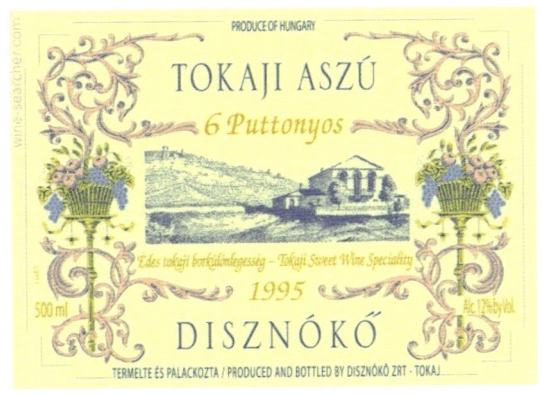

그림103. 토카이 아수 6푸토뇨쉬

점성 또한 무척 높아 잔에 따라서 마시지도 못하고 스푼으로 떠 먹어야 할 정도이죠. 그래도 그 달콤함으로 인해 신들이 마시는 음료인 넥타르^{Nectar}에 비견되는 세계 최고의 당도를 가진 와인 으로 명성이 자자합니다.

하지만 이런 토카이 아수는 당도가 높다 보니 삼투압이 높아 효모 활동이 어려워져 발효에도 무척 오랜 시간이 필요하며, 그 에 비례하여 알코올 도수도 낮아집니다. 이런 특징은 보관 기간 을 200년도 넘게 늘려 주기도 하지만, 그만큼 적절한 음용 시기 도 늦춰지게 마련이죠. 실제로 와인 애드버케이트^{Wine Advocate}에 서는 로얄 토카이 와인 컴퍼니^{Royal Tokaji Wine Company}의 2007년산 에센시아의 시음 적기를 2015년에서 2200년으로 쓰기도 하였 습니다.

소테른

두 번째 전설은 가장 유명한 귀부 와인의 산지인 소테른에 관한 이야기입니다.

보르도, 그중에서도 그라브의 끝자락에는 세계에서 가장 유명한 화이트 와인 산지가 있습니다. 바로 소테른이죠. 그런데 이곳 소테른에서도 귀부 와인에 관한 전설은 하나가 아니라 두 가지입니다. 1836년과 1847년에 있었던 일이죠. 먼저 1836년의 사건부터 보도록 하겠습니다.

당시 보르도의 네고시앙 중 한 명이 자신이 관리하던 샤토에서 처음으로 귀부병에 걸린 포도를 발견합니다. 곰팡이가 슬어 쪼그라드는 포도를 보며 상심하고 있었던 네고시앙은 그해 와인을 포기하려 하였으나 포도를 그냥 버리기에는 너무 아쉬워 그 포도로 와인을 빚었다고 합니다. 그런데 그렇게 만들어진 와인이 너무 달콤해 그 이후로는 오히려 포도가 귀부병에 걸리길 기다려 생산하였고, 그것이 최초의 소테른 귀부 와인이라고 알려져 있죠. 아쉽게도 어디선가 들어보았음직 한 흔한 이야기입니다.

두 번째 이야기는 소테른의 유일한 프리미에 그랑 크뤼 등급인 샤토 디켐에서 있었던 이야기입니다. 1847년, 샤토 디켐의 성주였던 뤼 살뤼스 백작이(혹은 베르트랑 후작이었다는 설도 있습니다) 러시아로 긴 여행을 떠났습니다. 샤토의 주요 살림인 와인을 생산하기 위해서는 당연히 포도가 수확되는 시기에 맞춰 돌아와야 하는데, 어찌하다 보니 귀국이 늦어졌었나 봅니다. 백작이 돌아와 보니 포도는 당연히 수확 시기를 놓쳐 곰팡이가 슬어 쪼그라들어 있었죠. 하지만 이대로 포도를 버리면 이야기가 안 되겠죠? 백작은 모두가 포기한 그 포도로 와인을 빚기 시작합니다. 그리곤 그때까지 맛보지 못했던 훌륭한 맛을 처음 맛보게 되었죠.

이후 그 달콤함에 반한 샤토 디켐은 이런 귀부병을 인위적으로 사용하여 와인을 만들기 시작합니다. 하지만 그때까지만 하여도 소테른 와인이, 그리고 샤토 디켐이 그렇게 유명하지만은 않았죠. 디켐이 유명해지게 된 것은 바로 러시아의 콘스탄틴 대공 때문이었습니다.

샤토 디켐의 귀부 와인 900리터가 러시아 차르의 동생인 콘스탄틴 대공에게 2만 프랑에 팔리면서 새로운 와인의 탄생이 전 유럽에 알려지게 된 것이죠. 그때부터 샤토 디켐의 명성은 유럽 전역에 퍼지게 됩니다.

이후 백작의 아낌없는 투자와 노력으로 디켐의 명성은 하루가 다르게 높아져 당시 보르도의 1등급 샤토들 보다도 높은 가격에 종종 거래되게 되었고, 1855년의 등급 책정 때 소테른 지역에서는 유일하게 프리미에 크뤼 슈페리에Premier Cru Superieur 등급에 선정되어 세계 디저트 와인의 정점에 위치하게 됩니다.

뤼 살뤼스의 디켐은 다른 면에서도 유명합니다. 2004년 5월, 뉴욕 와인 경매에 독특한 와인 하나가 등장합니다. 바로 샤토 디켐의 지하 셀러에서 100년 이상 저장되던 1899년 빈티지의 샤토 디켐이었죠. 거의 완벽에 가까운 저장 조건에서 보관되었던 탓에 제품의 질도 보장되는 물건이었습니다. 그 상징성과 저장 상태로 인해 이 와인은 누구나 예측했던 대로 치열한 경매 과정

그림104. 샤토 디켐.

끝에 한 병에 5,265달러에 낙찰되었습니다.

　귀부 와인 중 좋은 것들은 이처럼 오래 숙성을 시킬 수도 있는 와인들이 있습니다. 어쩌면 미셸 푸코처럼 자신의 비정상성을 극복해 냈기 때문일지도 모르겠네요. 하지만, 푸코가 그랬던 것처럼, 이러한 비정상성을 극복하는 게 그리 쉬운 일은 아닙니다. 귀부 와인은 무척 혹독한 과정을 거쳐 만들어지죠.

귀부 와인이 만들어지는 과정

소테른과 바르삭은 따뜻하고 온화하며, 석회와 모래와 자갈이 골고루 섞여 있어 포도나무가 자라기 좋은 지역입니다. 게다가 적당한 습도도 있어 와인을 위한 포도를 키우기에 무척 좋은 환경이죠. 단 하나, 바로 새벽안개만 빼면 말이죠. 소테른과 바르삭 지역에는 가을철 저녁 무렵이면 가론 강을 따라 자욱한 안개가 새벽 무렵까지 지속됩니다. 다름 아닌 이 안개가 포도 껍질에 곰팡이Botrytis cinerea를 만드는 주원인이죠.

그런데 이 곰팡이는 포도 껍질에 미세한 구멍을 뚫어 수분이 빠지며 쪼그라들게 만들지만, 다행스럽게도 '수분만' 빼앗아 가는 곰팡이입니다. 귀부병에 걸린 포도 알갱이들은 곰팡이 냄새 없이 속에 든 수분만을 밖으로 내보내죠. 그 결과 말라비틀어진 포도에는 당분과 산, 향기만이 극도로 농축된 상태로 남게 되고, 그 결과 귀부 와인이 그처럼 달콤해지는 것입니다.

귀부병이 걸린 포도야 앞서 설명했던 것처럼 당도가 높은 와인을 만드는 데 더없이 좋은 재료이긴 하지만, 문제는 이걸 수확하는 일입니다. 귀부병은 포도 한 송이에 골고루 생기는 것이 아니라 포도 알갱이마다 제각각 생기는 시간이 다르죠. 더구나 쪼그라드는 시간도 달라서 한 번에 수확할 수가 없습니다.

그럼 어떻게 수확해야 할까요? 답이 없습니다. 한 알 한 알 따로 수확해야 하죠. 그래서 소테른과 바르삭에서는 9월부터 늦게는 11월까지 귀부 포도용 얇은 가위로 농부들이 직접 손으로 한 알 한 알 골라내며 8~9회에 걸쳐 수확합니다. 그래서 '고귀한 부패' 즉 귀부병貴腐病이라고 부르는 것이죠.

수확된 귀부 포도는 건포도처럼 진득해지다 보니 과즙이 빨리 짜지지 않습니다. 그래서 이걸 으깨 보관하면 꿀처럼 점성이 높은 과즙이 되죠. 이런 과즙을 잘 발효시켜 작은 나무통으로 옮

겨서 다시 숙성시키는 일은 무척 번거롭고도 힘든 일입니다. 덕분에 생산량은 적고 비용은 많이 들게 되죠. 샤토 디켐의 경우는 헥타르 당 100병 미만을 생산하는데, 같은 크기의 메독 1등급 와인에 비해 5분의 1 수준에 불과할 정도입니다. 그래서 샤토 디켐은 한 그루의 포도나무에서 단 한 잔의 귀부 와인만을 생산한다고 광고하기도 하죠.

그뿐만이 아닙니다. 10월의 습한 날씨는 귀부균을 회색 곰팡이Gray rot로 바꿔 버려 와인을 망치기도 합니다. 그래서 샤토 디켐 같은 경우, 수확이 좋지 않은 해에는 생산 자체가 없는 경우도 있습니다. 2012년 샤토 디켐이 그렇죠. 이 해에는 기후조건이 좋지 않아 와인을 생산하지 않았기 때문에 2012년 빈티지의 샤토 디켐은 세상 어디에도 존재하질 않습니다.

이런 치열한 과정을 거쳐 탄생한 디켐이나 기타의 고급 귀부 와인들은 그 끈질긴 생명력만큼이나 오래 갑니다. 앞서 언급했던 대로 제대로 만들어진 귀부 와인은 100년 이상 가는 것도 있고, 아수 에센시아는 200년 이상 보관이 가능한 것도 있죠. 실제로 2011년 경매에서는 1811년산 샤토 디켐이 거래되기도 하였습니다. 한 병에 11만 7,000달러, 현재(2016년 5월)의 환율로는 1억 3,858만원에 달하는 가격입니다. 단 한 병에 말이죠. 이건 화이트 와인 부문의 사상 최고가 기록이었습니다.

이 모든 것들을 이겨내 시간의 세례를 제대로 받은 귀부 와인은 잘 익은 살구나 복숭아, 아카시아, 오렌지 향기 등 다양한 아로마에 벌꿀 향기까지 섞여 깊은 풍미를 발휘하면서도 산도가

있어 상큼합니다. 그래서 식사의 마지막에 디저트로는 최고의
와인이라고 할 수 있죠.

소테른의 등급

토카이 와인이 푸토뇨쉬로 나뉘는 것과는 다르지만, 소테른과
바르삭 지역의 와인에도 등급이 있습니다. 1855년에 파리만국
박람회를 위해 등급이 설정된 메독 지구와 같은 해에 소테른 지
역에서도 총 26개의 샤토에게 3개의 등급이 매겨졌죠. 특1등급
이라고 할 수 있는 프리미에 크뤼 슈페리에Premier Cru Superieur와 1
등급인 프리미에 크뤼Premiers Crus, 2등급인 되지엠 크뤼Deuxiemes
Crus가 그것입니다. 앞서 언급한 샤토 디켐이 소테른 지역에서는
유일하게 프리미에 크뤼 슈페리에이고, 나머지 중 11개가 1등급,
그리고 14개가 2등급으로 선정되었죠.[37]

　하지만, 언제나 그렇듯이 너무 오래된 등급이나 보니 이 등급
기준이 절대적인 것은 아닙니다. 등급은 지정되어 있지 않지만
그에 못지않게 품질이 뛰어난 와인도 있죠. 샤토 드 파르그Château
de Fargues, 샤토 질레트Château Gilette, 샤토 레이몽 라퐁Chateau Raymond-
Lafon가 바로 그 대표적인 와인들입니다. 또한 얼마 전부터는 이
마트에서도 소테른의 1등급 귀부 와인 원액을 들여와 자체 제작

---

37. 8장 Tip 참조.

하고 있는 오리지널 플레쥬메^{Original flegme} 소테른이 있죠.

이처럼 언제부터인가 국내에서도 저렴하지만 질이 좋은 소테른 와인이 수입과 생산되고 있어 비교적 편하게 소테른과 디저트 와인을 만나볼 수 있게 되어 참 다행이라고 생각합니다.

그림105.
소테른의 귀부 와인과 함께 디저트 와인으로 유명한
케나다의 아이스 와인.

그림106.
소테른과 아이스와인 등 디저트 와인이 전시되어 있는 와인샵의 진열장.

TIP. 1
소테른 등급 분류

〔**Premier Cru Superieur**〕
샤토 디켐 Chateau d'Yquem

〔**Premiers Crus**〕
샤토 라투르 블랑셰 Château La Tour-Blanche
샤토 쿨리망 Château Climens
샤토 쿠테 Château Coutet
샤토 기로 Château Guiraud
샤토 클로 오 페라게 Château Clos Haut-Peyraguey
샤토 라포리 페라게 Château Lafaurie-Peyraguey
샤토 라보 프로미 Château Rabaud-Promis
샤토 드 레인 비뇨 Château de Rayne-Vigneau
샤토 리외섹 Château Rieussec
샤토 시갈라 라보 Château Sigalas-Rabaud
샤토 쉬뒤로 Château Suduiraut

〔**Deuxiemes Crus**〕

샤토 다슈르 Château d'Arche

샤토 부르스테 Château Broustet

샤토 카이유 Château Caillou

샤토 드와지 다엔 Château Doisy-Daëne

샤토 드와지 뒤브로카 Château Doisy-Dubroca

샤토 드와지 베들린 Château Doisy-Vedrines

샤토 필로 Château Filhot

샤토 라모트 Château Lamothe

샤토 라모트 기냐르 Château Lamothe-Guignard

샤토 드 말르 Château de Malle

샤토 드 미라 Château de Myrat

샤토 네락 Château Nairac

샤토 로메 뒤 아요 Château Romer du Hayot

샤토 쉬오 Château Suau

TIP. 2

가격대별 추천 디저트 와인

8장에서는 소테른과 헝가리의 귀부 와인만을 다루었지만, 디저트 와인에는 캐나다의 아이스 와인이나 독일의 리슬링, 스페인의 쉐리, 그리고 포르투갈의 포트 등도 있습니다. 모스카토도 디저트 와인으로 마시지만, 1장 샴페인을 다룰 때 같이 다루었기 때문에 생략하였습니다.

10만원 미만

발타사 레스, 리슬링 '모노폴'
Balthasar Ress, Riesling 'MONOPOLE'

무통 카데 소테른
Mouton Cadet Sauternes

블루넌 아이스바인 리슬링 375ml
Blue Nun Eiswein Riesling 375ml

팬마라, 골든 그레이스 375ml
Penmara, Golden Grace 375ml

그라함 파인 루비 포트
Graham's Port, Fine Ruby Port

다우 너바나 리저브 포트 500ml
Dow's Nirvana Reserve Port 500ml

곤잘레스 비야스 솔레라 1847 크림쉐리
Gonzales Byass Solera 1847 Cream Sherry

로얄 토카이, 블루 라벨 5 푸토뇨스
Royal Tokaji, Blue Label 5 puttonyos

10만원~20만원

샤또 쉬뒤로
Chateau Suduiraut

샤또 드 파르그
Chateau de Fargues

샤또 다르쉬 라포리
Chateau d'Arche Lafaurie

샤또 리외섹
Chateau Rieussec

샤또 라포리 페이라귀
Chateau Lafaurie Peyraguey

주스티노스 마데이라 세르시알 10년
Justino's Madeira Sercial 10 Years Old

잭슨 트릭스 비달 아이스 와인 375ml
Jackson Triggs Vidal Ice Wine 375ml

이니스킬린, 골드 비달 아이스와인 오크 에이지드
Inniskillin, Gold Vidal Icewine Oak Aged

10만원~20만원

샤토 디켐
Château d'Yquem

샌드맨 포트 빈티지
Sandeman Port Vintage

참고문헌

『와인의 교본』, 코지마 하야토 저, 다니구찌 기요미 역, 정원희 감수, 교문사, 2011년

『소믈리에 실무』, 김의겸 저, 백산출판사, 2007년

『정통 프랑스 요리 바이블』, 박정준 저, 군자출판사, 2013년

『와인과 소믈리에』, 원홍석 등저, 백산출판사, 2013년

『와인 바이블』, 케빈 즈랠리 저, 정미나 역, 한스미디어, 2015년

『와인 수첩』, 이정윤 저, 우듬지, 2009년

『이원복 교수의 와인의 세계, 세계의 와인 1』, 이원복 글, 그림, 김영사, 2008년

『이원복 교수의 와인의 세계, 세계의 와인 2』, 이원복 글, 그림, 김영사, 2008년

『와인&스피릿』, 김일호 저, 리스컴, 2015년

『이탈리아 와인』, 최훈 저, 자원평가원구원, 2010년

『역사와 와인』, 최훈 저, 자원평가원구원, 2015년

『김혁의 스페인 와인 기행』, 김혁 저, AL Dente Books알덴테북스, 2012년

『Wine for Beginners 와인 포 비기너스』, 신규영 저, 코드미디어, 2012년

『한손에 잡히는 와인』, 히로카네 켄시 저, 한복진 등역, 미디어컴퍼니쿠켄, 2001년

『죽기 전에 꼭 마셔봐야 할 와인 1001』, 닐 베케트, 휴 존슨 저, 박홍영, 박누리, 김소영 역, 마로니에북스, 2009년

『올 댓 와인』, 조정용 저, 해냄, 2006년

『와인 스캔들』, 박찬일 저, 넥서스, 2007년

『회화론』, 레온 바리스타 알베르티 저, 김보경 역, 기파랑, 2011년

『현대예술의 혁명』, 한스 제들마이어 저, 남상식 역, 한길사, 2004년

『현대미술의 이해』, 팸 미첨,줄리 셸던 공저, 이민재, 황보화 공역, 시공사, 2004년

『현대예술 형이상학적 해명』, 조중걸 저, 지혜정원, 2012년

『근대예술 형이상학적 해명 1』, 조중걸 저, 지혜정원, 2014년

『근대예술 형이상학적 해명 2』, 조중걸 저, 지혜정원, 2014년

『명작이란 무엇인가』, 크리스토퍼 델 저, 공민희 역, 시그마북스, 2013년

『서양미술사』, E.H.곰브리치 저, 예경, 2002년

『미의 역사』, 움베르토 에코 저, 이현경 역, 열린책들, 2005년

『추의 역사』, 움베르토 에코 저, 오숙은 역, 열린책들, 2008년

『진중권의 서양미술사 고전예술편』, 진중권 저, 휴머니스트, 2008년

『인상주의 : 모더니티의 정치사회학』, 홍석기 저, 생각의나무, 2010년

『비미학』, 알랭 바디우 저, 장태순 역, 이학사, 2010년

『예술에서의 정신적인 것에 대하여』, 칸딘스키 저, 권영필 역, 열화당, 2000년

『20세기 시각 예술』, 에드워드 루시스미스 저, 김금미 역, 예경, 2002년

『This Is Art : Understanding the Movements and the Masterpieces』, Farthing, Stephen, Random House Inc, 2010년

『오뒷세이아』, 호메로스 저, 천병희 역, 숲, 2015년

『내가 사는 세상 내가 하는 인문학』, 문성준 저, 하얀가루 그림, 새잎, 2015년

와인,
예술,
철학

초판 1쇄 발행 2017년 7월 18일

✚ 지은이 **문성준**

✚ 펴낸이 **이동하** ✚ 디자인 **조종완**

✚ 펴낸곳 **새잎** ✚ 등록 2010년 1월 26일 제25100-2010-0001호
✚ 서울시 중구 서울중앙우체국 사서함 3243호
✚ 전화 0505-987-4221 ✚ 팩스 0505-987-4222 ✚ 홈페이지 www.saeib.com

ISBN 979-11-85600-17-8(03590)